紛争と和解を考える

集団の心理と行動

日本心理学会 監修
大渕憲一 編

日本心理学会 心理学叢書

日本心理学会
心理学叢書

誠信書房

心理学叢書刊行にあたって

日本心理学会では、二〇一一年の公益社団法人化を契機として、公開シンポジウムの実施を拡充してまいりました。現在は、次の三つのシリーズを企画し、全国各地で公開シンポジウムを開催するに至っています。

・教育や医療、司法等の現場における心理学の貢献を紹介する「社会のための心理学シリーズ」
・心理学の科学としての側面を中心に紹介する「科学としての心理学シリーズ」
・高校生や教員の方を対象として、様々な分野の心理学を紹介する「高校生のための心理学講座」

いずれのシンポジウムも大変なご好評を頂いており、参加できなかった方々からも、講演の内容を知ることができないか、といったご要望を数多く頂戴しています。そうした声にお応えして、二〇一四年から心理学叢書を上梓することとなりました。本叢書は、シンポジウムでお話しした内容をさらに充実させ、わかりやすくご紹介することを目的として、刊行されるものです。

編者や執筆者の方々はもちろんのこと、シンポジウムの企画・運営にお骨折り頂いた教育研究委員会、とりわけ、講演・出版等企画小委員会の皆様に厚く感謝申し上げます。

二〇一九年八月吉日

公益社団法人日本心理学会
理事長　坂上貴之

編者はじめに

元号が令和に変わる際、「平成は戦争のない時代だった」との回顧がしばしば見られました。その三〇年間、確かに日本が戦争当事国になったことはなかったのですが、戦争にまったく関与しなかったのかといえば、必ずしもそうとはいえません。

平成に入って間もなく（平成二年八月）、イラクがクウェートに軍事侵攻すると、翌年にはアメリカ、イギリスを中軸とする多国籍軍がイラク攻撃を開始し、湾岸戦争が勃発しました。このとき日本は資金提供という形で多国籍軍を支援し、また、戦闘終了後は海上自衛隊をペルシャ湾に派遣して機雷掃海にあたらせました。これを契機に、日本は国連平和維持活動（ＰＫＯ）などを目的に、紛争周辺地域に自衛隊を海外派遣することが常態化し、それは集団的自衛権の容認へとつながりました。平成は、日本が戦争を放棄した国から、必要とあれば戦争ができる国へと転換した時代でもあったといえます。

湾岸戦争はまた、日本人の間で紛争問題に対する強い関心を喚起するきっかけとなった出来事でした。それは、冷戦が終結し世界が平和に向かうと思われた矢先に起こった本格的武力衝突であり、また、日本の軍事的貢献が海外から求められ、これへの対応をめぐって国内で激しい論争が行われたためでもありました。当時のテレビ番組には中東、イスラム、軍事などの専門家たちが登場し、解説を行う姿が連日見られました。

イラク問題の背景にはパレスチナ紛争と呼ばれる民族・宗教的対立がありますが、それは第一次世界大戦時にまでさかのぼる根深いものであり、この対立をめぐって数度の軍事衝突が中東において繰り返されてきた解決困難な紛争でもありました。日本人の多くは湾岸戦争をきっかけにこのことを知ることになりましたが、そうした眼で改めて世界を見渡すと、パレスチナ問題にかぎらず長期にわたる深刻な紛争が世界各地に存在することに気づくようになったのです。

本書の刊行趣旨

本書のテーマである「紛争」は、民族・宗派間の暴力的抗争やテロなど、現代社会が抱える深刻な問題のひとつです。近隣諸国との間に領土や歴史認識をめぐる葛藤を抱える我が国も例外ではありません。こうした国際状況を背景に、我が国の一般市民の間にも、紛争やテロに対する不安とともに、紛争問題を理解したいという欲求が高まっています。本書は、紛争の諸相および紛争当事者たちの心理と行動について、各章においてそれぞれ独自の切り口から分析を行い、全体として紛争問題の本質を理解することを試みたものです。

本書は『心理学叢書』の一巻として企画され、二〇一六年、二〇一七年の二年間にわたって開催された日本心理学会公開シンポジウム「紛争問題を考える」にご登壇いただいた研究者の方々のご寄稿によるものです。このシリーズはその名称が示すように、さまざまなテーマに関する心理学の理論と研究を紹介するものですが、本書に関しては、政治学者、歴史学者、地域研究者、国際協力専門官など心理学以外の専門家の方々にも執筆をお願いしています。それは、紛争が典型的な学際的テーマであり、各地の民族・宗教紛争を理解するには、地域や民族の歴史と文化、政治・経済、地理や気候的条件など、多面的アプローチが不可欠だからです。

心理学者も最近は紛争問題に熱心に取り組み始めていますが、歴史はまだ浅く蓄積も多いとはいえません。しかし、紛争もまた人間の営為である以上、心理学の理論や知見を応用できないはずはありません。こうした考えから、心理学者たちも他分野の研究者たちと共同しながら、紛争過程に含まれる心理メカニズムの解明に取り組んできました。本書の前半の章はこうした心理学者によるものであり、読者の方々にはここから紛争心理学研究の最前線を感じていただけるものと思います。後半の章は他の社会科学者たちによるもので、いずれも特定の紛争地域に焦点をあて、歴史、政治、教育、福祉などの観点から紛争の経緯と諸相を分析・考察したものです。本シリーズの性格にかんがみ、これらの章の執筆者の方々にも、紛争当事者たちの心理面に関する論述を心がけていただきました。

全章を通して論じられる共通テーマは「集団間紛争」です。そこでここでは、各論に先立ち、この現象を記述・分析する際に用いられる基本概念と分析枠組みを紹介し、そのなかで各章の位置づけを試みたいと思います。

和解は可能か？

暴力を含む集団間紛争を解決させるには、いくつかのステップを踏む必要があるとされています。第一段階は「和平」で、暴力的抗争（虐殺、ジェノサイドなどを含む）を停止させることです。当事者たちの自主的決定によることもありますが、第三者の仲介によることもあり、後者の場合、和平維持のために第三者の監視や規制が伴います。

第二段階はガルトゥング[1]が「積極的平和」と呼んだもので、当該地域にあって紛争の原因となってきた抑圧、差別、貧困を解消することです。ある集団が政治的決定に参画することを拒否されていたり、経済・教育・福祉などの面で差別されていたり、それらの結果、貧困な生活を余儀なくされていると、人々の間に不満、不信、敵意などが強まります。深刻な矛盾が解決されていない場合、和平は表面的なものにとどまり、些細なきっかけによって暴力的抗争が再燃する可能性があります（第1章、第7章）。

紛争解決が最終的にめざすものは「和解」と呼ばれる段階です。これは、紛争当事者たちが互いに対する敵意や不満を解消させ、時には協力し、隣人として仲良く暮らすことができるようになることです（第10章）。この段階に至るには、人々の間で宥和的な心情変化が起こることが必要なので（第2章）、民主的政府が構築され、国の制度が整えられ、差別や抑圧が解消されたからといって、必ずしも和解が達成されるとはかぎりません。このことは、暴力的紛争が表面上は収まっているかに見える旧ユーゴスラヴィア（旧ユーゴ）や、融和に向けた諸政策が実施され、紛争解決が進展しているとされるルワンダの現状分析からも指摘されています（第7章、第8章、第9章）。

それらの考察からもうかがえるように、第三段階の和解は容易なものではなく、紛争当事者の心情的融和など本当に可能なのか、紛争解決のために和解をめざすことは必要なのかという懐疑論もあります（第7章）。和解のためのひとつの手続きは、加害者からの謝罪と被害者によるその受容ですが（第2章、第6章、第9章）、しかし、現実の集団間紛争ではそれが難しい場合が少なくありません。その理由は、長引く紛争のなかで暴力的抗争が繰り返され、その結果、紛争当事者たちが双方ともに被害者意識をもっていることが多いからです（第8章）。こうしたことを考慮して、例えば「移行期正義」など、平時とは異なる司法手続きを設けたり、「真実和解委員会」と呼ばれるような特別な組織や制度をつくって和解の試みがなされてきました（第9章）。しかし、いずれにしても、組織や制度の構築だけで和解達成ができるわけではないので、当事者たちの心情に焦点をあてた工夫も必要です。本書では、集団間の協力（第3章、第4章）、政治指導者による融和メッセージ（第5章、第6章）、自国民中心の歴史教育の改善（第8章）、障害者支援（第10章）などが紹介されていますが、分析結果は、和解に向けた心情的変化に対してそれらが一定の影響力をもちうることを示唆しています。

紛争の集団心理

和解の困難さを生み出している当事者の心情的要因は、また、紛争の発生と激化の要因ともなります。そのひとつは、人々の集団意識です（第3章）。私たちは普段、自分が集団の一員であるという意識をもたずに過ごしています。しかし、自分の精神生活を振り返ると、随所に集団意識を見出すことができます。自国選手が国際大会で活躍する様子を見ると、知己でもないのに多くの人が歓喜し、これを応援しようとします。反面、同胞を打ち負かした外国選手には敵意を抱いたりもします。それは、同郷チームや自校チームを応援する心理にも共通して見られます。隣国が自国を政治的に非難したり、経済的に不利な対応をすると、それによって自分個人の生活に何か支障が生じるというわけではないのに、国民の多くはこれを不快に思い、報復すべきだと自国政府を突き上げたりします。例を挙げればきりがありませんが、じつは人々の心と行動は集団意識によって強い影響を受けており、これが紛争においても大きな役割を果たしているのです。

紛争の背景要因となる社会的差別や抑圧は、多数派の人々から異質・異端と見なされる少数派集団に向けられたものであることが多いようです（第1章）。それは女性や障害者だったりすることもありますが、最も多いのは異民族です。人々は自分とは異なる集団というだけで、競争心を抱き不信感を募らせます。そこから生じる敵対的・差別的態度が、暴力的紛争を惹起する背景要因となりやすいのです。

集団はまた、紛争を拡大し激化する要因ともなります（第4章）。実際の事件について紛争経過を調べてみると、自分が直接の被害者ではないのに、同胞が差別や被害を受けたことを知って激怒し、他集団に対する報復に加わる人たちの存在が浮かび上がってきます。こうした非当事者が敵対行動に参加していくことが、紛争が拡大していくメカニズムのひとつです(2)。長い紛争において暴力的抗争が繰り返されるなかで、当事者集団はお互いに自集団を被害者と見なし、他集団に対する攻撃を正当化する自集団中心的で敵対的な集団間認知を強めていきます（第8章）。それは宗教的信念と結びつき、あるいは民族イデオロギーとして集団内で広く共有され、人々の心情と行動に対して強い影響力をもつようになることがあります。解決困難な紛争には、イスラエルの社会心理学者、バル・タルが紛争エートスと呼んだ、こうした集団心理が認められることが少なくありません(3)。

民族というやっかいなもの

人類の進化において集団形成の果たした役割を強調したのは、世界的ベストセラー『サピエンス全史』[4]を著したハラリです。かつて地球上には、現代人とは異なる複数の人類が存在していました。ネアンデルタール人などは、身体能力がホモ・サピエンスよりも優れていたにもかかわらず、私たちの祖先だけが生存競争を生き抜き、現代にまで子孫を残すことに成功しました。その理由についてハラリは、伝説、神、霊、宗教など虚構を信じ、それについて伝達しあう認知能力こそホモ・サピエンスのパワーの源であったと論じます。それは、目に見える範囲をはるかに超えて、多数の人々を同胞として結びつけ、氏族、部族、民族などの巨大集団を形成する能力でした。集団は規範によって人々の協力を促し、個々人の力を核融合のように巨大エネルギーに変え、他の人類や他の動物種を凌駕して、ホモ・サピエンスを地球上の支配者たらしめたのです。

集団には家族、学校、職場、国、民族などさまざまなレベルがあり、それらは幾重にも重なり合ってもいますが、それらのなかで際立つのは国と民族です。国は法と制度によって人々の利害を実質的に規定し、一方、民族は歴史、文化、宗教などの象徴とこれに結びついたセンチメントによって人々を心情的に糾合します。民族と国が重なること（国民国家）によって両者は強力な運命共同体となります。

前節で、集団が紛争プロセスにおいて果たす種々の役割について論じましたが、これらは民族という舞台において最も典型的に発揮されるように思われます。それがハラリのいう共同性の象徴であることは間違いありませんが、幾多ある集団カテゴリーのなかでなぜ民族がこのように人々を強く惹きつけ、命を懸けた紛争も辞さないような熱狂にまで彼らを駆り立てるのでしょうか。海の民・山の民など生活形態が類似していると利害が一致するし、外観の類似性、共通言語による意思疎通の容易さが同胞意識を強めることなどから、民族が共同性の枠組みとなりやすいのかもしれません。パワーをもつために集団は拡大しますが、その限界が民族のように思われます。民族紛争に対して多角的にアプローチを試みる本書各章を通して、民族のもつ凝集性の謎が少しでも解明されるよう願っています。

最後に、本書の刊行にあたりご尽力いただいた日本心理学会事務局のスタッフの方々と誠信書房編集部の曽我翔太氏に感謝申し上げます。

二〇一九年六月

編者　大渕憲一

【引用文献】

（1）Galtung, J.（2004）*Transcend and transform: An introduction to conflict work.* Routledge.（藤田明史・奥本京子監訳〈2014〉『ガルトゥング紛争解決学入門——コンフリクト・ワークへの招待』法律文化出版社）

（2）熊谷智博・大渕憲一（2009）「非当事者攻撃に対する集団同一化と被害の不公正さの効果」『社会心理学研究』二四巻、二〇〇-二〇七頁

（3）Bar-Tal, D.（2011）*Intergroup conflicts and their resolution: A social psychological perspective.* Routledge.（熊谷智博・大渕憲一監訳〈2012〉『紛争と平和構築の社会心理学——集団間の葛藤とその解決』北大路書房）

（4）Harari, Y. N.（2015）*Sapiens: A brief history of humankind.* Vintage.（柴田裕之訳〈2016〉『サピエンス全史——文明の構造と人類の幸福　上・下』河出書房新社）

目 次

第2章 何が和解をうながすのか——個人間の葛藤解決から集団間の紛争解決を考える 21

第3章　集団間の紛争はどのように悪化するのか——キャンプ実験を例に　46

第4章　集団間葛藤をもたらす心——進化シミュレーションによる分析　73

第5章 広報外交の政治心理学実験――見えない危機における政府発言の効果

第7章 武力紛争後の多民族地域における和解の必要性をめぐって——旧ユーゴの三事例を中心に 141

第8章 クロアチアの民族紛争と歴史教育を通じた和解の試み 168

第10章　ルワンダにおける元戦闘員と障害者への技能訓練の和解効果　221

第1章 拡散する敵意
――紛争とスケープゴーティング現象

【釘原直樹】

戦争など、深刻な集団間紛争が発生している社会では、人々の生命や財産が脅かされ、日常生活が破壊されることもあります。人々の欲求不満が高まり、攻撃衝動が触発されますが、本来の対象が強大で抵抗不可能な存在である場合、それが無抵抗な弱者や抵抗力を喪失した過去の強者に向けられることもあります。これを「スケープゴーティング（scapegoating）」といい、そのターゲットとなるものが「スケープゴート（scapegoat）」です。紛争が無関係の人々を巻き込んで敵意の拡散を招く現象の背後には、このようなプロセスが潜んでいると考えられます。本章では、その発生メカニズム、条件、対象などについて考察します。

アインシュタインとフロイト[1]は、「ヒトはなぜ戦争をするのか」というテーマで往復書簡を交わし議論をしています。アインシュタインはフロイトに戦争や暴力に向かってしまう人の心に問題があり、それを取り除くことは可能なのかと問うています。それに対してフロイトは、人間の心には破壊欲動があり、それが外部の対象に向かって発散された場合、攻撃衝動へと転化するので、戦争をなくすことは困難であろうと回答しています。破壊衝動が外部の対象に向かって発散されるというフロイトの説明は、まさにスケープゴーティングに言及したものとも考えられます。

1 スケープゴーティングとその原因

スケープゴートという言葉は、古代、贖罪の日に行われていたユダヤ人の儀式に由来します。旧約聖書の一部のレビ記には、「そしてアロンは生けるヤギの頭の上に両手を置き、ユダヤ人の全ての悪行、犯罪、宗教上の罪を告白するであろう。そして、彼はヤギの頭に罪を被せ、荒野に追いやるであろう[2]」と記載されています。この日には二頭のヤギ(goat)が引き出され、そのうちの一頭は神の生贄となり、もう一頭は人々の罪を背負わされ、荒野に追いやられました。後者がスケープゴートと称されました。

このような考え方は、精神分析学の防衛機制の中核的メカニズムの一つである投影のなかにも見られます。投影とは、無意識のなかにあって意識化されようとすると不安に陥るような、忌まわしく、邪悪で、恥ずかしい思考や感情を、他者や他国に押しつけて、自分のなかにそれがあることを意識せずに済ませようとするメカニズムです。これにより、自分は正しく落ち度がなく、他者が一方的に悪いことになります。そして当人は、自分のなかの忌まわしいものから解放され、自分自身を理想化できます。

この言葉の由来が示すように、スケープゴートには他者の罪をかぶった「汚れた者」というニュアンスがあります。スケープゴーティングの実例としてよく挙げられるのが、中世ヨーロッパにおける魔女狩り、ナチス・ドイツのユダヤ人に対するジェノサイドです。

A　コントロール感の回復と高揚

人間は、人生や自分の環境を思いどおりにコントロールしたいという基本的欲求をもっていると考えられます。しかし人生には多くの災難や不幸が起こり、予見不可能な面があります。この脅威を小さくし、コントロール感を維持するために、人々は不幸のさまざまな原因を無理やり少数のものに絞ったり、真の原因とは別の対象を見出すことがあります。それが、特定の個人や特定の集団となることがあるのです。「権力は腐敗する」という表現にも、その権力を倒した側や批判する側が、旧権力（敵）こそが社会に数々の不幸をもたらした主要な原因であると特定することによって、自分たちのコントロール感を高めようとする心理メカニズムが含まれていることがあります。

敵の存在は、広範囲にわたる予見できないリスクに満ちた環境を、よりコントロール可能なものとして認識させるのに都合がよいと考えられます。そのため、たとえ、敵の影響力と自分たちの苦境との関連が明確ではなくても、コントロール感を喪失した人はそれを回復しようとして、不幸の原因を過剰に敵に帰属することがあります。過去の韓国の大統領たちが、政権を追われた途端、犯罪者として追及されることがあるのは、新しい権力者のコントロール感の回復や高揚のために行われている可能性があります。

曖昧で脅威に満ちた状況に置かれた人々は、ある敵を見出し、脅威の源がもっぱらその敵にあると見なし、それには強大な力があると思い込みます。そのことによって状況が理解しやすくなり、コントロール感を回復できると考えられます。これはテロリストの心理にも通じるものです。

たとえば、マスメディアは連続殺人などの凶悪犯罪が起こると、犯罪者の異常な行動について大々的に報道します。これは社会の敵のイメージづくりに貢献しているともいえます。コメンテーターは、何か事件が発生したとき、「信じがたい行為」「人間ではない」という言葉を繰り返すことがあります。これも敵や悪者の像を巨大化させ、そのことによって人々のコントロール感を高めることに貢献していると考えられます。この意味で、人々にとって諸悪の根源である悪者の存在は必要不可欠で、もしも悪者が消えた場合には、次の新たな悪者を見出さなければコントロール感が失われてしまうと感じるのです。

コントロール感を高めるもう一つの有力な方法は擬人化（人為化）です。ペットの飼い主の多くは、イヌ、ネコのみならず、爬虫類にも「心」を見ています。それは、私たちが動物を擬人化することによって理解し、コントロール可能なものとしてとらえようとするからでしょう。日食のような天体現象でさえも、昔は、神のような意志をもった超自然的存在によって説明されていました。人為化は不明瞭な世界を理解するのに都合がよいと思われます。人知が及ばない世界を人知が及ぶ世界に転換するには人為化することが手っとり早いのです。星座や台風に人間の名前をつけたり、幻に幽霊を見て人為化するのは、人が環境を何とか理解しコントロールしようとする努力の現れであると考えられます。

また、大災害が起きると、マスメディアは「これは災害ではなく人災だ」と報道することがよくあります。どのような自然災害も、それに関わる人や組織はあるので、スケープゴートを見出すことは可能なのでしょう。

B　人生の意味・生きがいの探求と自己正当化

過激派やテロリストは一般に、社会は不正義に満ち、不公正で、自分たちは抑圧されており、自己の運命への決定権がないと思っています。このような認知は、敵対者の政策を偽善的と見なすことによってますます強化されます。たとえば所得向上や開発の名の下に領土拡張と資源の収奪が行われていると認知するなら、それは憎悪をいっそうかき立てることになります。善意のなかの悪意に人々は敏感に反応します。チベット、ウイグル、チェチェンなどの問題は、人々のこのような心理機制に関連していると思われます。そのような世界を変えようと行動を起こすには、しかるべき明確な原理やイデオロギーが必要です。イデオロギーによって敵の正体は明らかになり、善と悪の対立という単純な世界観が描き出されます。そして、理想社会を建設するためには、どのような手段も正当化されることになります。

ディッツラー[3]は、テロリストがプロセスのなかに生きていると指摘します。テロリストにとっては、目標達成よりもテロリストとなって集団と一体化していくプロセスと、それを成員たちが相互に確認することのほうが大切であると、ディッツラーは述べています。一つの目標が達成されると、より過激な目標が設定され、テロリストの行動はますますエスカレートしていきます。それは、最終目標が達成されてしまうと、組織とその成員の存在意義が薄れてしまうからです。そのような状態に陥るのを避けるためには、目標や要求をエスカレートさせざるを得ないのです。このようなエスカレーションは自己破滅的なもののように思えますが、そもそもテロリストには意味のある目標など存在しないともいえます。意味をもつのは、自分がテロリストであり続けるプロセスです。

このような考え方は、ニーチェの言葉「人間の意志は一つの目標を必要とする、そしてそれは欲しないよりは、まだしも無を欲する[4]」と一致します。ニーチェは次のように述べます。人間にとっては「苦しみそのものが彼の問題であったのではない。『何のために苦しむか』という問いの叫びに対する答えの欠如していたことが彼の問題であった。人間は、最も苦しみに慣れた動物は、苦しみそのものを拒否したりはしない。彼はそれを欲する、彼はそれを求めさえもする。もしその意義が、苦しみの目的が彼に示されたとすればだ。これまで人類の上に蔓延していた呪詛は苦しみの無意義ということであって、苦しみそのものではなかった」と。テロリストにとって生きる目的がない状態ほど恐ろしいものはなく、理想や目標追求のための苦悩は歓迎すべきものです。敵を打倒するという目標がある場合、敵が強大であるほどその目標の価値は高まります。その意味では、アメリカの存在はテロリストに生きがいを提供しているともいえます。北朝鮮による核開発のエスカレーションもまた苦悩の探求のためであるなら、アメリカとの和解成立は、彼らを苦悩の消滅という危機に直面させることになるでしょう。

2 スケープゴーティングの対象

スケープゴーティングの対象となりやすいのは、先述したように、道徳観やコントロール感の回復に役立つ人や集団です。また、不安を低減させ、自尊心回復に適した対象も選ばれやすいと思われます。具体的には、第一に、多数者から嫌悪感をもたれている異質者・異端者です。これは歴史的・精神的・身体的特徴に基づきます。たとえば、ヨーロッパでは、イエス・キリストを殺したとされるユダヤ人が差別の対象となりましたし、中世では、幻覚・妄想など重い精神症状をもつ人が魔女裁判にかけられた事例が少なくありませんでした。

第二は、攻撃しても安全な対象です。マイノリティや弱者（たとえば、不況時のドイツのユダヤ人、二〇〇一年九月一一日のアメリカ同時多発テロ事件発生後のアメリカのアラブ人、学級のなかのいじめられっ子）は多数者の格好のターゲットとなります。ただし、完全な弱者はコントロール感の回復にはあまり役立ちません。コントロール感の回復には相手が強いほうが効果的なのです。とはいえ、強い報復を受けると困るので、報復を回避しながらスケープゴーティングを行う必要があります。その意味で最もよいターゲットは、過去において強者であった者や反撃が封じられている強者なのです。たとえば王侯貴族、上流階級、権力者は、革命や敗戦によって社会体制が変わると処刑されたり追放されたりしました。フランス革命ではルイ一六世がギロチンによって公開処刑されましたし、ルーマニア革命ではチャウセスク大統領が殺害され、その無惨な写真が公開されました。また第二次世界大戦でのドイツ敗北後、ヨーロッパ全域でナチスやその協力者に対する激しい追及が行われました。とくに憎悪の対象となったのは対独協力者と見なされた人たちで、群衆の面前でリンチされたり、絞首や銃殺により処刑されました。

また金持ちや成功者、大企業の不祥事は、マスメディアの格好の攻撃対象になります。聴覚障害のため日本のベートーベンと賞賛された作曲家のウソや、新しい万能細胞を作製したとされた若い女性研究者の論文剽窃《ひょうせつ》に関しても、メディアによる大量の報道がなされました。このような対象を攻撃することは、人々の自尊心の向上に効果的です。今まで攻撃が許されなかった強者に立ち向かうことによって、正義の味方をしたという自己満足とともに、過去の妬みや恨みを晴らしたという充足感を味わうことができるからです。

また、先述した弱者たち（ユダヤ人、アラブ人、いじめられっ子）も、攻撃する側から見れば、まったくの弱者ではありません。ナチス時代のユダヤ人は当時のドイツ経済を牛耳っていて、ドイツ社会を崩壊させる意図と力をもっていると考えられていました。魔女も中世ヨーロッパでは得体の知れない不気味な力をもっていると思われていました。同時多発テロ以降、アラブ人たちもテロの意図をもっていると恐れられました。いじめでも、いじめる側はいじめられっ子によって何らかの被害を受けていると思っています。このように多数者の妬みや羨望あるいは嫌悪の対象であり、かつ攻撃しても反撃されない対象に対してスケープゴーティングは行われます。

スケープゴーティングを受けやすい第三の対象は、人が「自分たちとは違う人たち」と認知する外集団成員です。集団間紛争が発生するためには、必ずしも、他集団からの脅威があったり、競争状態であったりすることが必要ではありません。

タジフェルとターナー(5)の最小集団間条件の研究は内集団・外集団バイアスの存在を明らかにし、内集団・外集団という社会的カテゴリー化自体が紛争をつくりだすのに十分であることを示しました。タジフェルたちの実験では、些細な理由（たとえば、絵の好みやコイントス）によって実験参加者たちがAとBの二つの集団に分けられました。その後で報酬（金銭やポイント）を分配するように言われました。その際、分配の対象者は、たとえばA集団の一〇番というように番号で呼ばれました。この実験では参加者間でコミュニケーションをすることもできず、互いに匿名のままなので、参加者間に利害関係があるとは考えられません。それでも参加者は内集団のメンバーに多くの報酬を分配しました。参加者たちは単に同じ集団に所属しているというだけで、その人に好意的な反応をしたのです。

このようなカテゴリー化が認知や情動に影響し、その後の集団間紛争のきっかけとなります。他者を集団によっていったんカテゴリー化すれば、その人が内集団成員か外集団成員かによって異なる感情を抱くようになります。これが認知的、情動的バイアスやステレオタイプ的思考などにつながります。とくに紛争が激しくなるにしたがって、成員は外集団に対してよりネガティブな情動的反応（たとえば、妬み、軽蔑、憐み、怒り、恐怖、嫌悪）を抱くようになります。

ただし、実際の敵とスケープゴートの間に明瞭な線引きをすることは難しいところもあります。両者とも同じような心理的メカニズムが働いており、前者が後者に転化することも容易にありえます。戦時には敵の兵士を人間以下の存在と見なしたり、非道徳的で残虐な悪魔との宣伝がなされることがあります。戦時中、敵の姿を醜くデフォルメしたポスターが米英でも日独でも多数作成されていました。現実の葛藤や紛争が差別や偏見を増大させることは、大戦中のアメリカにおける日系人差別などにも現れています。

3　スケープゴーティングを悪化させるもの

ジェノサイドやいじめなど集団によるスケープゴーティングは、同調や服従などの社会的影響のなかで発生していることがあります。いったん他者に同調したり、命令や指示に従ってスケープゴーティングが行われると、自分たちの行動を合理化するために、ターゲットとなったスケープゴートを蔑視したり、邪悪性を誇張したりして、さらにひどいスケープゴーティングを行う可能性が高まります。スケープゴーティングの要因としては、個人や集団の自尊心を維持したり、安心感を高めたりするのに役立つ有効性の感覚が挙げられます。外部にスケープゴートや敵をつくり、それと対峙していると思えば、内集団の凝集性は高まり、高揚感にすら包まれることもあります。また社会や集団の安寧も保たれることにもなります。このようにスケープゴーティングが効果的であれば、ますますそれを行う傾向が強くなることが考えられます。

スケープゴーティングに大きく影響するのはマスメディアとインターネットです。現代社会は、人間の全ての経験を対象化し商品化する「ファスト（即席）資本主義」ともいわれています[6]。生では体験できないような事柄も、快適な居間でテレビのリモコンボタンを軽く押すだけで見ることができます。

ニュースはその制作者が売ろうとする重要な商品の一つなので、視聴者が多ければ多いほど制作者の利益になります。商品であることから、メディア企業やスポンサーの利益や意向もニュース選択に影響していますが、主に視聴者の興味に基づいて、報道すべき内容とそうではない内容がふるいにかけられます。視聴者が放送内容や記事に関心を示せば、メディアの担当者はこれをよい商品と見なして関連するニュースを流し続け、視聴者の関心を引き続けるように努力します。もし視聴者がニュース内容に興味を示さなかったり不満足で

表1-1　ニュース選択の基準(7・8・9)

1) **ネガティブさの程度**：悪いニュースはよいニュースといわれる。悪いニュースはドラマとショックをもたらし、聴衆にとって魅力的である。
2) **重要性**：多くの聴衆にとって関連があったり、重要な出来事が取り上げられる。
3) **近接性**：文化的、地理的近接性が高いものがニュース価値がある。
4) **サイズ**：多くの人が災害に巻き込まれたり、出来事に大物が関わっているほど取り上げられる。
5) **閾値**：強度が高く、センセーショナルな内容のものが選択されやすい。
6) **ドラマ化**：葛藤闘争として劇化される。
7) **視覚的魅力**：テレビ映りや外見のよさ、あるいは逆に外見の醜悪さが考慮される。
8) **娯楽**：視聴者の楽しみとうさ晴らしに役に立つ娯楽的価値が高いほど選択されやすい。風変わりな出来事、子ども、動物、セックスなどが対象になりやすい。
9) **最新情報**：特ダネやスクープなど予期できない、あるいはまれにしか起きないことが取り上げられやすい。
10) **エリート**：ビッグネーム（著名人、権力者）は聴衆を惹きつける。
11) **個人化**：複雑な出来事や問題を個人の行動に還元する。
12) **簡潔さ**：複雑な出来事を担当者が単純化し、明確に理解・解釈できれば、取り上げられる可能性が高い。
13) **連続性**：すでにニュースになっている出来事は選択されやすい。よく知られており解釈が容易なため。
14) **メディアの好み**：記事が新聞社や放送局の好みに合っている。
15) **頻度**：ニュースメディアの発刊や放送のサイクル内で繰り返し起きる出来事が放送されやすい。長期にわたるものは取り上げられない。
16) **構成**：新聞や放送の構成やバランス（紙面の配置や放送時間）が考慮される。

あったりした場合は、別のニュースに取り替えられます。この意味で、報道の送り手と受け手はたえずやりとりしながらニュース内容の選択を行っているといえます。こうしたニュース選択の基準を集約すれば**表1-1**のようになります。

表中の1～5は視聴者の興味や欲求不満が強いものを選出することに関連する項目です。次の6～9の項目は視聴者の興味をさらにかき立てたり、関心を高めることに関連しています。10～13は高まった欲求不満を特定の対象に導くプロセス、すなわち、スケープゴーティングの対象を明確化する働きを示しています。ただし、対象が定まったとしても、メディア側の要請や都合でニュースとなるかどうかが左右されることもあり、14～16はそれに関連する項目です。このようにメディアは視聴者の興味を引き、欲求不満を高めるようなニュースを取り上げ、さらにそれをかき立て、そのエネルギーをある焦点に導き、最終的にはメディアの都合で加工処理するということになります。このようなマスメディアのニュース選択行動や偏向がスケープゴートを生み出す土壌になっている可能性はあります。

それから、近年はインターネットの普及により、一般の人々が気軽にかつ匿名で情報を発信することが可能になりました。そのため、自分の身の安全を確保しながら、一方的に特定の個人や企業や団体の責任を追及しようとするケースも少なくありません。匿名になると、他者や世間からの評価を気にする必要はなく、さらに個人としての自己意識も低下して、反社会的、攻撃的、非理性的行動をとることが容易になります。この状態を「没個性化」(10)と呼びます。

この状態では、行動に対する責任を個人が負う必要はなくなり、責任感が希薄になり、良心の呵責《かしゃく》を覚えることも少なくなります。ソーシャルメディアのユーザーは、その匿名性の高さや集団としてのまとまった言動から、一種の群集と見なすことができます。現代社会はその意味でますます「群集の時代」になったともいえます。その現れの一つが、ソーシャルメディアのユーザーによるスケープゴートの探索と非難攻撃です。

アドルノら(11)は、次のような項目に当てはまる人を「権威主義的性格」と命名し、スケープゴーティングを行う傾向があると指摘しています。

- 厳格で頑固な信念をもっている
- 価値体系が常識的で、紋切り型である
- 自身を「弱い」と見なされることに耐えられない
- 伝統的な社会的慣例の違反は許せないと思っていて、違反者を理解しようとはしない
- とくに未知なことに対して疑いをもつ
- 権威には大きな敬意を払い、秩序に対してよく服従する

そのほか、社会的ヒエラルキーの維持にこだわる社会的支配傾向も関連しているとされています。戦争や革命、災害などで社会の支配構造が揺らいだとき、このような態度をもっている人は容易にスケープゴーティングを行うことが予想されます。最近、いくつかの国で暴言を売り物にする政治家が脚光を浴びています。暴言が人々に受け入れられるのは、自分のなかにある権威主義的性格を政治家のなかに見出しているからかもしれません。

4 スケープゴーティングの結果

集団間紛争が極端な状態になり嫌悪感が高まれば、一方の集団の成員が他方の集団の成員を攻撃し、殺害するところまで行き着くことも起こりえます。その過程で、自分たちの集団は道徳的であり、逆に外集団は人間以下であると考えるようになります[12]。白人による黒人の奴隷化、ナチスによるユダヤ人の民族抹殺、セルビアやクロアチアにおける民族浄化は道徳的排除や非人間化の典型です。その場合、攻撃する側は自分たちの暴力の原因を被害者の行動や意図の邪悪さに帰属し、合理化しようとします。残虐さが増すほど合理化のレベルも上がり、ますます被害者をさげすむようになります。最終的に、攻撃者は外集団を道徳的考慮の範疇から排除してしまいます。なぜなら、被害者にポジティブな面があったり、自分たちと共通する面があったりすることを認めれば、暴力を用いることができなくなるからです[13]。

とくに権威主義的傾向や服従傾向が強く、しかも一部の外集団を見下すような（たとえば自民族中心主義の）歴史をもつ集団ほど道徳的排除を行いやすくなります。このような集団が他集団と紛争状態になれば、たちまちその歴史が思い起こされ、敵対的な行為に理由が与えられます。このように、ネガティブな情動は外集団に対する敵対的な反応を引き起こしますが、当の外集団が強力であったり、手の届かないところにいたりした場合には、攻撃を別の集団に向けることがあります。こうした場合、その第三の集団は理由もなく攻撃されることになります。すなわち、攻撃が無防備なスケープゴートに転移され、怒りや欲求不満のはけ口になります。これによって攻撃集団の欲求不満は解消され、彼らは正義が実現されたと思い込みます。これが極端な形になればジェノサイドにつながります。また場合によっては、被害者集団がさらに他の少数者集団を攻撃対象にする、というスケープゴーティングの連鎖が生じることもあります。

道徳的排除は外集団を道徳的考慮の範囲外に置くことです。それに対して非人間化は外集団を人間の領域から排除して人間と見なさないようにすることです。つまり、外集団成員は怒りや喜びなどの原始的な低次元の情動はもっているが、内集団成員のように人間を人間たらしめている洗練された感情（愛情、名誉、自尊心、良心の呵責《かしゃく》、罪悪感）はもちあわせていないと考えるものです[14]。また彼らが世界を汚していると考えることもあります[15]。ナチスはユダヤ人がドイツの社会や経済に寄生しドイツを汚していると主張しました。そうした非人間化が極端になれば、そのような外集団成員に対しては羞恥心も感じなくなります。太平洋戦争中、ビルマ（現在のミャンマー）で捕虜になった体験を報告している会田[16]は、イギリス人女性兵士が日本人捕虜の前では平気で裸になったり、自分の下着を差し出して、洗濯することを要求したといいます。一方、相手がイギリス人男性兵であれば、何かにつけて、たいそう恥ずかしがっていたのにです。

一方、戦闘中であっても敵を非人間と見なすことは一般の兵士には難しいことを示したデータもあります。グロスマン[17]によれば、アメリカ軍兵士数万人に対する面接調査の結果、ほとんどの兵士は発砲しなかったことが明らかになっています。ドイツ軍や日本軍との接近戦に参加した兵士のなかでも、敵に向かって発砲したのはわずか一五～二〇％にすぎなかったとされます（発砲するにしても、敵に当たらないよう空に向かって行ったということです）。また第二次世界大戦中、敵機の三〇～四〇％を撃墜したのは全戦闘機パイロットの一％

未満だったこともわかっています。敵機に遭遇しても、ほとんどのパイロットは、一機も撃墜しないどころか撃とうとさえしなかったのです。

5 スケープゴートの変遷

報復攻撃が欲求不満の源ではなく、他のものに向けられる置き換えはスケープゴーティングの中核的メカニズムです。そして、私たちはある意味でこれを日常的に行っている可能性があります。たとえば、上司から叱られたサラリーマンが家に帰るなり奥さんに当たり、奥さんは子どもを叱り、子どもは猫を蹴飛ばすといった連鎖が生じることがあります。

災害や事故が発生すると、メディアは一斉に悪者探しをする傾向があることは先述したとおりです。そして探し当てた悪者が非難するに値しない場合、あるいはその悪者だけを非難しても欲求不満を解消できない場合には、次のターゲットが必要になります。

このようにして次々に非難対象が変遷することがあります。この現象を明らかにした古典的研究としてベルトフォートとリー(18)のものがあります。彼らは一九四二年にボストンで発生したナイトクラブ火災事故の事例研究を行いました。この事件で最初にマスコミの非難攻撃のターゲットとなったのは、誤ってデコレーション・ツリーに火をつけた一六歳のアルバイトの少年でした。しかし、その少年は母親が病気がちで家計を助けるために働いていて、しかも学業成績に優れた真面目な少年だったことが判明すると、次のターゲットになったのは、灯りにいたずらをした者でした。しかし結局、それが誰かはわかりませんでした。その後、消火設備を点検して許可した消防署、防火検査員、消防署長、現場に居合わせた警察官、警察署長、防火規則をつくった市議会、監督責任がある市長などが次々とターゲットになりました。最後に、ナイトクラブのオーナーが、利益優先で人命を軽視した守銭奴として非難されたのでした。このようなメディアの報道傾向に関して、チャイとマッコーム[19]は議題設定の第二水準効果を提唱しています。議題設定効果とは、ある話題や対象がメディアにおいて強調されるほど、受け手側ではその話題や対象に関する重要度の認識が増すというものです[20]。メディアは毎日発生している多くの出来事から、話題を取捨選択し、記事数や放送時間を配分することによって重要度の格付けを行いながらニュースを制作・伝達しています。受け手はメディアに対してある程度信頼感をもっているため、ニュースで頻繁に取り上げられる話題を重要なものと認識します[21・22]。要するに、メディアが設定した世界像（とくにニュース頻度）が受け手の世界像をある程度規定してしまうといえます。

第二水準効果とは、メディアが出来事の異なった面に光を当て、再フレーム化する（新しい枠組みで対象をとらえる）ことを意味します。物語を持続させ、フレッシュにして受け手の注意を引き続けるためには、この再フレーム化が必要です。非難対象が次々と変遷するのも、物語を生き残らせるための方略の一つです。

チャイらは、再フレーム化が時間と空間の二次元で起こることを示唆しています。空間は①個人、②コミュニティ、③地域（大都市圏、州）、④社会（国家レベルも含む）、⑤国際の五水準、時間は過去、現在、未来の三水準です。彼らは、この二次元を使い、一九九九年にアメリカのコロラド州コロンバインで起きた高校銃乱射事件の新聞記事を分析しています。この事件では一二名の生徒と一名の教師が射殺され、犯人の生徒二人は自殺しました。重軽傷者が二四名出ています。分析の対象となったのは一九九九年四月二一日〜五月二〇日の一カ月間の新聞記事です。分析の結果、記事の五二％が社会に関するものであり、二九％がコミュニティ、一七％が個人、二％が地域、一％が国際に関するものでした。社会に関する記事の割合は最初の二五日間で三八％から七六％に増大し、逆に個人は当初の三〇％から〇％に低下しました。このことは、記事の焦点が個人的な情報から社会的な問題へと変化していったことを示唆しています。

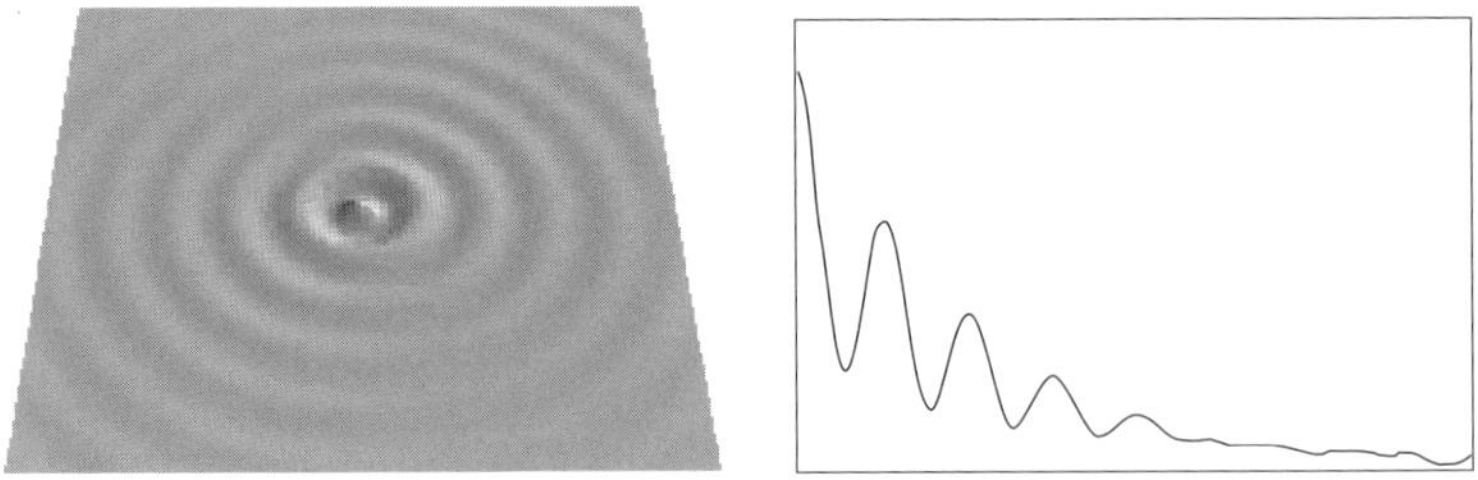

図1-1　波紋モデル

このようにして次々に非難対象が変遷する可能性があります。このような知見をもとに、筆者は、**図1-1**に示すような波紋モデルを考案しました。これは水面に石を投げ入れたときに、そこから波が発生し四方八方に拡散していくような状況のアナロジーです。

左図はモデルを上から見たもので、右図はその断面を示したものです。このモデルでは質と量の両面を考慮します。事件直後にはその衝撃によって大きな波紋が発生します。振幅の大きさは攻撃エネルギーの量で、新聞記事の数(量)に反映されます。時間が経過するにしたがって波の振幅は次第に減少していきます。全体的にはこのような経過をたどりますが、途中で記事数が若干増えたり減ったりすることを繰り返します。途中で記事が増大するのは、その出来事から一週間、一カ月、一年というような節目となる日で、事件や事故の重大な手がかり、あるいは新たなスケープゴートが発見されたような場合などです。もちろん他の大きな事件が発生すると、その波動エネルギーによって古い事件のエネルギーは低下します。

質的な側面として、このモデルは非難攻撃の対象(スケープゴート)の変遷について次のように論じます。波紋の同心円の中心に近いところでは、その振幅エネルギーが狭い範囲に集中します。それは個人(攻撃の対象人物)です。時間経過にしたがって次第に面積が広がり、中心から離れるにしたがって攻撃対象が個人から離れ、職場の同僚、職場のシステム、管理者、行政当局、社会、国家というように拡散していきます。

中心からの面積が狭い場合、エネルギーは狭い範囲（たとえば個人）に集中しますが、拡散するにしたがって一件あたりの攻撃エネルギーは低下します。一件あたりの攻撃エネルギーがあるレベルまで低下すれば新聞記事として掲載されたり、テレビで報道されるようなことはなくなります。

6　結語――スケープゴーティングを避けるために

スケープゴーティングは先述したように、人の心の深層にある無意識の欲望、社会に溢れている欲求不満のもとになるような原因によって引き起こされる可能性があります。しかし、それをなくしたり、低減したりすることは困難です。ただ、これまで述べてきたような心理的メカニズムが働いていることを人々が日頃意識すれば、そのような事態にある程度適切に対応できると思われます。

また、スケープゴーティングにはマスメディアの報道のあり方が大きく影響しています。何よりも報道する側の信頼性向上が望まれますが、日本新聞協会広告委員会[23]の調査によれば新聞に対する信頼性は次第に低下し、二〇一三年度は、信頼していると回答した人は三割しかいませんでした。メディアのさまざまな不祥事、とくにヤラセや誤報や誇張表現、スケープゴートを仕立て、人権を傷つける報道被害の存在などがその背景にあると考えられます。

日本新聞協会は二〇〇〇年に新聞倫理綱領（改訂版）を発表しています。その主項目は自由と責任、正確と公正、独立と寛容、人権の尊重、品格と節度です。そのような綱領の存在にもかかわらず、そのイメージがかなり失墜していることは否めません。この問題に対処する試みの一つとして、アメリカでは「卓越したジャーナリズムのためのプロジェクト」というメディア監視ＮＧＯが一線級のジャーナリスト二五名によって一九九七年に設立され、活動しています[24]。ただし、最近は、トランプ大統領が主要メディアのニュースをフェイクニュース呼ばわりしています。しかもそのような言動が一定の支持を得ています。またわが国でも、いくつかの大手新聞の報道姿勢に対する批判的な言説が溢れていて、新聞に対する信頼が向上しているとはいえないのが現状です。

さらに、スケープゴーティングを抑制するためには、受け手の能力向上が求められます。それは人の認識がさまざまなバイアスによって歪められているからです。このバイアスを防ぐには、批判的思考が大切であるといわれています。批判的思考には無意識の意識化という側面があります。スケープゴーティングの発生には投影や置き換えのような無意識のメカニズムが働いているので、これを意識化することができればスケープゴーティング現象を緩和することが可能になると考えられます。批判的思考の要点としては、①自分の視点があくまでも一つの視点にすぎないことに気づくこと、②他者の視点に身を置いてそれを共感的に理解すること、③たとえ自分の考えを否定することになるとしても両者を同じ基準で判断すること、などが挙げられます[25]。さらに批判的思考の態度として、自分の知識の限界に気づく「知的謙遜」、これまで考えなかったことを考えようとする「知的勇気」、他人を理解する「知的共感」、自分と相手を同じ基準で評価する「知的誠実」、自分を疑うという困難なことをあえて行う「知的忍耐」、自分の感情とは関係なしに評価を行う「知的正義感」、相手の言うことにも耳を傾ける「開かれた心」などが大事です[25]。

そのような態度を子どもたちに身につけさせるための試みも行われています。小学五年生を対象に、松本サリン事件（オウム真理教によって引き起こされた殺人事件でしたが、無実の人が犯人扱いをされ、メディアによって大々的に報道された事件）の新聞記事を資料として提示し、授業を行っている例があります[26]。そのなかで、子どもたちに、記事が憶測で書かれてしまったことや、誤報が生み出された背景などについて議論させています。それを通して、新聞記者が記事を書くときの気持ち（締め切りについての焦りや不安）、読者が新聞を読むときの心構えや態度について理解を深めさせることが企図されています。このような学習を積み重ねることによって、スケープゴーティング現象の理解と意識化が可能になると思われます。

【引用文献】

（1） Einstein, A. & Freud, S.（1933）*Warum Krieg? : [ein Briefwechsel]*. Internationales Institut für Geistige Zusammenarbeit, Völkerbund.（浅見昇吾訳〈2016〉『ひとはなぜ戦争をするのか』講談社）

（2） Gollwitzer, M.（2004）Do normative transgressions affect punitive judgments? : An empirical test of the psychoanalytic scapegoat hypothesis. *Personality and Social Psychology Bulletin*, **30**, 1650–1660.

（3） Ditzler, T.F.（2003）Malevolent minds: The teleology of terrorism. In Moghaddam, F. M., & Marsella, A. J.,（Eds.）, *Understanding terrorism: Psychosocial roots, consequences, and interventions*（pp. 187–206）. Washington, DC: American Psychological Association.（釘原直樹監訳〈2008〉『テロリズムを理解する――社会心理学からのアプローチ』ナカニシヤ出版）

（4） Nietzsche, F.（1887）*Zur Genealogie der Moral*. Leipzig: Verlag von C. G. Neumann.（木場深定訳〈1964〉『道徳の系譜』岩波書店、一一八頁）

（5） Tajfel, H., & Turner, J.C.（1986）The social identity theory of intergroup behavior. In S. Worchel & W.G. Austin.（Eds.）, *Psychology of intergroup relations*（pp. 7–24）. Chicago: Nelson-Hall.

（6） Agger, B.（1989）*Fast capitalism: A critical theory of significance*. Chicago: University of Illinois Press.

（7） Galtung, J., & Ruge, M. H.（1965）The structure of foreign news: The presentation of the Congo, Cuba and Cyprus Crises in four Norwegian newspapers. *Journal of Peace Research*, **2**, 64–91.

（8） Golding, P., & Elliott, P.（1979）*Making the news*. London: Longman.

（9） Staab, J. F.（1990）The role of news factors in news selection: A theoretical reconsideration. *European Journal of Communication*, **5**, 423–443.

（10） Zimbardo, P.G.（1969）The human choice: individuation, reason and order versus deindividuation, impulse and chaos. In W.J.Arnold & D. Levine（Eds.）, *Nebraska symposium on motivation*（pp.237–307）. Lincoln: University of Nebraska Press.

（11） Adorno, T. W., Frenkel-Brunswik, E., Levinson, D. J., & Sanford, R. N.（1950）*The authoritarian personality*. New York: Norton.（田中義久・矢沢修次郎・小林修一訳〈1980〉『権威主義的パーソナリティ　現代社会学大系12』青木書店）

（12） Bandura, A.（1999）Moral disengagement in the perpetration of inhumanities. *Personality and Social Psychology Review*. **3**, 193–209.

（13） （9）の文献

（14） Leyens, J., Cortes, B., Demoulin, S., Dovidio, J. F., Fiske, S. T., Gaunt, R., Paladino, M., Rodriguez-Perez, A., Rodriguez-Torres, R., & Vaes, J. (2003) Emotional prejudice, essentialism, and nationalism: The 2002 Tajfel Lecture. *European Journal of Social Psychology*, **33**, 703–717.

（15） Chirot, D. & McCauley. C. (2006) *Why not kill them all? : The logic and prevention of mass political murder*. Princeton, NJ: Princeton University Press.

（16） 会田雄次（1973）『アーロン収容所』中央公論社

（17） Grossman, D. A. (1996) *On killing: The psychological cost of learning to kill in war and society*. Boston: Little Brown.（安原和見訳〈2004〉『戦争における「人殺し」の心理学』筑摩書房）

（18） Veltfort, H. R. & Lee, G. E. (1943) The Cocoanut Grove fire: A study in scapegoating. *Journal of Abnormal and Social Psychology*, **38**, 138–154.

（19） Chyi, H. I., & McCombs, M. E. (2004) Media salience and the process of framing: Coverage of the Columbine school shootings. *Journalism and Mass Communication Quarterly*, **81**, 22–35.

（20） 張寧（2000）「三大紙の中国関係報道における議題設定効果の検証」『年報筑波社会学』二二号、二六–四二頁

（21） McCombs, M.E., & Shaw, D.L. (1972) The agenda-setting function of mass media. *Public Opinion Quarterly*, **36**, 176–187.

（22） 竹下俊郎（1981）「マス・メディアの議題設定機能――研究の現状と課題」『新聞学評論』三〇巻、二〇三–二一八頁

（23） 日本新聞協会広告委員会（2013）「2013年全国メディア接触・評価調査」〔https://www.pressnet.or.jp/adarc/data/research/pdf/2013media/report_web_2013.pdf〕

（24） 奥村信幸（2008）「メディアを監視する社会的な必要――アメリカＮＧＯの理念と方法論から学ぶ」『立命館産業社会論集』四三巻、六九–九〇頁

（25） 道田泰司（2005）「強い意味の批判的思考に関する覚書」『琉球大学教育学部紀要』六六集、七五–九一頁

（26） 松本大介（2011）「私たちの暮らしと情報」『東京学芸大学附属世田谷小学校研究紀要』四三号、一八九–一九八頁

第2章

何が和解をうながすのか
——個人間の葛藤解決から集団間の紛争解決を考える

【大坪庸介】

みなさんが誰かとケンカをしたとしても、和解することによって関係を修復することができます。社会心理学には、個人間のいざこざ（対人的葛藤）の解決について多くの研究の蓄積があります。また、集団間のいざこざ（集団間紛争）の解決についても多くの研究が行われてきました。どちらもいざこざの解決に関する研究ですが、集団間紛争には民族、宗教の違いがあったり、政治的な駆け引きも入ってくるため、対人的和解の研究成果はそのまま適用できないと思われるかもしれません。みなさんがこのように考えるとしたら、それはもっともなことです。しかし、どちらもいざこざの解決に関係していることですし、人間の行うことです。対人的和解と集団間の和解はまったくの別ものと考えて、個人レベルと集団レベルの研究を別々に行うのはもったいないことではないでしょうか。ここでは、全体を大きく「赦《ゆる》しに関する研究」と「謝罪に関する研究」に分け、個人間の葛藤解決についてこれまで知られていることを学び、それが集団間紛争の解決にも役立つ可能性について考えてみます。

1 赦しと関係価値

A 赦すとはどういうことか

対人的ないざこざで相手との関係を修復するには、相手を心から赦すことが必要でしょう。赦しにはいくつかの定義がありますが、赦し研究の第一人者のひとりである米国マイアミ大学のマッカローによれば、相手に対してどのように行動したいかという気持ち（心理学では「対人的動機づけ」といいます）の変化ということになります。[1] 具体的には、相手に仕返ししたいという動機づけが低くなること、相手を避けようとする動機づけが低くなること、相手とよい関係をもちたいという動機づけが高まることの三つの変化が大事だと考えられています。

それでは、どのような要因によって赦しは促進される（または阻害される）のでしょうか。これまでに行われてきた赦し研究のデータをひとまとめにして、それをメタ分析という統計的手法を使って検討した研究では、次のようなことがわかりました。[2] 認知的な要因としては、相手がわざとひどいことをしたと思っていること、相手に責任があると思っていること、相手から受けた被害が甚大であると思っていること、相手からされたことを何度も思い出すことなどが赦しを阻害していました。一方、相手がきちんと謝ったと思うことは赦しを促進する要因でした。感情に関わる要因としては、相手に共感していると相手を赦しやすく、まだ怒っていると赦しにくくなっていました。また、相手との関係性については、相手との親密さ、相手との関係へのコミットメント（相手とは離れがたいと思っていること）、関係への満足度が赦しをうながすことがわかりました。

このメタ分析を使った研究では、赦しやすさに関係する個人差も検討されています。性格心理学の分野では、主要五因子といって、人々の性格を把握するには外向性、協調性、誠実性、勤勉性、神経症傾向の五つの側面が大事であるという考え方があります。この主要五因子では、協調性が高いほど赦しやすく、神経症傾向が高いほど赦しにくいことがわかりました。また、他者に共感しやすい傾向、相手の視点で物事を見る傾向も赦しやすさと相関していました。逆に、怒りっぽい人は赦しにくい傾向があることもわかりました。それに加えて、宗教性が高い人も赦しやすい傾向がありますが、研究の多くがキリスト教社会で行われているので、この結果だけから日本でも同じような傾向があると結論を下すことはできません。性格ではありませんが、性別は赦しやすさとは関係なく、年齢が高くなるほど赦し傾向が高くなることも明らかになりました。

このように赦しを促進あるいは阻害する多くの要因がわかっているのは、赦しという研究テーマが応用面でも重要だからです。赦しは対人関係の修復に関わるだけでなく、本人の精神的・身体的な健康にも関わっていることが知られています。心身の健康は心理学者にとって大事なテーマです。ケンカの相手を赦さずに、折にふれて相手に対する怒りが湧き上がってくることがストレスの原因になることは想像に難くありません。また、赦し傾向が高い人は、赦し傾向が低い人に比べて、日常的にストレスを引き起こす出来事があっても、それが精神的健康に与える悪影響が小さいという報告もあります。赦し傾向が高い人は、同じような対人的ストレスを経験しても、大したことではないと水に流しやすく、その結果、ストレスが長期的な健康への影響をもちにくいのかもしれません(3)。

赦しをうながす要因として、相手との関係の価値が近年注目されています。相手との関係が自分にとって役に立つものであれば、相手を赦すようになるというのです。この仮説（価値ある関係仮説と呼ばれます）は、じつは霊長類学者のドゥ・ヴァールによって提唱されました。[4] ほとんどの霊長類は、社会的パートナーとお互いに毛づくろいをすることで、シラミの被害を小さくしています。それだけでなく、毛づくろいをしたパートナー同士で他の個体とのケンカのときに助け合うこともあります。そのため、霊長類にとって社会的パートナーはお互いに依存し合う価値あるパートナーということができます。ところが、そのような依存し合うパートナー同士でもささいなことでケンカをすることはあるでしょう。しかし、それでお互いに依存し合うことができる関係を失うのは割に合わないと考えられます。そのため、霊長類には価値ある関係を維持するためにケンカの後に仲直りしようとする傾向が備わっているというのです。

B　関係の価値と搾取リスクの見積り

それでは、この仮説は人間にも当てはまるのでしょうか。この問題に関心をもったマッカローの研究グループは、アメリカ人の実験参加者に特定の知り合いの関係価値を報告してもらった後、その相手が「あなたから借りたものをダメにしたのに、そのことで知らないふりをしている」などの場面を想像してもらって、その相手をどれくらい赦せるかを尋ねました。その結果、相手の関係価値を高く報告した人ほど、相手を赦してもよいと回答しました。[5] また、相手がまたひどいことをしそうだと思っているほど（相手の搾取リスクを高く見積もっているほど）、相手を赦しにくいということがわかりました。それだけでなく、搾取リスクを高く見積もっていると、関係価値が高くても赦さないという傾向が見られました。いいかえると、相手を赦してもよいという気持ちになるのは、相手の関係価値が高いだけでなく、相手からの搾取リスクを低く見積もっているときだということになります。

筆者らの研究チームは、この関係価値と搾取リスクの組み合わせの効果が、日本人を対象にした研究でも再現されるかどうかを調べてみました。この研究では、日本人を対象にして特定の相手とのいざこざをひとつ思い出してもらい、いざこざの前に相手との関係が自分にとってどれくらい役に立つものだったかを報告してもらいました。具体的には、相手とつきあっていることが仕事で有利になるかどうか、趣味の活動で役に立つかどうかなどを評定してもらい、さまざまな場面で相手が役に立つ程度を平均して相手の関係価値としました。加えて、相手が自分に対してまたひどいことをしそうかどうかを評定してもらって、それを搾取リスクとしました。最後に、調査に回答している段階で相手を赦している程度を報告してもらいました。

分析をした結果、アメリカでの研究と同じように、日本人でも関係価値の高い相手を赦しやすいこと、搾取リスクの高い相手は赦しにくいことが明らかになりました。ところが、関係価値と搾取リスクを組み合わせたときの特別な効果（関係価値が高く、搾取リスクが低いときだけとくに赦しやすい）は見られませんでした。しかし、アメリカと日本で研究結果が食い違っているのは、違うやり方で関係価値を調べたせいかもしれません。そこで、日本で行ったのと同じやり方でアメリカ人を対象にした研究をしてみました。すると、関係価値や搾取リスクの調べ方を日本の調査と同じようにしても、アメリカ人を対象にすると組み合わせの効果が見られました(6)。この文化差がなぜあるのか、今のところきちんと説明できないのですが、日本でもアメリカでも関係価値が赦しをうながすこと、搾取リスクの見積りが赦しを阻害することが明らかになりました。

C　関係価値と共感

ところで、関係価値の効果があるということから、人は損得の合理計算に基づいて相手を赦す、赦さないと

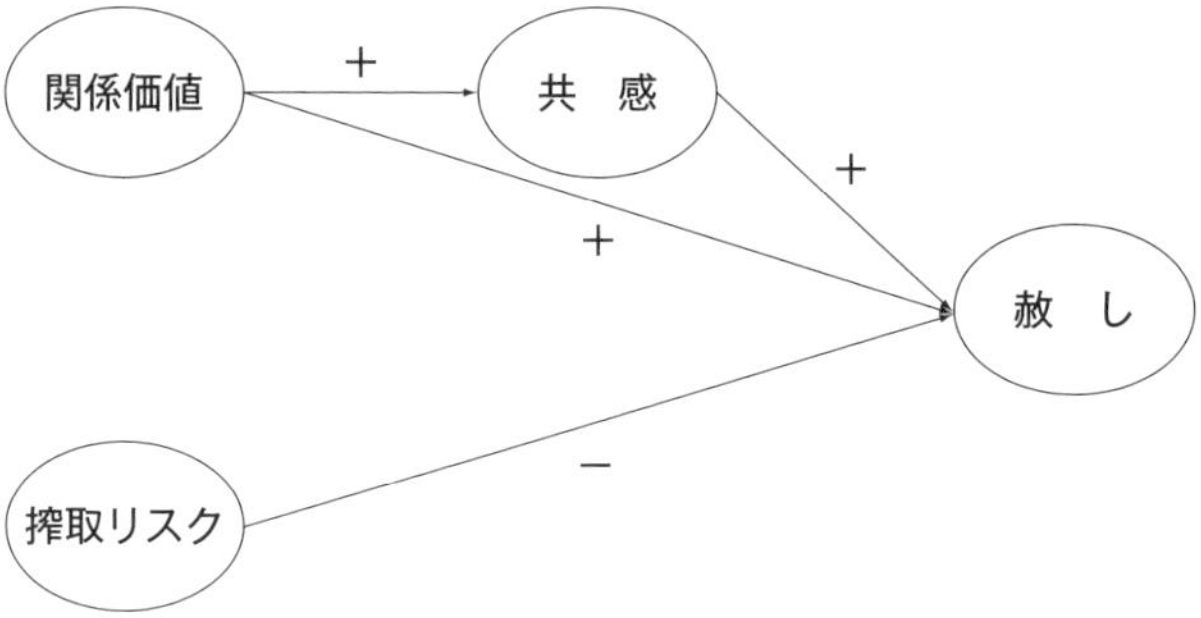

図 2-1　関係価値・搾取リスク・共感と赦しの関係

いう決定をしていると思われるかもしれません。しかし、価値ある関係仮説が、もともと霊長類学で提唱されていたことを思い出してください。現在では、この仮説は霊長類外のヤギなどの動物でも確認されています。人以外の多くの動物が意識的に損得の合理計算をして赦しの意思決定をしているとは思われません。もっと、直観的で感情的なメカニズムが働いているのかもしれません。先に紹介した赦し研究のメタ分析では、赦しと最も関係が強い感情的要因は相手に対する共感でした[7]。相手も関係が悪化したことで苦しんでいると感じたり、赦されないままだと相手もかわいそうだと感じたりすることが赦しにつながることは、理解に難くありません。もしかすると、関係価値の効果も、損得の合理計算だけではなく、大事な相手に対する共感を強めることで赦しをうながしているのではないでしょうか。

このような観点から先の研究のデータを分析したところ、日本人でもアメリカ人でも、関係価値は部分的には共感を高めることを介して赦しを促進していることがわかりました[8]。ここまでわかったことをまとめると**図2-1**のようになります。相手の関係価値が赦しを促進し（図の矢印にプラス記号をつけてそのことを示しています）、搾取リスクの見積りが赦しを阻害します（図の矢印にマイナス記号をつけています）。そして、関係価値が赦しを促進する効果の一部は、関係価値が高いと共感が高まりやすいことに媒介されているのです。ただし、関係価値と搾取リスクの組み合わせの効果は、アメリカでだけしか確認されていないのでこの図には含めていません。

D　接触仮説と集団間紛争の解決

ここまで、対人的和解についての研究成果を紹介してきました。ここで、集団間の対立を低減する要因に関する仮説をひとつ紹介します。それは対立する集団の成員同士が接触する機会があるほど集団成員間の差別や偏見が低減するという仮説で、ゴードン・オルポートという社会心理学者が半世紀以上も前に提唱したものです。[9] ここからこの接触仮説について説明します（第10章参照）。違う話になったと感じられるかもしれませんが、後から図２-１に戻ってきます。

オルポートによれば、集団成員間の接触は、集団同士が対等で、共通の目標をもっており、協力する必要があり、何らかの権威や法律により集団間の接触が推奨される場合には、偏見の低減に効果的です。オルポートの接触仮説は、多くの研究者によって検討されました。それらの研究結果のなかには接触仮説を支持するものも多くありましたが、しかし、これに反するものもありました。これらの研究結果に対する研究者の反応もまちまちで、接触仮説を正しいと考える研究者もいますが、接触仮説は間違っていると考える研究者、あるいは、大枠ではその正しさを認めつつも限界があると考える研究者もいます。

このような状況で接触仮説の正しさを客観的に評価したいと思ったら、敖し研究の成果をまとめるときにも用いられたメタ分析が有効です。過去に行われた研究のデータを集めて、それらをまとめたうえで再分析を行うわけです。社会心理学者のペティグリューとトロップは五一五個の研究データを集めて、それらをまとめて分析してみました。[10] すると、集団間の接触には、確かに偏見を低減する効果があることがわかりました。推定された接触と偏見の間の関係の強さは、おおよそ職場における受動喫煙と肺がんの関係の強さと同じくらいで

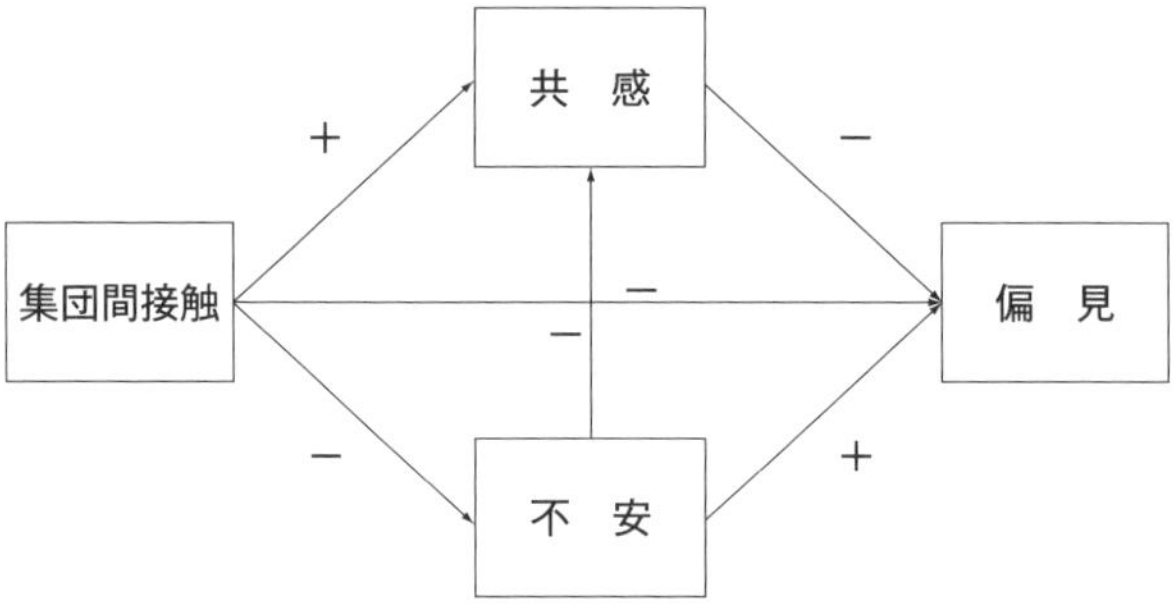

図 2-2　集団間接触と偏見の関係：集団間接触の効果の一部は共感・不安に媒介される[12]（数値を省略して引用）

した[11]。

ペティグリューとトロップは、さらに分析を一歩進めて、集団間の接触が偏見を低減するプロセスを詳しく調べました[12]。まず、成員間の接触により相手の集団に対する共感が高まり、その結果、偏見が低減する可能性が検討されました。次に、接触により、相手から何かされるかもしれないという不安が低減し、その結果、偏見が低減する可能性が検討されました。そして、接触により相手についてよく知ることができ（理解が深まり）、その結果、偏見が低減する可能性が検討されました。これら共感、不安、知識の三つの要因は、いずれも接触により偏見が低減するプロセスを媒介していることがわかりました。ですが、知識の効果はやや弱く、最終的にペティグリューとトロップの結果は**図2-2**のようにまとめられています。

図のプラス記号、マイナス記号は図2-1と同じように見てください。まず集団間接触には直接的に（共感や不安を介さずに）偏見を低減する効果があります（矢印のマイナス記号がそのことを意味しています）。それに加えて、接触には相手集団に対する共感を高めることで、偏見を低減する効果も見られます。それに対して、相手集団に対する不安は偏見を高めますが、接触にはこの不安を低減する効果もあることがわかります。さらに、不安から共感に向かう垂直の上向き矢印は、不安が低いときに共感が生じやすいことを意味しています。

E　対人的赦しと集団間の偏見

ここで改めて図２-１と図２-２を見比べてみましょう。二つの図はその形はかなり違っていますが、どちらも共感という要因が入っています。共感は対人的場面では相手に対する赦しを促進し、集団間の文脈では相手集団に対する偏見を低減します。赦しの定義を思い出してください。相手を避けようとしたり、相手に報復しようとするネガティブな動機づけの低下が含まれていましたが、それは相手が集団になったときの偏見の低減とも似ているのではないでしょうか。つまり、共感は対人的場面でも集団間紛争でも和解をうながす感情的な要因になっているのかもしれません。

もうひとつ注目に値する点があります。搾取リスクの見積りとは、相手からまたひどい目にあわせられる可能性の見積りでした。相手からひどい目にあわせられるかもしれないというのは、対人関係での不安といいかえることができそうです。つまり、図２-２の中の不安（相手の集団から何かされるかもしれないという不安）とよく似た内容のものだということがわかります。このことから、相手からひどい目にあわせられるかもしれないという気持ちがあると、対人場面でも集団紛争でも関係が好転しないことがわかります。

まとめると、相手に対する共感は対人的・集団間の和解を促進し、相手からひどい目にあわせられるかもしれないという気持ちが対人的・集団間の和解を阻害するのではないかということがわかりました。この類似はもちろん偶然かもしれませんし、二つの図は完全に同じものでもありません。しかし、このことは対人的和解の研究で明らかになったことが、集団間紛争の解決の糸口を提供することがあるかもしれないということを示唆するものです。

F　関係価値の効果は集団間紛争解決にも有効か？

図2-1と図2-2の類似性のひとつは、相手（または相手集団）に対する共感が和解を促進するという点でした。ここで図2-1に注目してみましょう。この図では、関係価値が共感を促進する要因となっています。この関係価値は霊長類学で提唱された仮説を検証するために研究に含められたものでした。じつは集団間紛争の研究でも、関係価値とよく似た要因の重要性が認識されています。

進化心理学者のピンカーは、その著書『暴力の人類史』において、中世ヨーロッパで国家間の交易が盛んになるにつれて国家間の紛争が減っていったことを指摘しています。[13] もし交易がなければ、国家間の関係はゼロサム・ゲーム、つまり一方の得はそのまま他方の損になってしまいます。ゼロサム・ゲームの状況で隣国との関係から利益を得ることは、すなわち隣国を略奪することを意味するのです。これでは平和は望むべくもありません。

しかし、交易があれば国家間の関係はゼロサム・ゲームではなくなります。交換がどちらにとっても得になることは、簡単な物々交換の例で考えるとすぐにわかります。たとえば、海辺に暮らす人は余計につくって自分では使い切れない塩を、山に住む人が余計にしとめた動物の肉と交換することができます。どちらにとっても、塩か肉だけを持っているよりも塩と肉の両方を持っているほうが望ましい状態になっています。どちらも塩なり肉なりの一部を失っていますが、それを相手の肉または塩と交換することで、どちらも交換しないときよりも得しているのです。国家間の交易は同じ効果をもちます。交易のパートナーとは交換を続けることで得になるので、相手と戦争をするのは馬鹿げたことになるわけです。

この考え方の正しさは、政治学者のラセットとオニールによる統計的分析によっても確認されています。[14] ラセットとオニールは、一八八九年から二〇〇一年にかけての国家間のいざこざが最終的に戦争に発展したか、戦争には発展せずに解決されたかを分析しました。とくに、ラセットとオニールは哲学者のカントの戦争に関する洞察を実証データで検討しようとしました。カントの洞察とは、国家間の交易・民主主義・国際連盟のような国際的機関への参加、という三つの要因が戦争を防止するというものです。分析の結果、これらの三つの要因があると、国家間のいざこざが戦争に発展する確率が低くなっていました。交易でお互いに依存しあっている、つまり相手の国の関係価値が、国家間紛争を抑止する要因であることがわかりました。

G　関係価値と和平への態度

このように見てくると、関係価値はサル同士の和解、人同士の和解、国同士の紛争の低減（戦争の抑止）など、さまざまなレベルでのいざこざの解決を促進することがわかります。この効果は、対人的葛藤・集団間紛争の場面でもっと調べてみる価値がありそうです。そのひとつの試みとして、筆者は対人的和解だけでなく隣国への宥和的態度が関係価値によって高まるかどうかを調べてみました[15]。

日本が現在抱えている領土問題のひとつに韓国との間の竹島問題があります。竹島は現在、韓国が実効支配しています。そのことを踏まえて、大阪市長時代の橋本徹が、竹島については韓国との共同管理くらいが落としどころであるという主旨の主張をして、大いに非難されたことがあります。このことは、多くの日本人が竹島問題の解決で韓国に譲歩することに否定的な態度をもっていることを示唆します。では、韓国との関係は竹島問題だけで悪化させるにはもったいないほど価値があるということに気づかせてあげれば、竹島の共同管理のような譲歩的解決策を受け入れる人が増えるのでしょうか。

この仮説を検討するために、筆者はインターネットを使って日本人の参加者を募り、次のような実験を行いました。実験に参加した人はランダムに関係価値高条件と関係価値低条件に振り分けられます。どちらの条件の参加者も、最初は日本の交易相手についてのテストと称して、三つの輸入品を日本が主にどこから輸入しているか（上位三国）を解答してもらいました。それぞれの輸入品について、参加者が解答すると、正解を示し、正しい解答を入力し直してもらいました。その後、今度は三つの輸出品を日本が主にどこに輸出しているか（上位三国）を解答してもらいました。参加者がそれぞれの解答を入力すると、正解を示して、正しい解答を入力してもらいました。つまり、合計六種類の輸出入品について日本の主要なパートナーがどこかを予想してもらうとともに、正解を知らせたことになります。

ここで、関係価値高条件では、六品目とも韓国が上位三位に入るものにしておきました。これにより、参加者には韓国が日本にとって大事な交易パートナーであるということを認識してもらったことになります。一方、関係価値低条件では、六品目とも韓国が上位三位に入らないものにしておきました。これは関係価値高条件と比較するための対照条件でした。実験の操作がうまくいっていれば、関係価値高条件の参加者は、低条件の参加者よりも、韓国との関係が大事だと思うようになっているはずです。そのことを確認するために、アメリカ、中国など複数の国にまぎれこませて、韓国との関係が日本にとってどれくらい大事かを「まったく大事ではない」（〇点）から「とても大事」（一〇点）で評定してもらいました。その結果、関係価値高条件の参加者は、関係価値低条件の参加者と比べて韓国との関係を大事だと考えるようになっていました（大事さを一〇点満点で評定した得点の平均値が高くなってしまいました）。このような違いは韓国以外の国の大事さについては見られませんでした。ですから、筆者が意図したとおり、関係価値高条件の参加者たちは、一時的にせよ韓国との関係を大事だと認識するようになったということです。

この後、竹島を韓国と共同管理するという条約が結ばれるとしたら、それをどれくらい支持するかを「まったく支持しない」（〇％）から「完全に支持する」（一〇〇％）で評定してもらいました。その結果、**図2-3**に示

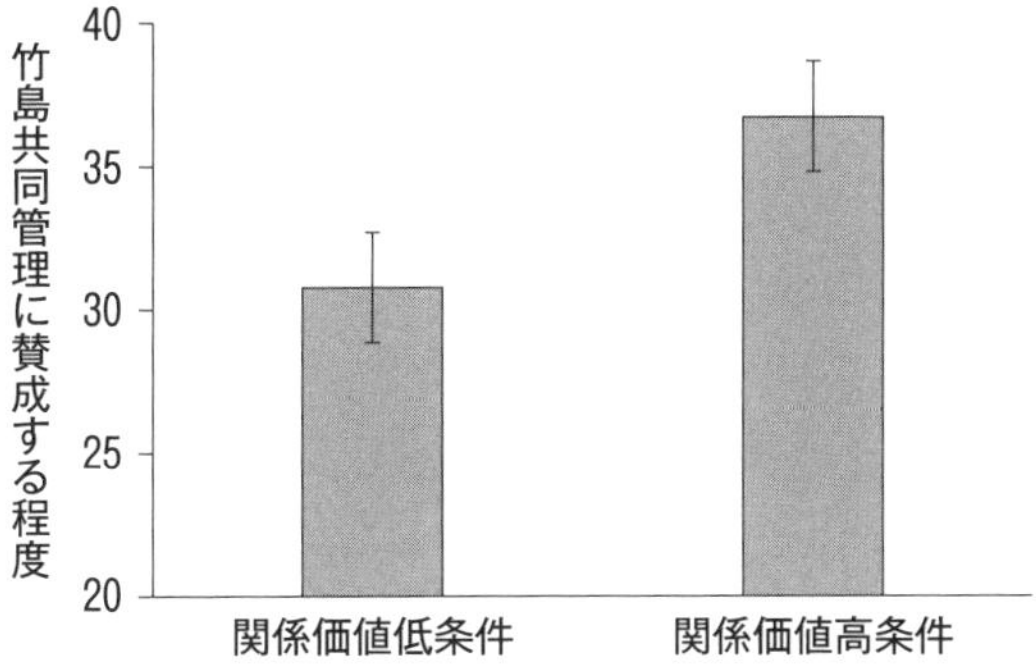

図 2-3　関係価値低・高条件での竹島共同管理に賛成する程度
（グラフの中のエラーバーは標準誤差。文献15のデータより作成）

しているように、関係価値高条件の参加者のほうが支持する程度が六％ほど高くなっていました。一〇〇％中のたった六％と思われるかもしれませんが、これは統計的な検定で有意な差（誤差と考えるには大きすぎる差）でした。また、六％はわずかな違いと感じられるかもしれませんが、この差を生んだのはたった六品目の輸出入品の主要な取引相手に韓国が入っていると認識させてあげるかどうかという、とてもささいな実験操作でした。現実に交易での依存度が高い国があり、そのことが日常的にも認識できるとしたら、その効果はもっと長期的で大きなものになるのではないでしょうか。

　ここでは筆者が最近行った実験を紹介しましたが、このように関係価値が和解をうながす効果は、対人場面だけに限られてはいないようです。現実の交易での相互依存関係は、政治的なレベルでの紛争解決にもつながっています。それだけでなく、他国への依存（関係価値）を認識させることで、個々人のレベルでも紛争解決へ向けた建設的な態度を醸成することにもつながるかもしれません。

2 謝罪と関係価値

A 謝罪は和解に有効か？

ここまで紹介した研究は、主に被害者側に注目したものでした。具体的には、被害者が加害者との関係を大事だと思っているかどうか、被害者が加害者からまたひどい目にあわせられるのではないかと疑っているかどうかという二つの要因に着目していました。しかし、みなさんは、相手の関係価値、相手の搾取リスクの見積りは相手の態度や行動次第だと思われるのではないでしょうか。そのとおりです。私たちが加害者のことを赦してもよいと考えるかどうかは、相手がきちんと謝ってくれたかどうかにかかっています。

被害者が加害者を赦すかどうかにとって、加害者がきちんと謝罪するかどうかが重要だということは、日本の社会心理学者の大渕らの研究チームの先駆的な研究により知られていました[16]。大渕らは、実験の参加者に能力テストに取り組んでもらい、実験担当者（教授の指導の下、テストの実施を担当している学生という設定でした）のミスで参加者のテストの結果が悪くなるという状況をつくりました。つまり、参加者から見ると実験担当者がミスをしたように見えますが、実験担当者はじつはあらかじめ決めていた手はずどおりにミスをしたということです。参加者はそれが手はずどおりとは知りませんから、実験担当者のせいで不名誉な得点をとってしまったと思っており、実験担当者に憤りを覚えるような状況でした。その後、実験担当者が自分のミスであったことを認めて謝罪すれば（それが実験を統括する教授にもわかるような公的な謝罪であれ、教授にはわからない私的な謝罪であれ）、謝罪を受けないときと比べて、参加者はミスをした実験担当者を赦していました。このように謝罪が有効であることは、第1節で紹介した赦し研究のメタ分析の結果にも見てとれます。第1節ではとくに強調しませんでしたが、相手からの謝罪は赦しをうながすという結果になっていました。

B　誠意のこもった謝罪

対人的葛藤場面では、謝罪すれば概して赦してもらいやすくなるといえます。しかし、どのような謝罪でもよいというわけではありません。謝罪に誠意がこもっていないと見なされると、赦してもらえないか、場合によってはかえって相手を怒らせてしまうこともあります。それでは、どのような謝罪が誠意のこもった謝罪と見なされるのでしょうか。

筆者は、シグナリング・ゲームというゲーム理論の考え方を謝罪場面に適用してみました[17]。これは、二人の行為者の間に情報の非対称性がある状況を分析する枠組みです。謝罪場面では、謝罪する側は自分が誠意をもって謝罪しているのかどうか（心から申し訳なく感じていて、相手との関係を修復したいと思っているのかどうか）を知っています。一方、謝罪を受ける側はそのことを知りません。つまり、謝罪者と受け手の間に情報の非対称性があります。このとき、シグナリング・ゲームの分析によれば、コストのかかった謝罪は誠意があるとみなされやすいと考えられます。以下、なぜこのような予測ができるのかを少し詳しく説明します。

仮にあなたが「ごめんなさい」と言われたときに、それを誠意のこもった謝罪と受けとり、相手を赦すとしたらどうでしょうか？　もちろん、心から申し訳なく思っていて、あなたとの関係を修復したいと思っている相手は「ごめんなさい」と言うでしょう。ですが、心から申し訳ないとは思っておらず、あわよくばまたあなたをひどい目にあわせようとしている相手も「ごめんなさい」と言うかもしれません。これでは、「ごめんなさい」と言ってくる相手の真意がわからないことになります。つまり、「ごめんなさい」という一言だけでは、それに誠意がこもっているかどうかわからないのです。もし、相手があなたにしたことが大したことではなく、「もう一度同じ目にあったら、そのときこそ関係を切ろう」と思えるくらいのことであれば、誠意があってもなくても赦しておけばよいでしょう。しかし、もう二度と同じ目にあいたくないというのであれば、そして、もしかすると誠意のない相手だと思うのであれば、ここで関係を断ち切ってしまうほうが無難です。

どうしてもあなたとの関係を修復したい謝罪者にとって、後者の状況（このままではあなたが関係を断ち切ったほうがよいと考える状況）は大問題です。この状況では、謝罪する側が自分の謝罪には本当に誠意がこもっているのだ（心から関係を修復したいと思っていて、二度とひどいことはしない）ということを、なんとかしてあなたに納得してもらう必要があります。シグナリング・ゲームの考え方によれば、誠意を伝えたい謝罪者は、あなたの損失を補償するためにお金を使うとか、あなたに謝罪するためだけに大事な用事をキャンセルするなど、コストをかけて謝罪することで誠意を伝えやすくなります。これは、直感的に考えても理解できるでしょう。相手が補償のために多額の費用をかけたり、大事な用事をキャンセルして謝罪すれば、そこまでしてあなたと仲直りしたいのだという気持ち（相手の本気度といってもよいでしょう）が伝わります。

C　コストのかかる謝罪と誠意——国際共同研究

筆者らの研究チームは、コストのかかる謝罪が誠意を伝えるかどうかをいくつかの研究で検討してみました。ここでは、日本を含む七カ国で行ったシナリオ実験と、日本で行ったｆＭＲＩ（機能的磁気共鳴画像法）研究をご紹介します。

まず、国際共同研究では、日本以外の六カ国（アメリカ、インドネシア、オランダ、韓国、中国、チリ）の研究者に協力してもらい、コストのかかる謝罪ほど誠意が伝わるという仮説を、架空のシナリオを用いた実験で

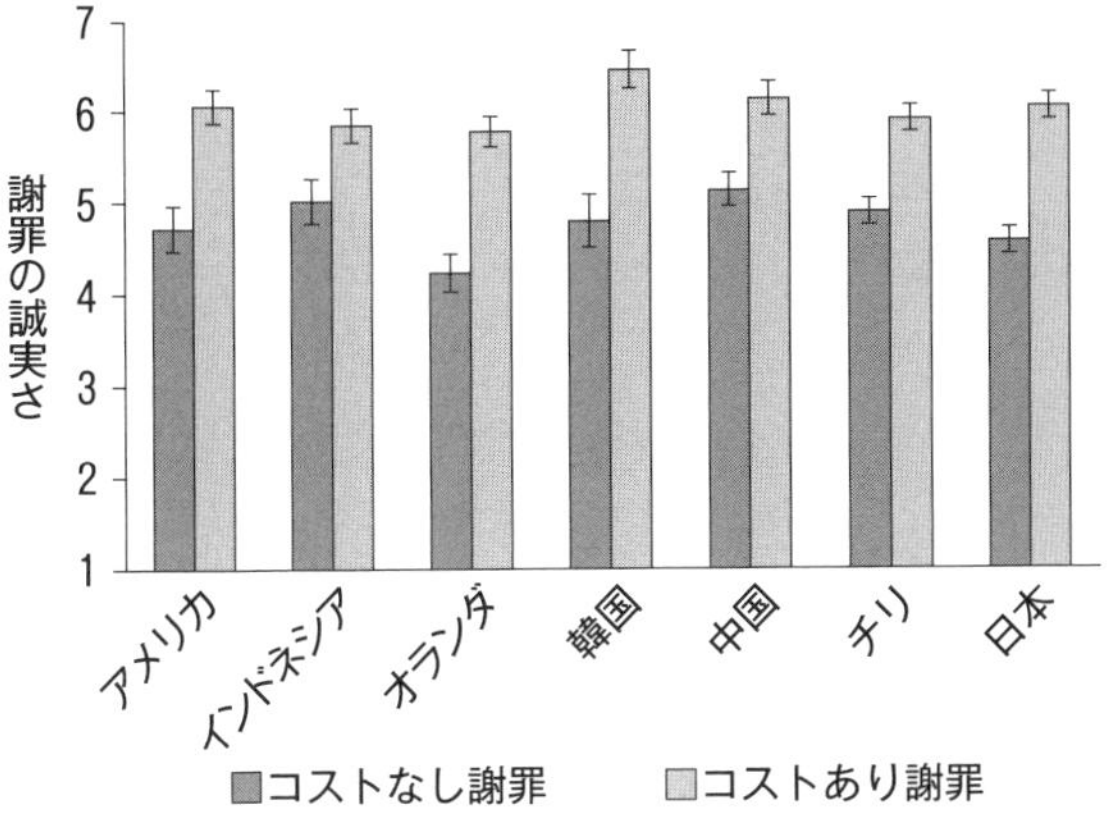

図 2-4　コストのかかる謝罪とコストのかからない謝罪に誠意を感じる程度（七カ国の結果）（グラフの中のエラーバーは標準誤差）[18]

調べてみました[18]。この実験で用いたシナリオの例は、次のようなものです。あなたが友人に本を貸したところ、その本がインクで汚れた状態で返されました。そして、そのことを別の友人に話したら、その友人が本を汚した本人にそのことを告げました。すると、翌日、本を借りた友人は、インクで汚したことを知らなかったと言って謝りに来たという状況です。このとき、その友人が大好きな歌手のコンサートに行く予定であったのにそれをキャンセルして謝りに来たという状況がコストのかかる謝罪条件でした。約半数の参加者はこちらのシナリオを読み、相手の謝罪に誠意がこもっている程度を評定しました。残り半数の参加者には、相手がコンサートの後に謝りに来たというシナリオを読んで、謝罪に誠意がこもっている程度を評定してもらいました。

このシナリオに対応する結果を**図 2-4** に示します。日本はもちろん、アメリカ、インドネシア、オランダ、韓国、中国、チリのすべての国でコストのかかった謝罪のほうがコストのかからない謝罪よりも誠意がこもっていると見なされていました。インドネシアは国民の多くがイスラム教徒だったので、宗教による違いも検討しました。しかし、コストのかかった謝罪ほど誠意がこもっていると見なされるというパターンに関しては、宗教による違いはありませんでした。

D　コストのかかる謝罪と誠意――fMRI実験

次に、日本人を対象にしたfMRI研究をご紹介します。筆者らはコストのかかる謝罪によって誠意が伝わると考えています。　誠意とは、心から関係を修復したいという気持ちだと考えていますが、これはコミュニケーションを志向する社会的意図だということができます。仲直りしたいという意図は、「コーヒーを飲もう」といった私的な意図とは違って、意図した本人だけでは実現できません（仲直りは相手が同じように仲直りしたいと思ってくれて初めて成立します）。また、この意図は相手に伝わなければ意味がありません。

脳科学の研究では、他者からこのようなコミュニケーションを志向する社会的意図を受けとったときに活動する脳部位が知られています[19]。それは、ちょうど額の内側あたりにある内側前頭前皮質といわれる部位、左右両側の側頭頭頂接合部（TPJ）といわれる部位、楔前部という両側のTPJの真ん中あたりにある部位です。

シナリオを使った実験でも誠意が感じられたり感じられなかったりすることがすでにわかっていますから、筆者らの研究チームは、実験参加者にMRIのスキャナの中で架空のシナリオを読んでもらい、そのようなことが本当にあったらどう感じるかをできるだけリアルに想像してもらいました[20]。各参加者はスキャナの中で何度も違う状況を想像しました。その状況のなかには、友人がコストをかけて謝った状況・友人が口頭でただ謝った状況・友人が謝らなかった状況、という三種類の状況が含まれていました。

コストのかかる謝罪を受けたと想像した状況は、相手からコミュニケーションを志向する社会的な意図（あなたと仲直りしたいという意図）を受けとった状況と考えることができます。そうだとすると、他の状況と比べて、コストのかかる謝罪を受けとったと想像した状況で、先に挙げた四つの領域（内側前頭前皮質、両側の

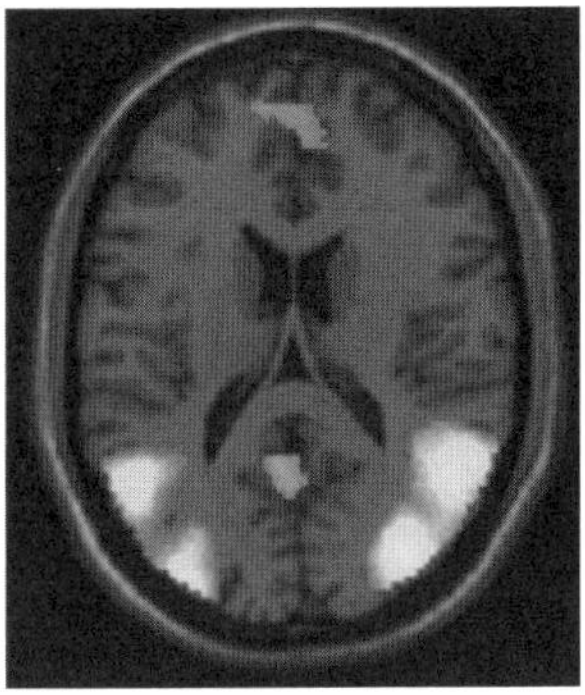

図2-5　謝罪なしのときよりコストのかかる謝罪を受けとったときに活動していた脳部位[20]

側頭頭頂接合部、楔前部）がより強く活動すると考えられます。結果は、この予測を支持するものでした。コストのかかる謝罪を受けとったと想像した状況を、コストのかからない口頭だけの謝罪を受けとったと想像した状況、相手が謝罪しなかったと想像した状況のいずれと比べても、これら四つの部位の活動が高くなっていたのです。

結果の例として、謝罪がなかったときと比べてコストのかかる謝罪を受けとったときに、とくに活動していた脳部位を**図2-5**として示します。これは、頭の水平方向の断面図を上から見ていると考えてください。図の上のほうは顔側で、図の下のほうは後頭部側になります。図の上のほうで活動が高い部分が内側前頭前皮質です。図の下のほうは、左右で同じような部位が活動しているのがわかります。この辺りが左右両側の側頭頭頂接合部です。それに挟まれるように真ん中辺りで活動している部分が楔前部です。

E　なぜコストをかけるのか？

このように国際共同研究の結果、fＭＲＩ研究の結果は、いずれもコストのかかる謝罪が誠意を伝えるという仮説と整合的です。しかし、そもそもなぜ心から関係を修復したいと思っている人ほど謝罪にコストをかけるのでしょうか。すでに説明したように、この関係を失いたくないと思っていればいるほど、コストをかけることを厭わないと考えられるからです。

しかし、なぜ失いたくないのでしょう？　このように考えてみると、それはこの関係が大切だからということになります。たとえば、人によって評価が違う骨董品を考えましょう。これがオークションに出ているとき、この骨董品に価値を見出す人ほど多くのお金を支払ってもそれを手に入れたいと思うでしょう。コストのかかる謝罪のモデルで仮定されているのも、基本的にはこれと同じです。相手との関係に価値を見出す人ほど、その関係を修復するためにコストを支払ってもよいと考えるはずです。その結果、相手がそのままでは赦してくれなさそうだというときには、相手との関係を大事に思っている人ほどコストをかけて謝罪し、それほど大事に思っていない人は大きなコストをかけることはしないはずです。ですから、謝罪にかかったコストの大きさは、謝罪者が心から関係を修復したい程度とよく対応すると予測されます。

ここまで紹介した国際共同研究、ｆＭＲＩ研究は謝罪を受ける側に注目していましたが、この予測を検討するには謝罪する側に注目した研究が必要になります。筆者らの研究チームでは、この謝る側の心理について日本人を対象に検討しました[21]。たとえば、シナリオを用いた実験では、参加者に実際の知り合いをひとり思い浮かべてもらい、その相手の関係価値を評定してもらいました。これは、先に紹介した関係価値が赦しを促進するかどうかを調べた研究と同じやり方で評定してもらいました。次に、その相手に迷惑をかけたと想像してもらい、相手にすぐに謝りに行くためには、好きな歌手のコンサート、病院の予約などのさまざまな用事をキャンセルしなければならないと想像してもらいました（大事な用事をキャンセルしてでも謝罪を優先するというのは、コストのかかる謝罪のひとつの例であったことを思い出してください）。そして、相手にすぐに謝るために、それぞれの用事をどれくらいキャンセルしてもよいと思うかを評定してもらいました。その結果、相手との関係価値が高いほどコストのかかる謝罪をしてもよいという回答がなされていました。つまり、コストのかかる謝罪モデルは謝罪者側についての予測に関しても妥当であることが示されたわけです。

F　コストのかかるシグナルと国際関係

最後に、コストのかかる謝罪が国際紛争の解決にも役に立つのかどうかを考えてみたいと思います。筆者は、現在、集団の謝罪に関心をもっています。具体的には、会社、病院、学校などの組織、さらには国による謝罪であっても、コストのかかる謝罪のほうがコストのかからない謝罪よりも誠意があると見なされるのかどうかを、シナリオを使った実験で調べています。まだ研究の途中ですが、今のところ、謝罪をするのが集団や組織であっても、コストがかかっていると誠意があると感じられるという効果はありそうです。

それでは、集団のなかでもとくに大きい国同士の紛争の解決にも、コストのかかる謝罪は実際に利用されていて、役に立っているのでしょうか。このことを実証的に検討したのは政治学者のロングとブレックです[22]。彼らは二〇世紀の主な国際紛争に着目し、紛争後に当事国間の関係が改善したものと、停戦はしても当事国間の関係が悪いままの事例について、何がその違いを生んだのかを分析しました。彼らの結果は、「コストのかかる融和シグナルがあったかどうかが大事だ」というものです。ここで、「謝罪」ではなく「融和シグナル」という用語を使うのは、国家間の関係では安易に謝罪はなされないため、融和の意志をはっきりと示す呼びかけであっても明確な謝罪が含まれていないからです。その意味で、対人的謝罪研究との直接の比較は難しいのですが、「コストがかかっていると効果的」という同じ結果となっているので、コストのかかる融和シグナルについて、ここで少し詳しく検討してみたいと思います。

ロングとブレックは一方の当事国から相手国に対する融和のアプローチに次の四つの要素が含まれていたかどうかを調べました。それらは、融和への働きかけが何らかのコストを伴うものであったかどうか（たとえば、融和を呼びかける国のリーダーが政治生命をかけているかどうか）、その融和への働きかけが撤回不可能で

表 2-1　融和の働きかけの特徴と、関係が改善したかどうか(22)

紛争当事国	コスト	撤回不可能	目新しさ	自発性	関係改善
ソ連－西ドイツ	○	○	○	○	○
インド－中国	○	×	○	○	○
エジプト－イスラエル	○	○	○	○	○
中国－ベトナム	○	×	×	○	○
ポーランド－西ドイツ	○	○	○	○	○
イギリス－アルゼンチン	×	×	×	○	×
カンボジア－ベトナム	×	×	×	×	×
ホンジュラス－エルサルバドル	×	×	×	×	×

あったかどうか（相手の出方次第で「やっぱりこの話はなし」ということができないようになっていたかどうか）、それがこれまでになかった目新しいアプローチであるかどうか、それが自発的になされたものであるかどうか（他国や国連から強制されてしぶしぶなされた融和への働きかけでなかったかどうか）の四つです。これらの四つの要素の有無と紛争国間の関係が改善したかどうかを**表2-1**にまとめています。関係が改善した国の間では少なくとも一方の国がコストのかかる、撤回不可能で、目新しく、自発的なシグナルを発している傾向があったことがわかります。

これだけでは抽象的でわかりにくいと思いますから、いくつかわかりやすい例を挙げてみたいと思います。たとえば、エジプトからイスラエルへの関係改善の働きかけ（表2-1の三行目）にはサダト大統領の政治生命がかかっていただけでなく、エジプトと周辺のイスラム諸国との関係を悪化させかねないものでした。また、サダト大統領のイスラエルへの電撃訪問は、自発的になされたものですし、それまでにない目新しいアプローチでした。しかもそれは秘密裡になされたものではありませんから、撤回することもできないものでした。

もうひとつの例として、東西冷戦時代の西ドイツ（当時）のブラント首相の東方政策が挙げられます（表2-1の一行目と五行目）。ブラント首相は、ポーランドへの多額の経済援助（撤回不可能でコストのかかる援助）を約束しました。また、冷戦時代にここまで東側に歩み寄る西側の国はありませんでしたから、東方政策は自発的になされた、十分に新しい働きかけであったといえます。

3　結語

この章では、対人的葛藤解決の研究でわかったことが、集団間紛争の解決にも応用できるかどうかをみてきました。和解のひとつの鍵となる赦しは、相手の関係価値によって促進され、搾取リスクの見積りによって抑制されます。また、関係価値が赦しをうながす効果の一部は、それが相手に対する共感を引き起こすことに由来していました。興味深いことに、対立する集団成員同士が接触すると、相手集団に対する共感が上がることで差別・偏見が低減し、ひどいことをされるかもしれないという不安（搾取リスクの見積りとよく似ています）によって差別・偏見が増幅されることが知られています。また、他の国の関係価値は、その国に対する和平を支持する態度を促進するようです。

和解にとってのもうひとつの鍵は謝罪です。謝罪はおおむね赦しを促進する効果がありますが、コストのかかる謝罪はとくに誠意を伝えるために有効です。興味深いことに、コストのかかる謝罪は赦しと同様に関係価値によってうながされます。つまり、関係価値は加害者の立場では誠意のある謝罪をうながす要因になり、被害者の立場では赦しをうながす要因になるのです。また、コストのかかる融和シグナルが国際紛争の解決にも有効かもしれないという知見もあります。

この章で見てきたように、対人的葛藤の研究結果は、集団間紛争の解決にもある程度役に立つことが期待できそうです。今後、これらの領域をつなぐような研究によって、異なる研究分野が相互に刺激しあい、研究がさらに発展することが望まれます。

【引用文献】

（1） McCullough, M. E., & Root, L. M.（2005）Forgiveness as change. In E. L. Worthington, Jr.（Ed.）, *Handbook of forgiveness*（pp. 91–107）. New York: Routledge.

（2） Fehr, R., Gelfand, M. J., & Nag, M.（2010）The road to forgiveness: A meta-analytic synthesis of its situational and dispositional correlates. *Psychological Bulletin*, **136**, 894–914.

（3） Toussaint, L., Shields, G., Dorn, G., & Slavich, G. M.（2016）Effects of lifetime stress exposure on mental and physical health in young adulthood: How stress degrades and forgiveness protects health. *Journal of Health Psychology*, **21**, 1004–1014.

（4） de Waal, F. B. M.（2000）Primates: A natural heritage of conflict resolution. *Science*, **289**, 586–590.

（5） Burnette, J. L., McCullough, M. E., Van Tongeren, D. R., & Davis, D. E.（2012）Forgiveness results from integrating information about relationship value and exploitation risk. *Personality and Social Psychology Bulletin*, **38**, 345–356.

（6） Smith, A., Yagi, A., Yamaura, K., Shimizu, H., & Ohtsubo, Y.（2016, July）Why we forgive our valuable partners: Rational calculation, emotional adaptation, or a mixture of both? Paper presented at the 28th annual conference of the Human Behavior and Evolution Society, Vancouver, Canada.

（7） （2）の文献

（8） （6）の文献

（9） Allport, G. W.（1954）*The nature of prejudice*. Cambridge, MA: Addison-Wesley.（原谷達夫・野村昭訳〈1968〉『偏見の心理』培風館）

（10） Pettigrew, T. F., & Tropp, L. R.（2006）A meta-analytic test of intergroup contact theory. *Journal of Personality and Social Psychology*, **90**, 751–783.

（11） Al Ramiah, A., & Hewstone, M.（2013）Intergroup contact as a tool for reducing, resolving, and preventing intergroup conflict: Evidence, limitations, and potential. *American Psychologist*, **68**, 527–542.

（12） Pettigrew, T. F., & Tropp, L. R.（2008）How does intergroup contact reduce prejudice? Meta-analytic tests of three mediators. *European Journal of Social Psychology*, **38**, 922–934.

（13） Pinker, S.（2011）*The better angels of our nature: Why violence has declined*. New York: Viking.（幾島幸子・塩原通緒訳（〈2015〉『暴力の人類史（上・下）』青土社）

（14） Russett, B., & Oneal, J. R.（2001）*Triangulating peace: Democracy, interdependence, and international organizations*. New York: W. W. Norton.

（15） Ohtsubo, Y.（2018）Relationship value fosters conciliatory attitudes in international conflicts. *Peace and Conflict: Journal of Peace*

Psychology（オンライン版）.

(16) Ohbuchi, K., Kameda, M., & Agarie, N.（1989）Apology as aggression control: Its role in mediating appraisal of and response to harm. *Journal of Personality and Social Psychology*, **56**, 219–227.

(17) Ohtsubo, Y., & Watanabe, E.（2009）Do sincere apologies need to be costly? Test of a costly signaling model of apology. *Evolution and Human Behavior*, **30**, 114–123.

(18) Ohtsubo, Y., Watanabe, E., Kim, J., Kulas, J. T., Muluk, H., Nazar, G., Wang, F., & Zhang, J.（2012）Are costly apologies universally perceived as being sincere? A test of the costly apology-perceived sincerity relationship in seven countries. *Journal of Evolutionary Psychology*, **10**, 187–204.

(19) Ciaramidaro, A., Adenzato, M., Enrici, I., Erk, S., Pia, L., Bara, B. G. et al.（2007）The intentional network: How the brain reads varieties of intentions. *Neuropsychologia*, **45**, 3105–3113.

(20) Ohtsubo, Y., Matsunaga, M., Tanaka, H., Suzuki, K., Kobayashi, F., Shibata, E., Hori, R., Umemura, T., & Ohira, H.（2018）Costly apologies communicate conciliatory intention: An fMRI study on forgiveness in response to costly apologies. *Evolution and Human Behavior*, **39**, 249–256.

(21) Ohtsubo, Y., & Yagi, A.（2015）Relationship value promotes costly apology-making: Testing the valuable relationships hypothesis from the perpetrator's perspective. *Evolution and Human Behavior*, **36**, 232–239.

(22) Long, W. J., & Brecke, P.（2003）*War and reconciliation: Reason and emotion in conflict resolution*. Cambridge, MA: MIT Press.

第3章

集団間の紛争はどのように悪化するのか

――キャンプ実験を例に

【熊谷智博】

紛争、とくに集団間紛争は今日の社会において日常的な現象といえます。そのことは、私たちが毎日のようにニュースで戦争やテロ、民族紛争、宗教対立のニュースに接していることからもわかります。では集団間紛争はなぜ、そしてどのようにして生じるのでしょうか。宗教対立や民族紛争などは、歴史的経緯などがその原因として考えられますし、戦争には政治・経済的な理由もあります。

集団間紛争にはそれぞれ個別の事情、個別の原因があり、紛争解決のためにはそれらを理解することが重要ですが、一方で多くの集団間紛争に共通する特徴や原因も存在します。たとえば仲間同士の結びつきの強さや、対立相手に対する過激なまでの敵意や憎しみ、偏見や差別、そして過剰ともいえる暴力行為などです。そこで本章では、集団間紛争に含まれるさまざまな心理過程に注目し、集団の一員となることから生じる心理的な変化に、紛争を生み出し、それを激化させる要因があることを、社会心理学の観点から考察します。

1　集団間紛争の社会心理学

A　集団間紛争の特徴

集団間の紛争は、単に個人的な対立が大規模になっただけではなく、それとは本質的に異なる特徴を備えています。個人間であれ集団間であれ、紛争が生じる重要な原因は被害の発生です。それは暴力を振るわれ身体的に傷つけられたという場合もあれば、名誉を傷つけられたり、恥をかかされたりといった心理的被害を受けるという場合も考えられます。いずれの場合も、被害者側には仕返しをしたいという気持ち、すなわち報復動機が生まれ、それを何らかの形で行動に移すことで紛争が発生し、悪化していきます。集団間紛争は、このような個人レベルの報復の応酬が、大人数を巻き込んで行われているだけと考えることもできます。

しかし社会心理学者たちは、集団間紛争には個人間の紛争とは異なる特徴が数多くあることを指摘してきました。最も興味深いものは、「人々は集団になると競争的になる」という点です。

集団形成が人々を競争的にすることを検討した有名な研究として、インスコら[1]の実験が挙げられます。この実験では、参加した人たちに、一人対一人、または三人対三人の組み合わせで「囚人のジレンマ」課題を行わせました。「囚人のジレンマ」について簡単に説明すると、実験参加者には**表3-1**のような表が渡されま

表3-1　「囚人のジレンマ」の利得表（例）

相手の選択＼あなたの選択	A：協力	B：競争
A：協力	500円 / 500円	800円 / 0円
B：競争	0円 / 800円	200円 / 200円

す（わかりやすいように表3-1では、金額の単位を日本円に変更しています）。

実験参加者は「協力」か「競争」かの二つの選択肢を与えられ、どちらかに決めなければなりません。同様に、相手もいずれかを選択しますが、相手の選択がわからない状態で、実験参加者は自分の選択を決めることになります。仮に自分が「協力」を選び、相手も「協力」を選んだ場合、実験参加者は五〇〇円、相手も五〇〇円もらえます。しかし相手が「協力」を選んだときに、実験参加者が「競争」を選ぶと、もらえる金額は自分が八〇〇円、相手は〇円となります。自分の利益だけを考えれば「競争」を選ぶほうが金額は大きくなりますが、二人とも同じことを考えて共に「競争」を選んだ場合は、それぞれがもらえる金額は二〇〇円ずつと、「協力」を選んだときよりも少額になってしまいます。このような状況で人々がどのような選択をするかを調べるのが「囚人のジレンマ」研究です。インスコらはこの決断を一人で下す場合と、三人集団で下す場合では違いがあるかどうかを検証しました。

結果は「集団で話し合うと、相手に対して競争的になる」というものでした。個人同士で囚人のジレンマ課題を行った場合、「競争」が選ばれる割合は六・六％でした。これは、個人間で囚人のジレンマ課題を行わせると多くの人は平和的な「協力」を選択する、ということを示しています。また三人集団であっても成員同士が相談できない場合には、「競争」を選ぶ参加者の割合は七・五％と個人の場合とほとんど変わりませんでした。しかし集団の一員として他の成員と相談した場合には、「競争」を選ぶ参加者の割合は三六・二％まで上がりました。しかこの結果は、単に集団になるだけで人々が競争的になるわけではないけれども、集団内でコミュニケーションが可能になると、相手集団の人たちはまったく見ず知らずで、過去に被害を受けたというわけではないのに、相手集団に対して競争的になることを示しています。

B　集団間の差別

集団間の関係が悪化する原因としては、相手に対する競争的態度が重要ですが、相手の集団よりも自分たちの集団が不利に扱われること、つまり差別を受けていると感じることも重要な原因となります。差別をされた側はそのような扱いに反発し、場合によってはそれをやめさせたり、受けた不平等に対する報復をしたりするでしょう。

このような差別の多くは社会構造や歴史的経緯から生じると思われていますが、実際には単に集団の一員となるだけで生じることがタジフェルら(2)の最小条件集団の実験によって報告されています。この実験では、始めに一四～一五歳の少年四八名に、抽象画であるパウル・クレーの絵かワシリー・カンディンスキーの絵のどちらが好きか回答させ、その回答に基づいて「クレー・グループ」「カンディンスキー・グループ」という集団の一員になると説明しました。絵の好みという「最小限の条件」以外には集団分けの根拠がないということから、このような集団は「最小条件集団」と呼ばれます。その後で簡単な課題を行って、子どもたちには実験参加の謝礼を渡すと説明しました。その際、自分自身が受けとる報酬を決めることはできないけれども、自分以外の同じグループの実験参加者と別のグループの実験参加者にいくら与えるかを決めることはできました。ただし、それを決める際には、たとえば**表3-2**のような組み合わせ表が与えられ、a～iの選択肢からどれか一つを選ぶというやり方で決めてもらうことにしました(表3-2では、わかりやすいように報酬の単位を日本円に変更しています)。

この場合、実験参加者はどれを選んでも自分の個人的な利益に関係ありません。実験参加者は、見ず知らずの自集団成員と他集団成員の利益量を決めることができるだけです。自分の利益とは無関係とはいえ、親切心

表 3-2　最小条件集団実験の報酬分配表の例（単位は円）

	A	B	c	d	e	f	g	h	i
自集団・034番	90	100	110	120	130	140	150	160	170
他集団・495番	50	70	90	110	130	150	170	190	210

から他の人たちの報酬を最大化してあげたいと考えれば、右端の「i」を選ぶのが一番よい選択となります。しかしこの場合、自集団成員「〇三四番」が受けとる報酬（一七〇円）は、他集団成員「四九五番」が受けとる報酬（二一〇円）よりも少なくなってしまいます（一七〇円−二一〇円＝−四〇円）。つまり自集団成員は相対的に少ない報酬を受けとることになります。逆に左端の「a」を選んだ場合はどうなるでしょうか。この場合、自集団成員（九〇円）は他集団成員（五〇円）よりも多くの報酬をもらうことができ、その差も最大（九〇円−五〇円＝四〇円）になります。しかし金額だけに注目すれば、他集団成員はもちろん、自集団成員も報酬が最も少ない、つまり一番損をさせてしまう選択となります。

このような選択肢が与えられたとき、実験に参加した子どもたちはどのような選択をしたでしょうか。実はちょうど半々である「e」を選ぶ実験参加者が最も多くなりました。このことは他人の報酬とはいえ、基本的には他の人たちを平等に扱うべきであるという規範を子どもながらにもっていることを示しています。しかしそれ以上に興味深い結果は、「d」を選ぶ実験参加者も同程度に多かったことです。

選択肢「d」の特徴は、自集団の実験参加者が他集団の実験参加者よりも多くの報酬をもらえる選択肢（a～d）のなかでは、報酬が一番多い組み合わせである点です。ここより左（選択肢a～c）を選ぶと、他集団成員よりも多くの報酬を自集団成員に与えることができるけれども、自集団成員が受けとる金額も小さくなってしまいます。つまり選択肢「d」は自集団の実験参加者の報酬を最大化しつつ、他集団の実験参加者が受けとる報酬とは差をつけようとする選択肢といえます。いいかえると、自集団成員には他集団成員よりも多くの利益を与えようという「差別」が集団の一員となるだけで起こること、しかもそれによって利益の絶対的金額は少なくなるとしても、そうした選択をするという一見非合理的な心理過程が人々にはあることが示唆されています。

C　現実的葛藤理論

現実に存在する集団は他の集団からまったく孤立していられるはずはなく、必ず他の集団と何らかの関わりをもつことになりますが、それが紛争の原因となる場合もあります。一口に集団といってもさまざまであり、たとえばお金を多く持っている、政治的影響力が強い、あるいは単に人数が多いといった特徴は、他の集団との関係において有利に働くことが容易に想像できます。その反対にお金がない、政治力が低い、マイノリティであるといった特徴は、集団間関係で不利に働き、それを改善しようとして集団間の対立が動機づけられることも予想できます[3]。このような勢力や影響力の差を突き詰めて考えると、現実世界には「限られた資源＝希少資源」が存在し、それが集団間紛争の原因になるといえます。こうした原因で集団間紛争が生じることを、キャンベル[4]は「現実的葛藤理論」として論じています。

この理論によると、もともと相手集団に対して差別や偏見をもっていなくても、集団として活動を続けるのに必要な資源、たとえば食料などが全集団に行き渡らない場合、生き残るために他の集団を妨害したり攻撃したりすることで自分たちの資源を確保しようとすることが起こりえます。そうした利己的活動を各集団が行うことによって集団間紛争が発生、激化します。ここでいう「資源」は、必ずしも生存に必要不可欠な食料などの物質的なものだけではありません。金銭から生じる経済力、他者への影響力としての社会的地位、他者からの評価といった心理的報酬なども含まれます。このように、複数の集団が存在する状況ではさまざまなものが希少資源となり、それらが必然的に対立を生み出し、集団間紛争の原因となりえます。

D　泥棒洞窟実験

この現実的葛藤理論の実証研究として有名なのがシェリフらの通称「泥棒洞窟実験」(5・6)(別名「サマー・キャンプ実験」)です。これはアメリカ、オクラホマ州にある州立公園で行われたサマー・キャンプを利用した実験で、集団の形成、集団間紛争、そして集団間和解へと変化していく心理過程を記録した研究です。

最初の集団形成段階では二一人の少年たちに、すでに誰と友達かを質問したうえで、友達同士が別の集団の成員になるよう二つの集団に分け、互いの集団同士が接触しないように離れた場所で、一週間程度グループ別に共同生活を送りました。その結果、共同生活を通じて子どもたちには仲間意識が芽生え、集団内でのルールやリーダーが自発的に決められました。この段階で子どもたちに「キャンプ参加者全員のなかで、仲のよい友達は誰か」を尋ねたところ、そのほとんどが以前仲がよかったけれども今は別の集団にいる子どもではなく、現在の集団メンバーから選んでいました。いいかえると、既存の友人関係よりも、現在共同生活している人、一週間前に初めて会った人を友人として重要視するようになったのです。

実験の第二段階では、集団間紛争が発生し激化する過程を調べました。この段階ではそれまで別々の場所で共同生活を送っていた二つの集団を一箇所に集め、競争課題を行わせました。課題は綱引き、サッカー、豆拾い競争などで、勝った場合にはトロフィーや万能ナイフといった賞品が与えられました。つまり子どもたちは、どちらか一方の集団だけが報酬という「希少資源」を得られる「現実的葛藤」状況に置かれたのです。その結果、子どもたちは相手の集団に対して敵対的になり、競技中に相手の集団を口汚く罵り、サッカーのような直接身体がぶつかり合う競技では反則やラフ・プレーが多くなりました。さらに食堂では食べ物を投げつけ合い、はては相手の留守中にキャンプを襲撃して部屋の中を荒らすという行為が生じました。集団の内部においても変化がありました。集団間競争以前は、面倒見のよい「民主的」な子どもがリーダーとして支持を集めていましたが、集団間競争が始まった後では、そのような穏やかな性格の子どもは成員からの支持を失い、過激で攻撃的な子どもがリーダーとして支持を集めるようになりました。

集団間の対立が強まったところで、第三段階として、シェリフらはこれを解消するための「上位目標」を設けました。上位目標とは両集団にとって共通の利益となる目標のことで、その特徴は一方の集団だけでは解決できず、両集団が協力して初めて達成できるというものです。たとえばこの実験では、食料を運ぶトラックが脱輪したので引っ張り上げて欲しいが、一方の集団だけでは力不足なので、両集団の子どもたち全員が参加して達成する必要があるという状況が設けられました。食料を運ぶトラックがキャンプ場に到着しなければ参加している全員が食料不足となりますので、他集団と協力してトラックを引っ張り上げることは自集団にとっても他集団にとっても利益となる「上位目標」でした。シェリフらの実験では、単独の上位目標課題だけでは集団間関係は改善されませんでしたが、複数の上位目標を達成する経験を通じて、他集団の子どもたちに対する態度は友好的なものへと変化し、最終的には泣いて別れを惜しむ子どもも出てきました。

泥棒洞窟実験は、集団間紛争に関する重要な知見を数多く与えてくれました。第一に何の基準もなく無作為に割り当てられた集団であっても、その一員であると自覚することによって、集団内の他の成員を好きになるプロセスがあるという点です。たとえば、高校でのクラス替えによる友達グループの変化などがこれに当たります。第二に集団間の接触、とくに競争的な接触は集団間の関係を悪化させ、紛争を引き起こすという点です。これは現実的葛藤理論家が指摘するとおりです。第三に、上位目標を通じた集団間の協力によって、悪化した集団間関係を改善させることは可能だということが示唆されています。紛争状態にあった集団同士が協力し合うことは現実には難しいですが、もともとは他集団のためではなく自集団の利益のために行った行動であっても、その協力行動と経験が他集団に対する態度を好転させ、集団間和解を達成することができるのです。

2 氷川キャンプ場実験

ここまで集団間紛争が進展する心理過程について、社会心理学がどのような研究を行ってきたかを紹介しました。なかでも泥棒洞窟実験はそのダイナミックな過程を明らかにした興味深い実験でしたが、発表されたのが一九六一年とかなり古い研究であるうえにアメリカで行われたため、同様の心理的変化が、時代や文化の異なる社会でも生じるかどうかは確認されてきませんでした。そこで本節では、小規模ながら筆者が泥棒洞窟実験を日本で再現した研究結果を紹介します。

A　集団の形成と集団間態度の測定

この実験の目的の一つは、泥棒洞窟実験で推論された心理過程を、最近の集団認知測度を用いて検証することでした。実験参加者は一九～二二歳の日本人男性八名、女性八名で、彼らは東京都港区内の指定された場所に集合し、そこから全員同じバスに乗って東京都奥多摩市にある氷川キャンプ場まで移動しました。車内では自由に交流することが可能でした。キャンプ場到着後、実験参加者は、性別、体格、年齢などができるだけ均等になるように考慮したうえで、八人一組の二つの集団、「赤組」「白組」に分けられました。実験参加者はお揃いの赤または白の背番号入りのつなぎを着用し、この時点では、研究目的は「共同生活による心理的変化の測定」と説明されました。その後、各集団は離れた場所にある二階建て宿舎に移動し、基本的には実験者からの指示がないときは宿舎で待機することになっていました。またキャンプ場の外部と、あるいは集団間での連絡ができないよう、実験中、携帯電話は実験者が預かりました。

「赤組」「白組」と、それぞれの集団へと分かれた時点で、実験参加者の集団間認知と態度を測定しました。最初に集団内で成員同士の会話を促すために、自己紹介と「少子化問題」についてディスカッションを行わせました。その後で実験参加者全員に自集団、他集団のそれぞれがどれくらい「有能な」人たちか、「温かい」人たちかの二点について、一～七点で評定させました。[7・8] 高い点数をつけるほど、その集団を有能あるいは温かい集団だと認知していることになります。これらの項目はシェリフらの泥棒洞窟実験にはなく、今回の実験で新たに追加したものです。結果は有能さ認知に関して、赤組の自集団に対する平均得点は四・七点、他集団である白組に対する平得点は四・九点でした。一方、白組のそれらは五・三点と、五・二点でした。有能さ認知に関しては両集団とも、自集団と他集団の間で得点がほぼ同じだったといえます。温かさ認知に関して、赤組の自集団に対する平均得点は五・四点、他集団に対しては四・五点でした。白組のそれらは六・〇点と五・三点でした。温かさ認知に関しては、両集団とも、この時点で自集団を他集団よりも温かい集団と認知していました。

次に、他集団の匿名の人と「囚人のジレンマ」課題（本章第1節参照）を行うと説明し、「協力」か「競争」のいずれかを選択してもらいました。選択は一回だけで、相手がどれを選んだかは知らされないと伝えました。課題の結果として獲得した金銭的報酬（金額は表3-1と同じものを使用）は集団全体で合算され、後日、自集団成員全員に分配されると説明し、また実験期間中、自分がどのような選択をしたかを人に話さないよう指示しました。この囚人のジレンマ課題に対して「競争」を選択した人数は、赤組では八人中三人、白組では八人中五人でした。この時点では、白組のほうが赤組よりも競争的な集団だったといえます。

B　集団間競争課題による集団間関係の変化

実験一日目の夜から集団間での競争課題を開始しました。最初の競争課題は実験一日目の夕飯時で、各集団がそれぞれ別の場所で夕飯を自炊し、その良し悪しを他集団と競い合うというものでした。現実的葛藤理論に基づき、集団間競争を促すために報酬を設けて、勝った集団のみがそれを得られると説明しました。今回の報酬は「近所の温泉施設を利用できる」というものでした。課題成果の判定は第三者であるキャンプ場の管理人が行い、結果は赤組の勝利となりました。その後、実験参加者はそのまま他集団との交流もないまま結果だけを知らされ、各宿舎に戻り就寝しました。

実験二日目も引き続き集団間競争を経験させ、今度は自集団および他集団に対する認知と態度の変化を測定しました。競争課題は全部で四つあり、学力テスト、釣り、ドッジボール、夕飯調理でした。それぞれに勝利集団のみが得られる報酬を用意し、現実的葛藤状況を設けました。最初の学力テストでは全三〇問を制限時間四五分以内に回答するというもので、各参加者は独力で解答し、集団内での協力は禁止しました。それぞれの集団の合計得点が算出され、より得点の高い集団に報酬として現金一万円が与えられると説明しました。結果は赤組が合計六七点、白組が合計七五点であったため白組の勝利となり、その場で現金一万円を手渡しました。

二番目の競争課題はキャンプ場近くの釣り場で、一時間内にどちらがより多くの魚を釣り上げるかを競うものでした。この課題は両集団が初めて対面して行う競争課題でした。ただし川の両岸に分かれていたため、相手集団に対する妨害などは不可能でした。釣り課題の報酬は釣った魚を（相手集団の釣果も含めて）昼食とすることができるというものでした。結果は赤組一一匹、白組一〇匹で赤組の勝利となりました。課題終了後、宿舎に戻り昼食をとる前に、各参加者には釣り課題の結果に関して質問紙への回答を求めました。質問紙には釣り課題の勝敗に対する原因帰属、つまり勝った赤組には勝った原因、負けた白組には負けた原因として、「運」、「実力」、「努力」、「工夫」による結果だと思う程度について、それぞれ七段階で回答してもらいました。これも泥棒洞窟実験にはなかった質問項目でした。結果は**図3-1**のとおりでした。

負けた白組は運への帰属得点が高いのに、勝った赤組は実力、努力、工夫への帰属得点が高くなっていま

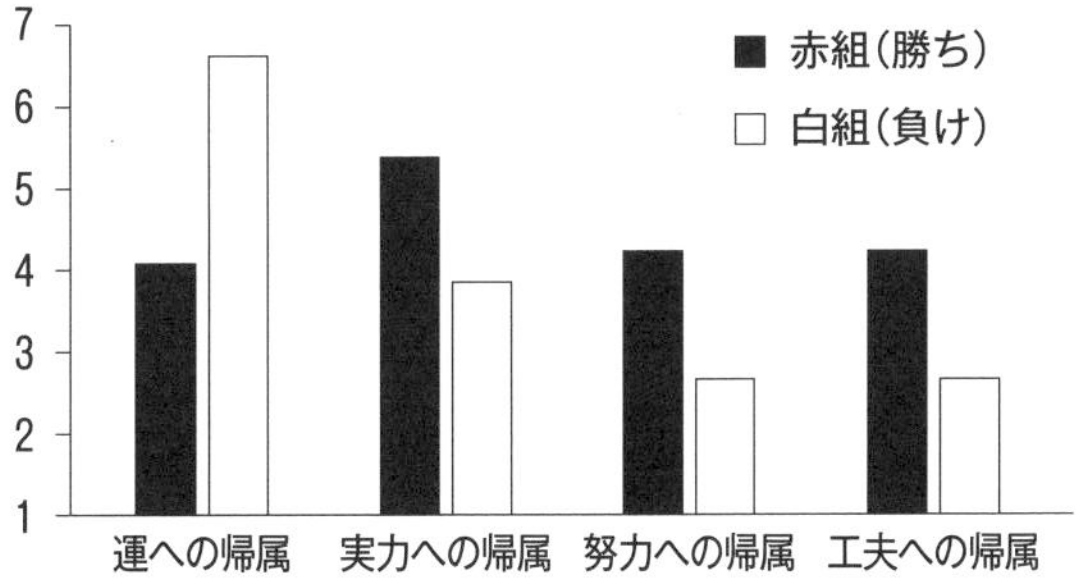

図3-1　勝敗に対する原因帰属の集団別平均得点

す。これは参加者たちが、自分たちにとってよい結果は内的要因、つまり自分たちに備わった能力の結果であると考え、敗北といった悪い結果は運や偶然といった外的要因、つまり自分ではコントロールできない不安定な要因によって生じたと考え、自分たちの能力が低くて負けたわけではないと認知していることを示します。これは「自益的バイアス」[9,10]として人々の間によく見られる原因帰属傾向です。

実験二日目に行われた、三番目の競争課題はドッジボールによる直接対決でした。勝敗は三本勝負で先に二回勝ったほうが勝者としました。開始前に一〇分程度の作戦会議時間を設け、報酬は電気ポットとお茶のセットとしました。結果は、赤組が二本先取して勝利しました。

試合後のコメント、とくに負けた白組の成員のコメントには、自集団に対する肯定的評価という点でいくつか興味深い発言が見られました。以下にその会話を示します。

白6：これはもう、不向きな分野だったと思おう。
白8：でもウチらなりには頑張った。
白3：みんな、ハード・ワークできるってところが。みんな体張ってましたから。そういうところはあっちのチームに負けてない。あっちのチーム、(服が)全然汚れてないですから。こっちはみんな汚れてますから。そういう泥臭さは、はい。
白8：でもこのまんま今日、終われない。これ、もしもう一回負けたら、(今夜は)寝れない。

白3：もう一回、円陣組もう。(円陣終了後) 元気です、みんな元気です。

白組にはここでも運がなかったために負けたと捉えており、敗北を外的要因に帰属する自益的バイアスが見られました。より興味深い点として、結果は悪かったがその過程ではハード・ワークをしていたことや、精神的には負けていないことをお互いに確認し合うなど、結果以外の評価次元での優秀さ強調し、自集団に対する肯定的評価を積極的に行うという反応が見られました。

この日の最後の競争課題は、一日目と同様の夕飯対決でした。結果は白組が勝利しました。この夕飯対決課題に対する白組のコメントにも興味深い点がいくつかありましたので、それを以下に示します。

白6：大事なところで勝つね。
白1：(実験者に対して) 実は、部屋で作戦会議をしたんです。どういうものをつくるのかとか。
白2：だいぶ考えてました。みんなで、いろんなものを想定して。
白1：魚 (＝釣り対決) の負けとか、ドッジ (ボール) の負けとか、もう覚えてない。

白組のこの会話のなかで注目すべき点として、「作戦会議」を自発的に行っていたことが挙げられます。これは集団内で目標を共有し、活動を調整し始めたことを示しており、いわば単なる集団から「組織」へと変化したといえます。また、より興味深い点は、料理対決の勝利を他の課題よりも事後的に重要視しているという点です。自分たちが勝った勝負を「大事なところ」とし、今までの負けを心理的には取り返せるくらい高く評価していることが発言から推測できます。

実験二日目の終了時点で、参加者には質問紙によって、再度自集団と他集団に対する認知を測定し、また囚人のジレンマ課題への回答を求めました。質問項目と課題の内容は実験一日目に実施したものとまったく同一のものでした。結果は有能さ認知に関して、赤組の自集団に対する平均得点五・五点に対し、他集団に対する得点は四・四点でした。一方白組のそれらは六・二点と六・一点でした。実験二日目の競争課題において優勢だった赤組は自集団をより有能と認知する一方、他集団をそうではないと評価していました。白組は、自集団・他集団ともに実験一日目よりも有能と認知していました。温かさ認知に関して、赤組の自集団に対する平均得点は六・〇点、他集団に対しては三・二点でした。白組のそれらは六・七点と五・〇点でした。温かさ認知に関しては両集団とも自集団をより温かく、他集団をより冷たいと認知する方向で差を拡大させていました。

囚人のジレンマ課題に対して「競争」を選択した人数は赤組では四人、白組は七人でした。囚人のジレンマに関して、実験一日目は白組のほうがより競争的で、赤組はむしろ「競争」を選択する人のほうが少ないくらいでしたが、二日目終了時点では赤組、白組ともに「競争」を選択する人が増えました。

C　無報酬状況での集団間競争の影響

実験三日目の午前中は引き続き集団間競争課題として、縄跳び、綱引き、ムカデ競争、ボール回しを直接対面で行わせました。これらの課題は前日の課題とは異なり、勝利に報酬は与えられないと実験参加者に説明しました。現実的葛藤理論によれば、競争の勝者のみが望む資源を得られる場合に紛争は生じると仮定しているわけですから、報酬がない、つまり勝っても望ましい資源が得られない場合は、無理に他集団と争う必要もなく、敵対的な認知や態度をもつこともないと考えられます。しかし、集団間の紛争によって得られる資源＝報酬が、物理的なものだけではなく、「勝利」から生じる自集団への肯定的評価や嬉しいという快感情、悔しいという不快感情の回避といった心理的報酬に基づくのであれば、それが動機づけとして働き、実験参加者が勝利を目指して競争的になることが考えられます。

三日目最初の競争課題は縄跳びで、一五分間打ち合わせと練習の時間を設けた後で、何回連続で飛ぶことができるか、その回数を競わせました。結果は白組が二一回、赤組が一六回となり、白組が勝利しました。この結果に対する白組、赤組のコメントは以下のとおりでした。

〔白組〕
実験者：勝因は？
白6：チーム・ワークです。
〔赤組〕
実験者：敗因は？
赤6：足場が悪いところで練習してたので、（足場のよい）砂場ならできるなと思ったけど、逆に足場の悪いほうに慣れちゃってやりにくかったです。

勝った白組はそれをチーム・ワークという集団の内的要因に帰属していました。それに対して負けた赤組は、練習とは違う場所で本番を行ったので実力が発揮できなかったという環境的要因、つまり外的要因に失敗を帰属していました。これらも自益的バイアスの表れといえます。

実験三日目の二番目の競争課題は綱引きで、先に二勝したほうが勝ちとして、一回ごとに一〇分間の練習時間・打ち合わせ時間を設けて行いました。結果は白組が2回連続して勝利し、この綱引き課題での勝利を獲得しました。この課題では、勝った白組に興味深いコメントが見られましたので以下に示します。

実験者：今回、勝っても報酬ないですが勝ちたいですか？
白8：うん、勝ちたい。
白1：報酬なんかな。報酬のためにやっているわけじゃない。
白6：よく言った、よく言った。
白8：え、マジで、本当に負けたくないんだけど。すっげー負けたくない。勝負って、勝ってなんぼだと思う。一日目よりも二日目、二日目よりも三日目と、どんどん負けたときの悔しさが上がってくるからね。
白6：負けたくない気持ちがね、どんどん増してくる。対抗心が。

このコメントで興味深い点は二点あります。一つは物質的報酬がなくても勝ちたいという気持ちが生じている点です。むしろ勝利という評価、そして勝ったときの嬉しさが心理的報酬となって競争を動機づけていることが推測できます。もう一つは、競争を繰り返すことによって、負けたときの悔しさが強くなっていくという発言です。各競争課題の勝敗に対する心理的反応がそれぞれ単発ではなく、回を重ねるごとにより強くなっていったことが示唆されています。

実験三日目、三番目の競争課題はムカデ競争で、所定の場所を一周して先にゴールしたほうが勝ちというものでした。事前に一五分間の打ち合わせ・練習時間を設けて行いました。結果は白組の勝利でした。こちらも白組のコメントに興味深い発言が見られたので以下に示します。

実験者：今回も報酬なしですけど、頑張れるものですか？
白6：関係ない、関係ない。

白8：まったく関係ない。
白1：もう、報酬いらん。
白6：いや、あったほうが嬉しいけど。
白2：チームで勝つことに満足しちゃう。それが嬉しい。
白5：それだけで達成感が。

このコメントも先の綱引きの際のコメントと同様で、勝利が心理的報酬として競争を動機づけていること、さらにはそれが「チームでの勝利」、いいかえると、個人としての勝利ではなく、集団的成果であることが報酬として重要になっていることがうかがえます。

最後の集団間競争課題としてボール運び競争を行いました。ルールは一列に並んで後ろから前へ頭上でボールを送り、先頭から今度は股下でボールを戻すというのを二周行い、先に戻った集団の勝ちとし、勝負は一本勝負としました。これも打ち合わせと練習の時間を一〇分間設け、報酬はないことを説明しました。結果は白組が勝利でした。さらに赤組が再戦を希望し、それを行いましたがこれも白組が勝利し、結局差を広げる結果となりました。ここでの各集団のコメントは省略しますが、勝った白組からは「今までで一番嬉しい」「どんどん嬉しさが増してくる」といった、感情反応の激化に関するコメントが見られました。

集団間競争課題が全て終わった時点で実験二日目と同様に自集団、他集団の有能さと温かさ認知、および囚人のジレンマ課題への回答を全ての参加者に求めました。集団間競争課題の対戦成績は白組の五勝三敗であり、赤組は最初のほうでは勝利していたけれども、実験二日目最後の料理課題以降は全て負けるという状況でした。結果は有能さ認知に関して、赤組の自集団に対する平均得点が四・〇点であったのに対し、他集団に対するそれは五・一点でした。一方、白組の自集団に対する平均得点は六・七点、他集団に対しては五・八点でした。実験三日目に負けた赤組は自集団の有能さを低く，他集団のそれを高く認知していました。それに対して白組は他集団の有能さを低く，自集団のそれを高く認知し，結果として両集団とも白組の有能さをより高く認知していました。

温かさ認知に関して，赤組の自集団に対する平均得点は五・四点，他集団に対しては四・三点でした。白組のそれらは六・八点と四・八点でした。温かさ認知では赤組，白組ともに相変わらず自集団を高く，他集団を低く認知していました。負けた赤組はその差が縮まっていますが，それでも自集団を高く認知しました。それに対して白組は温かさ認知の差を広げていました。このことは，温かさの認知は有能さの認知と比べて結果の良し悪しに影響されにくく，必ず自集団に対して有利な状態を維持する特徴があることを示しています。

囚人のジレンマ課題に対して「競争」を選択した人数は赤組では七人，白組は七人でした。つまり実験三日目終了時点で両集団の競争的態度は同程度になったといえます。

D　協力経験の効果

実験スケジュールの最後に，集団間の対立的態度を解消し和解を促すために，集団間協力課題を設けました。この課題では組み替えを行い，赤白双方から二名ずつを出し，四名から成るグループを四班つくりました。班ごとに協力して昼食時にバーベキューを行いました。泥棒洞窟実験における上位目標がこの場合は「昼食を共同でつくって食べる」になります。そのときの会話の一部を以下に示します。

赤４：なんか話してみたら，全然イメージ違うんだけど。
白１：えっ？

赤4：なんか、凄い威圧感あったんだけど。
白5：あ、最初、行けって言っちゃって、私たちが。
白1：そんときは、なんか変にでしゃばっちゃってた。
赤4：今、話してみたら、そうでもない。

他集団の成員と実際に直接会話する機会を設けると、それまでもっていた否定的イメージと違うことに気づき、相手を好ましく認知するようになることは集団間接触効果[11・12]としてよく知られている現象です。もちろん、つねにうまくいくわけではなく、接触によってあらかじめもっていた偏見がより強められてしまうこともあります[13]。しかし今回は接触によって他集団のイメージを好転させる効果があったと考えられます。バーベキュー終了後、集団は解体され、実験参加者は全員私服に着替えてバスに同乗し、初日の集合場所へと移動し、そこで解散となり、実験は終了としました。

帰宅途中のバスの車内でこれまでと同様に、赤組、白組のメンバーとして、自集団と他集団への認知、四人のジレンマ課題への回答を求めました。その結果をこれまでの三日間の結果と合わせて、自集団・他集団への有能さ認知平均得点を**図3-2**（たとえば「赤組→赤組」は赤組が自分たちに対する有能さに対する得点、「白組→赤組」は白組が他集団である赤組の有能さをどの程度認知しているかの得点を表しています）、温かさ認知平均得点を**図3-3**、そして四人のジレンマ課題で「競争」を選択した人数を**図3-4**に示しました。

有能さ認知に関しては、まず競争課題で優位だった白組では協力による変化は見られませんでした。しかし、実験一日目から比べると自集団に対する有能さ認知が高まっており、集団間競争が自集団に対する好ましい認知を強めていたことがうかがえます。それに対して赤組は、競争に負けたため自集団の有能さ認知が下がっていましたが、協力によってそれが回復したことがうかがえます。この結果は興味深いことを示唆しており、対立集団との協力は、勝者よりも敗者の自己評価にとってより有効であると考えられます。

温かさ認知に関しては協力後でもどちらも自集団をより高く評価していますが、両集団とも協力によって他集団の温かさ評価が上がっていることが示されています。とくにその変化は赤組で顕著であり、ここでも協力は敗者にとってより効果的であると考えられます。

囚人のジレンマ課題では、集団間協力課題によって赤組では「競争」を選択する人が減りましたが、白組では変化が見られませんでした。赤組は実験三日目で敗北が続き、それだけに「競争的態度」が強まっていましたが、上位目標を通じた協力を経験することで実験二日目と同程度にまで競争的態度が弱まり、いいかえると「協力的態度」が強くなったことが示されています。しかし白組にはこのような効果が見られませんでした。白

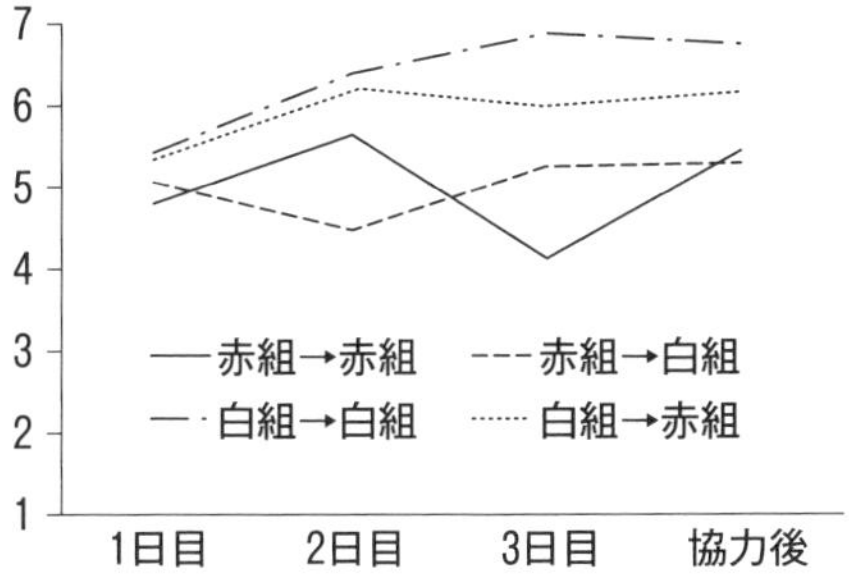

図 3-2　「有能さ」認知の集団別および実験日別平均得点

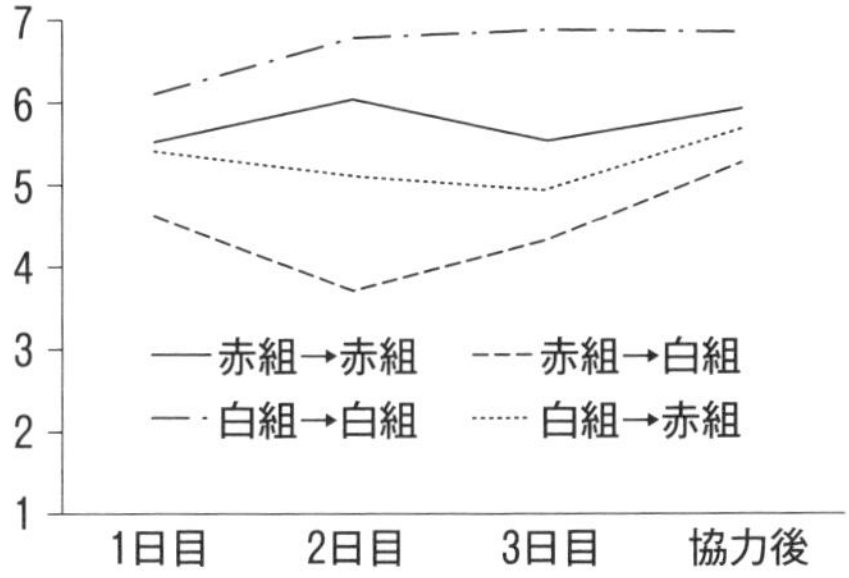

図 3-3　「温かさ」認知の集団別および実験日別平均得点

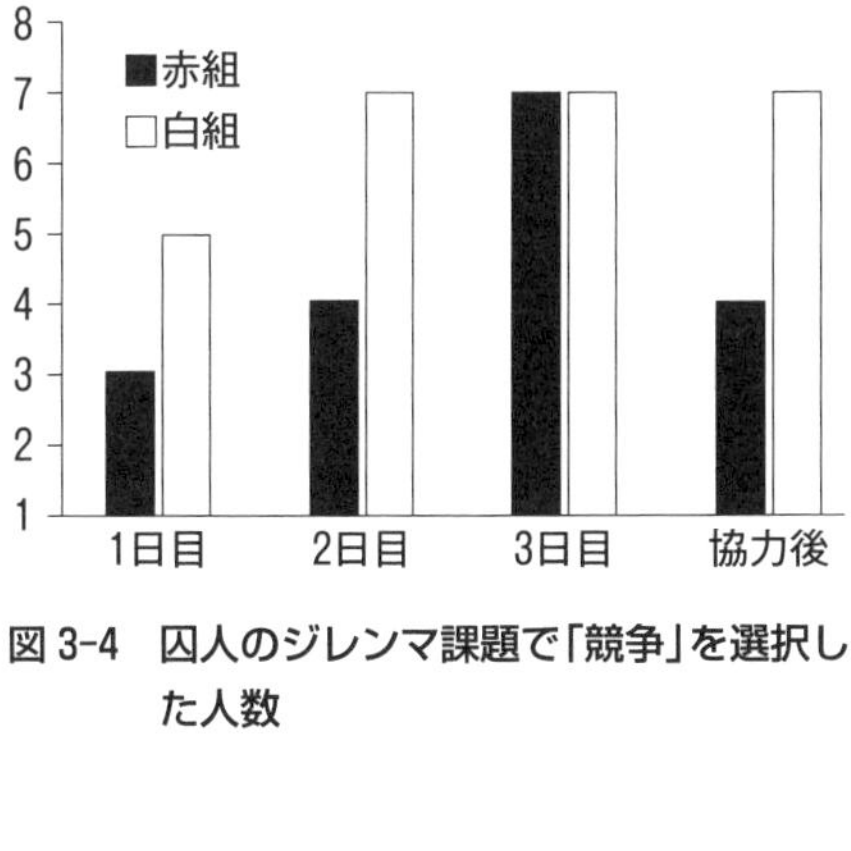

図 3-4　囚人のジレンマ課題で「競争」を選択した人数

組は実験開始時点からすでに「競争」を選択する人が多く、それだけに競争的態度の強い集団だったといえます。そのため協力経験の効果が弱くなったのかもしれません。別の可能性として考えられるのは、集団間紛争で白組は圧倒的な好成績を得たために、上位目標のもとでの協力課題では、表面上は対等に振る舞ったけれども、心のなかでは依然として集団的優越感をもち続けていたのかもしれません。集団間での接触経験が融和効果を発揮するための条件の一つに、対等な地位関係が必要であることは以前から指摘されているので[14]、非意識的であったとしてもそのような地位差の感覚が協力経験の効果を弱めてしまったのかもしれません。

3 集団間の紛争はどのように悪化するのか

A 紛争目的の変化

上述の氷川キャンプ場実験の結果から、集団間の紛争が激化していく過程で、単なる報酬をめぐる損得勘定ではなく、勝敗から生まれる認知的変化と、結果に対する感情的変化が大きな役割を果たしていることがわかります。とくに興味深い認知的変化として、集団間競争課題後の実験参加者のコメントに散見された、紛争目的が心理的報酬へと変化している点が挙げられます。集団間競争での勝利の結果として得られる物質的報酬よりも、「相手に勝利した」という相対的評価をより重視し、それが心理的報酬となって紛争を動機づけていました。

ここで観察された心理的報酬への傾斜は、紛争の繰り返しによって人々が客観的価値よりも主観的価値へと目的を変化させることを示唆しています。このような変化の極端なものとしてテロリストによる自爆攻撃が考えられます。非当事者から見れば明らかに非効果的で非合理的であっても，当事者にしてみれば，それによって個人的というよりも自集団の評価が高まると感じ，主観的には効果的で有意義と認知され，これが自爆テロを動機づけると思われます。

紛争解決という点から見ると，たとえば戦争の原因であった天然資源や領土といった物質的利益を合理的に調整・分配しても，紛争が継続することがありますが，それは，紛争の過程で物質的利益よりも，相手に対する報復，相手からの謝罪と尊重などの心理的報酬がより重要なものとなり，これによって紛争解決が困難になるためと考えられます。

B　紛争中毒

集団間紛争の過程で生じる感情的反応は徐々に激しくなる傾向があり，「紛争中毒」とも呼べる現象が見られました。これは集団間紛争の激化において非常に重要な役割を果たしていると思われます。実験参加者のコメントにもあったように，競争＝紛争を繰り返せば繰り返すほど，それぞれの勝敗に対する感情的な反応も強くなりました。これは勝った場合の嬉しさとして報告されていますが，負けた場合の悔しさも同様で，負ければ負けるほど悔しさも強くなっていくと考えられます（たとえば三日目の綱引き対決後，白組の一人は「一日目よりも二日目，二日目よりも三日目と，どんどん負けたときの悔しさが上がってくるからね」と述べていました）。このような感情反応の過激化はなぜ生じるのでしょうか。

怒りや悔しさなどネガティブな感情は，集団間紛争が続いている間は，それが何らかの形で解消されなければ残り続けると考えられます。そして実験参加者のコメントには，敗北に対する悔しさも直近の勝利によって打ち消されるという発言がありました（たとえば二日目夕飯対決後，白組の一人は「魚（＝釣り対決）の負けとか、ドッジ（ボール）の負けとか、もう覚えてない」と述べていました）。もしそのような、ポジティブ感情によるネガティブ感情の帳消し効果、またはその反対があるとしたら、勝っている集団は負けて嬉しい気持ちが台無しにならないようにと、負けている集団は現在抱いている屈辱を打ち消したいと考えて、競争による勝利へとより強く動機づけられると考えられます。そのような強い動機づけを伴った紛争の結果は、勝利した場合はより激しい喜びとなって、今までの悔しさを帳消しにする「以上」の喜びである必要があります。そうしなければ、勝ったにもかかわらず悔しさが残ってしまうからです。とくに実験参加者のコメントに見られたように、勝った場合には、勝利の価値や意義を今まで以上に重要であると主観的に過大評価するなど（たとえば二日目夕飯対決後、白組の一人は「大事なところで勝つね」と述べています）、ポジティブな感情にはネガティブな感情を「帳消し」にする以上の効果が認められます。

その一方で、勝利を続けることができればよいのですが、もし負けてしまった場合はこれまでの大きな喜びが打ち消されるほどの悔しさが惹起されます。今度はその巨大な悔しさを勝利の喜びで打ち消そうとさらに競争への動機づけが強められるので、負けているかぎり紛争の継続を求めるという「紛争中毒」という状態になることが考えられます。当然ながらこのような中毒症状が生じている場合、紛争終結に向けた合意は困難になると考えられます。

C　集団間不信

自集団と他集団に対する認知が集団間紛争によって変化していく過程に関しても、有能さと温かさでは異なる変化が見られました。有能さ認知に関しては、競争に勝った側は自集団の有能さを高く、他集団の有能さを低く認知する傾向があり、負けた場合は反対に自集団の有能さを低く、他集団の有能さを高く認知する傾向が見られました。したがって有能さに関する集団認知は、客観的事実に基づいて行われていたといえるでしょう。それに対して温かさの認知は集団間紛争の結果とはほとんど無関係に、一貫して自集団を他集団よりも高く評価していました。つまり温かさの認知に関しては、他人からどのように見られているかの推測にかかわらず、つねに自集団の好ましいイメージを維持しようとする特徴があるといえます。反対に外集団に対する温かさは集団間紛争が続くにつれて低下しています。しかも、こちらも紛争の勝敗結果によって影響を受けない、つまり客観的な事実や評価は無関係であるといえます。他集団の温かさの認知は信頼度の評価と深い関係がありますので、温かさ認知の低下は他集団への不信感を強めていることを示唆しています。

このような不信感は集団間紛争の和解にとっては障碍となります。なぜならば、和解をするためには「他集団は裏切らない」という、他集団に対する信頼が必要だからです[15]。これが集団間紛争の客観的結果とは無関係に低下するということは、紛争状態から直ちに和解することは困難であることを示しているといえます。泥棒洞窟実験で見られたように、何らかの上位目標を設けることで表面上だけでも協力を経験させ、それによって他集団の温かさ認知を回復することが重要であるといえます。

4 結語

本章では人々が集団を形成することで紛争が悪化するようになる要因と過程について紹介しました。人々は、単に集団を形成するだけで他集団に対して敵対的になるわけではないものの、成員同士で話し合いの機会がある[16]、集団間での報酬分配を決定できる[17]、全ての集団に資源が十分に行き渡らない[18]といった要因があると、集団間紛争が激化することを、これまでの研究成果とともに解説しました。とくに希少資源の効果を説明する

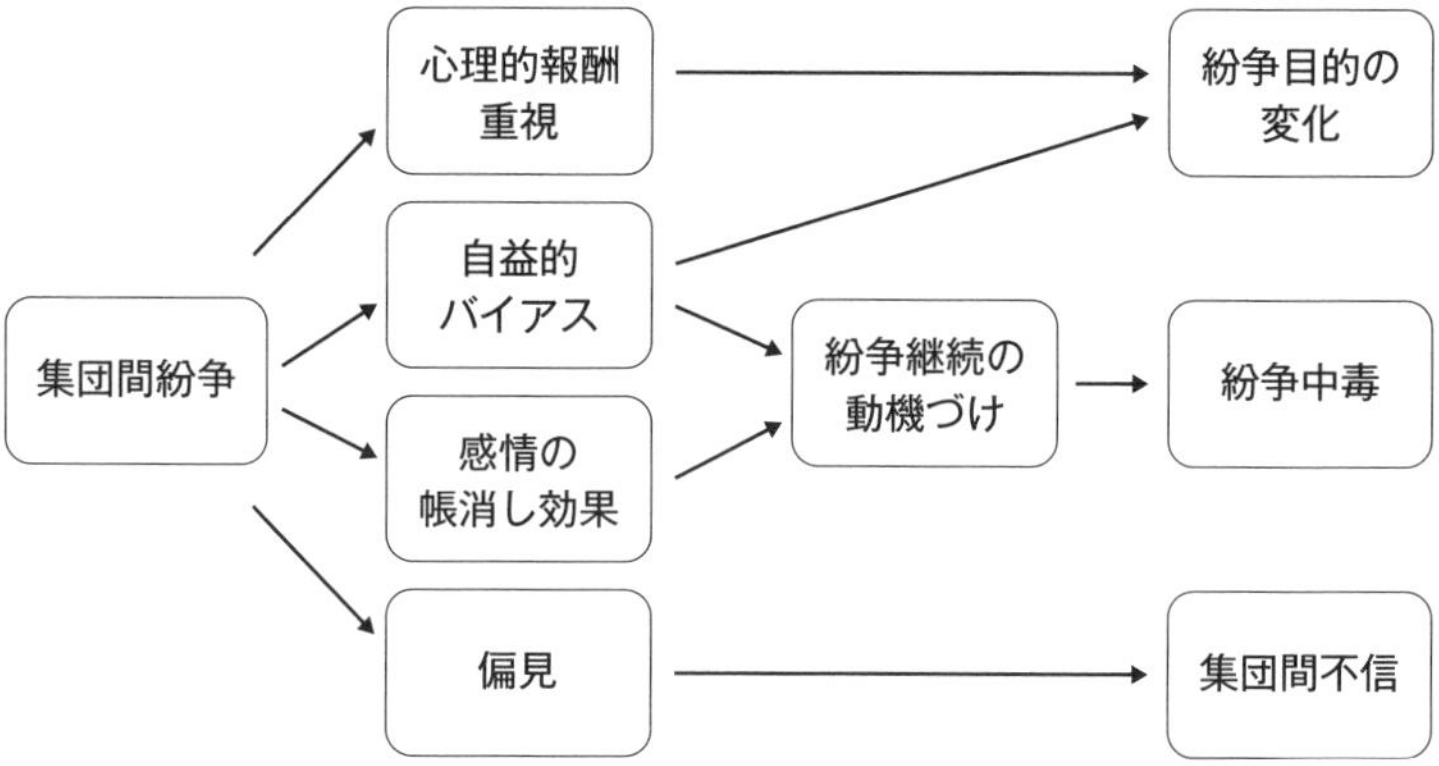

図3-5　集団間紛争における心理過程：心理要因の変化

ために、筆者が日本人を対象に行った氷川キャンプ場実験の様子を詳細に紹介しました。

　氷川キャンプ場実験では、シェリフらの泥棒洞窟実験と同様に、集団間での競争が他集団に対する否定的評価を強め、自集団に対する肯定的評価を強めることが示されました。さらに、希少資源であった物質的報酬がなくなっても、集団競争課題を課されると人々は勝利を目指して努力し、結果に対しては感情的に反応することが観察されました。これら一連の心理的変化から集団間紛争が悪化する心理過程として仮定されるものをまとめたものが**図3-5**です。

　最初は希少資源をめぐる集団間紛争であっても、勝利の喜びや自集団に対する評価といった心理的報酬が紛争の動機づけに加わります。紛争動機づけのこうした変化に関しては、自集団に有利な結果を能力などに帰属させる自益的バイアスも、促進的に働きます。

　一方、集団間紛争に敗北した場合には、成員はそれを外的要因、たとえば運に帰属するという自益的バイアスが生じます。運によって敗北したのであれば、再度競争した場合には勝利する可能性があると集団成員は考え、集団間紛争をやめるよりも継続を望むことが考えられます。また集団間紛争での敗北によって生じた否定的感情を帳消しにするために、集団成員は強力な肯定的感情経験を期待し、紛争の継続が動機づけられる「紛争中毒」とも呼ばれる心理状態となってしまうことも考えられます。

集団間紛争の結果、他集団を自集団よりも「冷たい」と認知するといった偏見が強まりますが、これは他集団の信頼度を低く認知する「集団間不信」を生むと考えられます。集団間紛争を終了させ、和解を実現するためには他集団に対する信頼が必要ですが、集団間不信が生じている場合には、それが和解の障碍となるでしょう。

これらの心理過程からわかるとおり、集団間紛争を解決するということは、単に当初の紛争争点を明らかにして、それを解消すればよいという単純なものではありません。もちろん「なぜこのような紛争が起こってしまったのか」を理解し、その問題を解決することも重要ですが、それ以上に「今どのようなことになっているのか」という、その後に生じた多様な心理的変化にも注意を払い、それに対する有効な取り組みを進めることも重要です。

集団間紛争には、このように単純な争点から多様で複雑な問題へと発展していく特徴があり、それこそが集団間紛争の厄介な点です。これを解決するためには、生成変化していく心理諸要因を的確に捉え、またそれらの間の相互作用を理解することが必要です。集団間紛争解決のためには、こうした観点を取り入れた体系的研究が必要と思われます。

【引用文献】

（1）Insko, C. A., Pinkley, R. L., Hoyle, R. H., Dalton, B., Hong, G., Slim, R., Landry, P., Holton, B., Ruffin, P. F., & Thibaut, J.（1987）Individual-group discontinuity: The role of intergroup contact. *Journal of Experimental Social Psychology*, **23**, 250–267.

（2）Tajfel, H., Billig, M., Bundy, R. P., & Flament, C.（1971）Social categorization and intergroup behavior. *European Journal of Social Psychology*, **1**, 149–177.

（3）Hogg, M. A. & Abrams, D.（1988）*Social identifications: A social psychology of intergroup relations and group processes*. Routledge.（吉村護・野村泰代訳〈1995〉『社会的アイデンティティ理論――新しい社会心理学体系化のための一般理論』北大路書房）

（4）Campbell, D.T.（1965）Ethnocentric and other altruistic motives. *Nebraska Symposium on Motication*, **13**, 283–311.

（5） Sherif, M., Harvery, O. J., White, B. J., Hood, W. R., & Sherif, C. W.（1961）*The Robbers Cave experiment: Intergroup conflict and cooperation.* The Institute of Group Relations, the University of Oklahoma.

（6） Sherif, M., Harvery, O. J., White, B. J., Hood, W. R., & Sherif, C. W.（1988）*The Robbers Cave experiment: Intergroup conflict and cooperation.* Wesleyan University Press.

（7） Fiske, S. t., Xu, J., Cuddy, A. C., & Glick, P.（1999）（Dis）respecting versus（dis）liking: Status and interdependence predict ambivalent stereotypes of competence and warmth. *Journal of Social Issues*, **55**, 473–489.

（8） Fiske, S. T., Cuddy, A. C., Glick, P., & Xu, J.（2002）A model of（often mixed）stereotype content: Competence and warmth respectively follow from perceived status and competition. *Journal of Personality and Social Psychology,* **82**, 878–902.

（9） Miller, D. T., & Ross, M.（1975）Self-serving biases in the attribution of causality: Fact or fiction? *Psychological Bulletin*, **82**, 213–225.

（10） Snyder, M. L., Stephan, W. G., & Rosenfield, D.（1976）Egotism and attribution. *Journal of Personality and Social Psychology*, **33**, 435–441.

（11） Allport, G. W.（1954）*The nature of prejudice.* Addison-Wesley.（原谷達夫・野村昭訳〈1961〉『偏見の心理（上巻・下巻）』培風館）

（12） Pettigrew, T. F., & Tropp, L. R.（2000）Does intergroup contact reduce prejudice: Recent meta-analytic findings. In S. Oskamp（Ed.）, *Reducing prejudice and discrimination*（pp.93–114.）. Erlbaum.

（13） Stangor, C., Jones, K., Stroebe, W., & Hewstone, M.（1996）Influence of student exchange on national stereotypes, attitudes, and perceived group variability. *European Journal of Social Psychology*, **26**, 663–675.

（14） （11）（12）の文献

（15） Bar-Tal, D.（2009）Reconciliation as a foundation of culture of peace. In J. de Rivera（Ed.）, *Handbook on building culture for peace*（pp. 363–377）. Springer.

（16） （1）の文献

（17） （2）の文献

（18） （4）（5）（6）の文献

第4章

集団間葛藤をもたらす心
——進化シミュレーションによる分析

【横田晋大】

「人間を戦争というくびきから解き放つことはできるのか？」
（アルバート・アインシュタインがジグムント・フロイトに送った書簡[1]より）

「人はなぜ紛争を起こすのか」という問いは古くて新しく、その早急な解決が求められる大きな社会問題の一つです。現に、今この瞬間にも、世界のどこかで紛争が起こっており、数多くの尊い命が犠牲になっています。なぜ人は紛争を起こし、そして、どうすれば紛争を解決できるのでしょうか。

さまざまな分野の研究者がこの問いに答えるため、日々研究を行っています。その切り口（アプローチ）はさまざまであり、自然科学（いわゆる理系）か人文・社会科学（いわゆる文系）かを問いません。たとえば、経済学では紛争がもたらす経済効果を分析したり[2]、物理学では兵器を通じてその科学の発展を考察したり[3]、紛争を一つの「仕事」として哲学的に分析する[4]など、さまざまです。

では、心理学では、紛争をどのように分析するのでしょうか。以下、心理学、とくに進化心理学という分野から、紛争を分析する方法やその成果を紹介していきます。

1　紛争解決への進化心理学的アプローチ

A　進化心理学的アプローチ

進化心理学とは、人間の社会行動や心理過程が、ある特定の物理的・社会的環境の下で個人に最大の利益をもたらすようデザインされたと仮定して分析する立場のことです[5]。心が「どのように（How）」あるかを描き出すのではなく、そもそも心が「なぜ（Why）」存在するか、という根本的な問いに挑戦する分野です。「なぜ人は心をもつのだろうか。それはきっと、その心をもつことがその個体の適応に役立つからだ」と考え、ダーウィンの進化理論[6]に基づいて演繹的に仮説を導き出し、検証するのが進化心理学です。ここでの「適応」は「子孫を残すこと」を意味します。そのため、個体が生き残らなくとも、その心を受け継ぐ子を多く残すことができれば適応的といえます。そして、進化心理学では、人間の心の働きに一般的なパターン（人間の本性 human nature）があると見なし、そのパターンを明らかにすることを目指しています[7]。

進化の根本は自然淘汰にあります。それは、次の四つの条件を満たす進化の過程です。①生物は個体が生き残るよりも多くの子孫を残す、②生物の個体には同じ種のなかにもさまざまな変異が見られる、③変異のなかには生存や繁殖に関係するものがある、④その変異のなかには親から子に遺伝するものがある[7]。これらの条件を満たすと、集団中に生存や繁殖に有利な変異の数が増えていきます。「個体が生き残るよりも多くの子孫を残す」とは、前述のとおり、適応上有利である個体が次世代でより多くの子を残すことです。「変異」とは同種の生物の個体間にみられる形質の違いであり、個体のもつ特徴や特性と考えるとわかりやすいでしょう。たとえば、ある村で食料を採ってくることがずば抜けてうまい人が生まれたとします。食料をうまく採る能力は生存に直接関連する変異です。食料を安定して確保することは個体の生存を支えるため、子孫を残す可能性が高くなります。その変異が受け継がれれば、その子孫は同様に飢えるリスクが低いため、さらに子を増やしていくでしょう。すると村には彼の子孫が増えていきます。これが自然淘汰です。

興味深いのは、適応的に見えない変異でも、環境によっては有利になることです。例としては鎌状赤血球貧血症が有名でしょう。血液中の赤血球のなかには鎌のような形をしたものがあります。この赤血球は酸素をうまく運ぶことができず、頻繁に貧血を起こす厄介者です。しかし、この赤血球をもつことは伝染病のマラリアが多い地域では有利に働きます。マラリアは鎌状赤血球に住むことができないからです。よって、マラリアの多い地域（アフリカなど）では鎌形赤血球をもつ人が見られますが、マラリアにかかることがない地域（日本など）ではまず見られません。このように、変異が有利になるか不利になるかは環境に依存するのです。

進化という観点から人間を分析する際の注意点は、研究で明らかにされたことがあくまで「である」という事実を示すものであり、「すべき」というイデオロギーや思想の方向性を決めるものではないことです[7]。たとえば、授乳は進化的に女性しか担うことができない行為です。しかし、現代社会にはミルクがあるため、授乳は必ずしも女性だけの役割ではなくなります。よって、進化的に「女性しか授乳できない」ことが事実でも、現代社会において「女性が子育てすべきである」との考え方は成り立ちません。そのため、人間が「どうであるか」と「どうすべきか」は異なることとして考えなければなりません。そして、進化心理学は前者を明らかにするものです。

では、「なぜ」を考えることがはたして紛争解決につながるのでしょうか。答えはイエスです。もしも一つの方法で、ある紛争を解決できたとしても、それが別の紛争の解決をもたらすとは限りません。また、規模の違いなどを考えれば、紛争は数に限りがありません。国家間のような巨大なものから小さなコミュニティ同士の小競り合いまで枚挙にいとまがないでしょう。そのため、求められるのは、あらゆる紛争を通じて有効な解決方法です。その場合、根本的な問題である、そもそもなぜ人は紛争を起こしてしまうかを考えることは、遠回りのようで最も近道なのです。時計が壊れたときのことをイメージするとわかりやすいかもしれません。時計を直そうとしても、その仕組みがわからなければ、どこを直せばよいのかもわからないでしょう。このように、紛争の背後にある人の心の仕組みを明らかにすることは、解決へとつながる仕組み（制度など）をつくりだすことの一助になるといえます。

B　マイクロ＝マクロ・ダイナミクス

心理学では、心を理解するためにさまざまな方法が用いられます。その一つが実験室実験です。主たる原因と考える心に注目し、それ以外の要因に影響されない状況を人工的につくりだして、その影響力を検討する手法です。実験は、進化心理学の理論から予測されるような心を本当に人がもつのか、つまり、進化の結果としての心の存在そのものを明らかにするには優れた方法です。しかし、実験にも限界があります。その一つは、進化の過程で変化していく様子の動的過程を観測しにくいことです。そのため、実験で観察された心が、本当に進化の過程を経て獲得されたものか、それとも現在の社会環境で単に学習しただけのものかを弁別することは難しいといえます。

とくに、人間の心を考えるとき、マイクロ＝マクロ・ダイナミクスを無視することはできません。マイクロとは人間の心であり、マクロとは個人を取り巻く環境のことです。すなわち、マイクロ＝マクロ・ダイナミクスとは、心が環境に影響を与え、環境が心に影響を与えるという、心と環境の相互影響過程のことです。

たとえば、人気のラーメン店の前にできる行列を思い浮かべましょう。他の人が店の前できちんと列に並び、順番に案内されていく様子を見ること（相互作用）で、ラーメンを食べに来たあなたは「列を無視するとみんなに怒られる」と思って最後尾につくでしょう。あなたの心がもたらした行動が整然とした行列をつくるのです（心が環境をつくる）。この行列という環境は、あなたの後に来た人にも影響を与え、あなたの後ろにきちんと並ぶことになるでしょう（環境が心に影響）。もし横入りしたり、列を無視して店に入ったりする人が多く現れれば、環境が変わり、列をなしている人も我先にと順番を無視して店に入ろうとするかもしれません。

このように、心をもつ人間同士が関わり合うことで社会環境が出来上がり、その環境に身を置くことで個人の心が形成されていきます。このマイクロ＝マクロ・ダイナミクスは進化の過程そのものであり、進化心理学において検討されるべき重要な事象です(8)。実験でこの過程を再現するには、膨大な時間と資源が要求されるうえに、倫理的な制約もあり、実施は容易ではありません。

もう一つの限界は、実験で見られた心があくまで実験状況でしか見られず、日常的な場では観測されない可能性の問題（生態学的妥当性）です。さまざまなレベルでの紛争を説明する理論をつくるには、膨大な数の実験を行い、当てはまらないケースを皆無としなければなりません。紛争解決は急務であるため、それを行うには時間が足りません。では、実験以外に、マイクロ＝マクロ・ダイナミクスを踏まえた心の進化を検討する方法はあるのでしょうか。この問いに対する回答として、進化シミュレーションを紹介します。

2　理論をつくる――シミュレーション研究

本章の主たるテーマは、紛争解決のための心理に関する理論（モデル）の生成です。いかにしてあらゆる紛争解決に有効な理論をつくりだすか、その方法論を紹介します。ただし、こう考える人もいるかもしれません。

「そんなものつくっても、紛争には色んな要因が絡み合っているんだから、主たる原因なんてわからないのでは？」と。その疑問はもっともであり、社会現象にさまざまな要因が関連するのもそのとおりです。だからこそ、さまざまな分野からの分析や考察が必要とされるのです。この章では心理に焦点が当たっていますが、必ずしも心理のみが紛争解決に寄与するとは限りません。心理以外の要因との交互作用効果（二つ以上の要因が互いに影響し合って新たに生み出される効果）も考えられるべきであり、その検討には学際的な共同研究が必要となります。さまざまな分野の研究者が紛争解決という共通するテーマを元に議論を交わす本書は、その意味で重要な示唆をもたらすでしょう。

まず心理学から貢献できることは、紛争の勃発と激化の仕組みを心という観点から明らかにすることです。そのため、実際の人間の振る舞いや心理傾向と理論を照らし合わせ、修正を行いながら予測力を高めていくことが重要です。予測力の高い理論は、将来起こる紛争の勃発や激化を予測することができるため、紛争を事前に対処したり、未然に防いだりすることを可能にするのです。

A　進化シミュレーション

進化心理学の観点から理論を導き出す方法の一つが進化シミュレーションです[9]。そこでは、生物の進化の過程を模した進化ゲーム分析[10]を元に、ある行動傾向が適応的であるか否かが検討されます。その際、エージェント・ベース・モデルが多く用いられています。この方法は、コンピューター上に架空の環境をつくりだし、そこに自律的なエージェント（個人や集団など）を配置して、エージェント同士を相互作用させる（関わり合わせる）ことで、どのような結果になるかを調べるものです。その際、環境の性質を変えたり、関連すると考えられるいくつかの心理要因を変化させたりして、最終的な結末が変わるか否かにより、いかなるマイクロ＝マク

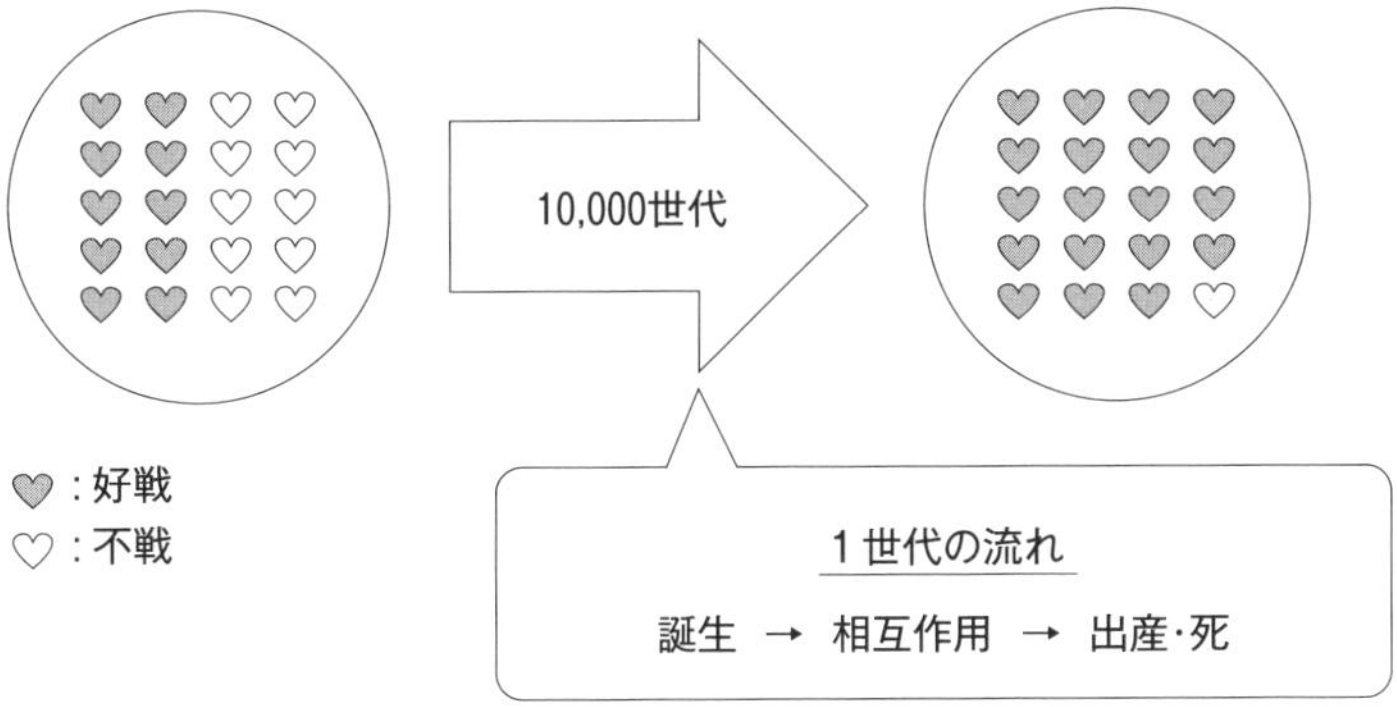

図4-1　シミュレーションの流れ

ロ・ダイナミズムが生まれるかを検討します。

進化の過程を模しているため、シミュレーションでは、「エージェントの誕生→相互作用→出産→死」を一世代として、多くの世代を設定します。エージェントには心が搭載され、その心が他者と関わるとき、つまり相互作用での振る舞いを決めます。この心は自分の子に受け継がれるため、搭載された心がその個体の適応に役立つのであれば、世代を何千と経ると、自然淘汰によって、その心をもつ個体の数が集団内の大部分を占めるようになります。

たとえば、ある環境に一〇〇個体のエージェントがいる世界を考えましょう（**図4-1**）。人との競争を好む「好戦的」な心の適応について調べたいとして、五〇個体に「好戦的（好戦と略）」、残り五〇個体に「好戦的ではない（不戦と略）」という心が搭載されたとします。個体は他の個体と出会うと戦うか逃げるかを選択するものとします。好戦の個体は戦い、不戦の個体は逃げます。戦いに勝てば資源を獲得し、負けると失います。逃げると資源は増えも減りもしません。個体は最終的な資源量に応じて子を多く残すことができます。資源量が少ない個体は子を残す確率が低く、多い個体は子を残す確率が高くなります。したがって世代経過にともなって、資源を多く稼げる個体の子孫は増加し、稼げない個体の子孫は減少します。この進化シミュレーションを一万世代行った結果、好戦の個体が九九パーセントになったとします。図4-1が示すこの結果は、まさしく好戦の個体が不戦よりも子を多く残すことができたことを示しており、この環境では好戦が適応的だったと解釈できます。

シミュレーションでは、個人に搭載する心を「遺伝子」と呼び、自由に変化させることができる環境を「パラメーター」と呼びます。このシミュレーションでの遺伝子は「好戦／不戦」であり、パラメーターは戦いの回数や戦いで得る資源量、戦いで傷ついて死んでしまう確率などさまざまです。パラメーターは自由に設定できます。たとえば、「好戦性」を強度一〇段階にすることもできれば、好戦の個体を一個体から始めても同じ結果になるか否かを検討することもできます。環境として戦いの機会が少ない場合も好戦の個体が進化するかどうかを検討することができます。また、多くのシミュレーションには、まったく異なる特性をもつ子が生まれる突然変異を設定として入れます。突然変異を入れる理由は、結果が安定しているか否かを検討するためです。たとえば、不戦の個体だけの集団のなかに突然変異で好戦の個体が現れたとします。もし好戦が進化するとの仕組みが安定して働くならば、好戦の個体はその数を増やしていくでしょう。逆もまた然りであり、その仕組みが不十分であれば、好戦の個体はやがて姿を消すでしょう。突然変異は、多くの場合において、予測する仕組みの安定性を確認するために実装されます。以上のように、シミュレーションでは、主たる原因と考えられる要因を変化させ、ある心が論理的に社会現象を導き出しうるのかを検証するのです。

B　数理モデルとシミュレーション

コンピューター・シミュレーションは、仮説の検証に有効な道具ですが、時間とともに変化する確率が含まれるため、実施するごとに結果が微妙に異なることが大半です。そのため、シミュレーションを複数回実施し、その代表値を示すのが標準的な方法です。しかし、数理モデル（数式）は確率も数学の言葉で表現するため、その「ブレ」がありません。もし数学的な知識に優れていて、数理モデルで表現することができるのならば、シミュレーションを行う必要は必ずしもないかもしれません。しかし、数理モデルにも限界があり、多様な要因を含んだ複雑なモデルを扱うことが困難です。そこで、マイクロ＝マクロ・ダイナミクスを体現できるシミュレーションが有効になります。また、シミュレーションは、数学的な知識がなくても組み立てることができます。とくに、社会心理学の分野では、そもそも研究者が仮定する心が論理的に成り立ちうるか否かを示すことに焦点が当てられることは少ないように思われます。近年、話題になっている再現可能性の問題[11]（論文で発表された実験を別の研究者が行っても同じ結果が見られない現象）は、その心の働きを理論化していないことも一因と考えられます。そのため、シミュレーションなどでモデルの検証を行い、実験などの実証に移るという研究が今後増えていくことが期待されます。

C　シミュレーション研究の例

シミュレーション研究の先駆的な研究としてアクセルロッド[12]が挙げられます。彼は、人間が協力し合う相互協力の成り立ちを支える要因を調べるため、繰り返しのある囚人のジレンマ・ゲーム（Prisoner's Dilemma Game：第3章も参照）を用いてシミュレーションを行いました。これは、二人一組になり、お金のやりとりを行うゲームです。プレイヤーはコミュニケーションをとることなく、元手が与えられ、それぞれ提供する（協力）かしないか（非協力）を選びます。協力すると元手の金額が何倍かに増やされて相手に渡ります。そのため、二人とも協力を選べば相互協力が達成され、二人とも得をします。互いに非協力を選べば、元手が手元に残り、増えることはないため、相互協力のほうが得です。しかし、片方が協力でもう一方が非協力だと、非協力した人だけが大きな得をします。これを「ただ乗り」といいます。ただ乗りは相互協力よりも稼ぐことはできますが、二人ともただ乗りすると得することはなくなります。よって、プレイヤーは相互協力をめざすか、自分の利益を優先するかのジレンマ（葛藤）に悩むことになります。

一回しかゲームを行わない場合は非協力が有効です。相手が協力すればただ乗りできるし、相手が非協力でも自分は損をしないからです。そのため、相互協力は達成されにくいといえます。このゲームを複数回繰り返し行う場合には、上述したように非協力同士が続くよりも相互協力を続けたほうが得です。しかし、ただ乗りの誘惑があるため、やはり相互協力は成立しにくくなります。この繰り返しのある囚人のジレンマ・ゲームで相互協力状態が続くようになる条件をシミュレーションで探ったのがアクセルロッドの研究です。アクセルロッドは、相互協力を達成させる戦略を全世界から応募してトーナメント方式でどの戦略が最も個人に利益をもたらすかを探りました。戦略のなかにはつねに協力あるいは非協力するものや、基本的には協力を選ぶが相手と自分が異なる選択肢を選んだ場合は七分の二の確率で協力を選ぶ、という複雑なものまでさまざまでした。しかし、最も有効だったのは、最初は協力を選択し、相手の協力には協力、非協力には非協力を返す（真似する）という単純なしっぺ返し（Tit-for-Tat：TFT）だったのです。よって、シミュレーションの結果から、長期的に協力的な対人関係を築くにはしっぺ返しが効果的であることが明らかになったのです。その他にも態度変容[13]、意思決定[14]、友人関係[15]、互恵性[16]、集団行動[17]のように、社会心理学で扱われてきた数多くのテーマがシミュレーションで検討されています。

3 進化心理学から見た紛争

進化心理学においても、紛争は、「集団同士の葛藤状況（集団間葛藤）」という重要なテーマとして多くの研究者の関心を集めています。そのなかに、集団間葛藤という状況では、集団を単位とする淘汰圧がかかると仮定する考え方があります[18]。集団単位の淘汰圧とは、集団メンバー全員に対して等しくかかる圧力であり、全員が同程度に損益を受ける状況のことです。この考えに基づくと、集団を存続させることが子孫を残すことになるため、集団全体を生き残らせるために自分を犠牲にする行動が望ましくなります。

レミングというネズミの一種が集団で海に飛び込む行動がその例とされます。種全体として数が増えすぎてくると、レミングは大集団となって次々と海に飛び込み、絶滅寸前まで数が減ってしまいます。この行動は、一見すると集団自殺であり、種全体のことを考え、自己犠牲をしてその数を調整するために行ったように見えます。しかし、この解釈は成り立ちません。自殺しないレミングは生き残るため、その子孫の数は増えていくはずだからです。つまり、自己犠牲のレミングは適応的ではありません。そのため、集団を単位とした淘汰は論理的に矛盾するのです。

この矛盾は、集団間葛藤状況でも同様です。自己犠牲的に振る舞わず、周りを戦わせ、自分は身を隠していたほうが個人としては得です。集団間葛藤で得られた利益がメンバーに平等に振る舞われるという前提であれば、なおさら自分の利益を集団に提供しないほうが得となります。つまり、ただ乗りが有利です。集団成員が個人の利益を優先させた行動をとり、もし全員がただ乗りをしようとすると、集団間葛藤で勝つことが難しくなり、集団全体の利益を危うくします。このただ乗りは、集団間葛藤状況における理論的問題として指摘されてきました[19・20]。

A　多層淘汰理論

ただ乗り問題の理論的な解決法として提案されているものの一つに多層淘汰理論[21]があります。この理論では、個人単位と集団単位という二つのレベルの自然淘汰について、どちらか一方ではなく、その両方を考えるべきだと主張されます。すなわち、直面している環境のなかで個人と集団の淘汰圧のどちらがより強いかによって、自分の集団（内集団と呼ぶ）への自己犠牲的な協力が適応的になるか否かが変わる、というものです。個人単位の淘汰圧が強いと、先述したようにただ乗りが有効であり、内集団への協力は不利です。しかし、集団単位の淘汰圧が強い場合には、集団間葛藤で勝利することが重要になるため、むしろ協力したほうが個人にとっても得になります。集団間葛藤状況は集団単位の淘汰圧が個人単位よりも強いため、協力的な個体が進化しやすくなり、結果としてただ乗り問題が解決されるのです。この多層淘汰理論を支持するように、社会心理学で蓄積されてきた実験研究の結果では、集団間葛藤状況になると人々は内集団に対してより協力的になることが報告されています[22]。では、多層淘汰理論の予測はシミュレーション研究においても支持されるのでしょうか。

集団間葛藤をテーマとしたシミュレーション研究は、協力行動の進化と深く関わるため、近年、注目が集まっています。なぜ人は自分を犠牲にしても他人に協力するのかとの問いは、分野を越えて検討されています。現実社会には、集団のために身を粉にして働いたり、自分を犠牲にして赤の他人を助けたりする人が実際に存在します。集団間葛藤状況は集団単位の淘汰圧を強める要因の一つと見なされています。そう頻繁に起こることはないですが、少なくとも自分を犠牲にしても内集団へ協力する個体が子孫を残すことができる仕組みとして集団間葛藤を重視する研究者は少なくありません。一方、その多層淘汰理論に異を唱える研究者も多くいます[23]。

どちらにせよ、集団間葛藤状況でどのような心理要因が働き、いかなる帰結をもたらすかを理解するにあたり、集団間葛藤を模した進化シミュレーションは重要な示唆をもたらします。そのため、シミュレーション研究の成果は決して無視できないでしょう。

B　チェとボールズの戦士シミュレーション

チェとボールズ(24)は、単に内集団に協力するだけではなく、自分以外の集団（外集団と呼ぶ）を攻撃する行動とセットにすれば、多層淘汰理論の予測が支持されると考えました。すなわち、内集団に協力し、さらに外集団を攻撃して葛藤に勝ちやすくする個体（いわゆる戦士）こそが、集団間葛藤状況では適応的であるとの仮説を立てたのです。戦士は内集団協力と外集団攻撃という二重の負担を負う代わりに、集団間葛藤での勝率を上げ、葛藤による利益を受けることができるように設定し、戦士が子を残すことができるかどうかを進化シミュレーションで検証しました。シミュレーションは七千年以上前の環境が想定された状況で、七八名からなるコミュニティが二〇個配置されます。一世代の流れは、「集団間葛藤→公共財ゲーム（後述）→出産→死」と設定されました。

最初に、ランダムに選ばれた二つの集団間に葛藤が発生するか否かが決定されます。一方の集団の側に戦士が多く、相手に勝てそうな状況では葛藤になる確率が高くなります。葛藤になると両集団の戦士は何人か亡くなりますが、戦士が多い集団が高い確率で勝ち、負けた集団は絶滅します（このとき外集団と戦うことが外集団攻撃にあたります）。引き分けのときは戦士が何人かずつ亡くなって終わります。亡くなった個体のスペースには、ランダムに選ばれた勝利集団のメンバーの子が移住してきます。その後、公共財ゲームが行われます。これは本節の冒頭で述べた、個人と集団の利益が相反する状況です。個人は元手を集団に提供するか否かを決めます（内集団協力）。提供された金額は何倍かに増えて他のメンバーに平等に分配されます。集団全体を考えると提供すべきですが、個人の利益だけならば提供しないほうが得です（ただ乗り）。出産はランダムに組み合わせたペアの利得が高いほど子を残せる確率が高くなるとの設定で行われました。また、ここで突然変異により、まったく異なる特性をもつ子が生まれることがあります。そして、一世代あたり六・五人が別の集団に移住するように設定されました（二・五％の移住率）。

五万世代のシミュレーションが一〇セット行われ、初期設定では内集団協力も外集団攻撃もしない個体のみが設定されました。世代を経るごとに突然変異で他の特性をもつ個体が生まれる状況でも戦士が進化するか否かを検討するためです。シミュレーションの結果、世代を経るごとに戦士の数が増え、進化することが示されました。すなわち、集団間葛藤時には、内集団協力と外集団攻撃の両方を備えた内集団ひいきが適応的であるといえます。興味深いことに、戦士の数は戦争の回数が増えるほど多くなっていました。ただし、集団内の戦士の数が七割を超えると引き分けが多くなり、戦争の回数自体が減りました。つまり、戦士が増えることで葛藤の激化を抑えられることが示唆されました。

C　ラッシュの集団間葛藤のモデルとシミュレーション

ラッシュ[25]は、上記の研究に基づき、集団間葛藤時の集団行動の数理モデルを立て、このモデルに基づいてシミュレーションを行いました。彼は、集団間葛藤状況のシミュレーション研究におけるさまざまな限界を踏まえ、葛藤状況が公共財ゲームであるとの前提に問題があると指摘しました。とくに、集団間葛藤時の戦士の役割には、自集団に協力するだけではなく、外集団を襲撃して資源を奪う攻撃と襲撃された場合に集団を守る防衛が存在するとして、その両方を行う個体の進化に焦点を当てた数理モデルを立て、そのモデルの適切さをシミュレーションによって検証しようとしたのです。

彼のシミュレーションでは、先述のチェとボールズと同じ環境（集団の数など）と世代の流れが用いられました。個体には、攻撃と防衛の二つの遺伝子に加え、「集団のため」と「自分のため」の遺伝子が搭載されました。

前述のチェとボールズが描くように、内集団に貢献すれば自分の子をより残せるという、集団を通じて自分の利益を高める協力は「自分のため」となります。一方、ただ乗りができる状況での協力は、純粋に「集団のため」です。[26] これを踏まえ、ラッシュは、「自分のため」に行動する個体は、集団間葛藤で多く投資した分が戻され、外集団攻撃で獲得した資源を配分され、攻撃や防衛による死のリスクは「集団のため」に行動する個体の半分になる、と設定しました。以上より、「自分のため」の攻撃と防衛、「集団のため」の攻撃と防衛という四種類の個人が設定されました。集団間葛藤の段階では、集団がランダムにペアとなり、葛藤になるか否かが決まります。その基準は、上記の遺伝子とは別の、個人がもつ「攻撃性」という特性を集団単位で平均した値です。外集団の防衛力（メンバーの防衛の合計値）を予測し、内集団の攻撃性がそれ以上であれば攻撃に移ります（この予測を見誤る設定も含まれる）。一方の集団が攻撃しないときは、相手集団が攻撃するか否かを決めます。どちらも攻撃しなければ葛藤は起こりません。また、個体が集団間で移住する設定も行われました。

初期設定として攻撃と防衛の個体の割合を一〇〇パターンつくり、それぞれ五〇〇〇世代のシミュレーションを行い、四八個のパラメーターの値を変化させた結果、「集団のため」の攻撃は進化せず、「集団のため」の防衛は状況によって中程度に進化しました（「自分のため」の防衛はパラメーターの値によらず、一貫して進化しました）。攻撃が進化するのは、防衛に投資する個体が全滅し、移住もないという特殊な状況のみでした。内集団協力を防衛、外集団攻撃を攻撃に置き換えると、この研究結果はチェとボールズの結果とは異なり、集団間葛藤時に外集団攻撃は進化せず、むしろ内集団協力が進化しやすいことを示しています。

類似の知見は実験室実験からも得られています。内集団協力と外集団攻撃の選択肢を設けた集団間葛藤を模した実験を行うと、観測されるのは内集団協力ばかりで、外集団攻撃はほとんど生じませんでした。[27] すなわち、集団間葛藤状況は、内集団協力の心には影響する一方で、外集団攻撃の心には関連しないといえます。[28] この外集団攻撃（紛争）を進化させる要因はいまだ謎であり、現在も研究が進められています。

4 集団間葛藤状況における同調の効果

A 文化的群淘汰理論

前述の二つの研究では、集団間葛藤による外集団攻撃の進化に焦点が当てられていました。しかし、ただ乗り問題の解決には、必ずしも外集団攻撃を考える必要はなく、むしろ同調行動がその糸口になるとの主張があります。文化的群淘汰理論[29]によれば、集団内の多数派の行動を模倣する同調（「みんなが協力するから自分も真似して協力しよう」）が内集団協力の進化を促進させると主張されています。そもそも模倣とは文化伝達の手段であり、文化を創り、維持させる行動です。そして、同調は社会的に不確実性の高い（どう行動すれば自分の利益になるかがわからない）状況で必要な情報を獲得する際に有効であることが明らかになっています[30・31・32]。その一方で、集団間葛藤状況において同調がいかなる影響を及ぼすかは検討されていません。

ひとつの可能性は同調がもたらす極性化です。個人の同調行動は、集団内の行動（協力／非協力）の散らばりを小さくし、集団間の行動の散らばりを大きくさせるように働きます。散らばりとは個体のバリエーションのことですが、同調によって極性化が進むと、協力的／非協力的な個体が多数を占める集団（協力的／非協力的な集団）が多くなっていきます。協力的な集団は葛藤で勝つ確率が高く、非協力的な集団は負ける確率が高いため、結果として、ただ乗りのいない協力的な集団が残るでしょう。すべてが協力的な集団になると、損得が生じない引き分けばかりになり、結果として葛藤が起こらない均衡、いわば冷戦状態になります。この状態は、均衡が崩れないかぎり、紛争が起こらない世界ともいえます。

B　集団間葛藤時の同調シミュレーション

筆者ら[33]は、文化的群淘汰理論の予測を進化シミュレーションにて検討しました。一〇個体からなる集団を一〇二四個配置し、各集団で公共財ゲームを一世代で一〇回試行しました。その後、個人単位または集団単位のどちらかの淘汰圧がかかります。個人単位での淘汰圧がかかると、参加している全員が最終的に獲得した利得のランキングをつくり、低い個人が取り除かれます。集団単位の淘汰圧は、いわゆる集団間葛藤による影響と見なすものであり、やはり集団単位での利得が低い集団が絶滅しやすくなります。取り除かれた個人や集団は、利得の高い個体のコピー（子）に取って代わられます。利得が高いほど、多くの子を生み出す確率が増えます。また、各世代の終わりに五％で突然変異が起きます。個体の遺伝子には同調傾向、そしてパラメーターとして集団間葛藤の程度が操作されました。

個体は自分の行動を決める際、自分の信念（必ず協力／必ず非協力）に従うか、集団の他のメンバーの行動に同調するか、を選択します。他者を参照する場合、集団の他のメンバーの何％（〇～一〇〇％）が同じ行動していたら同調するか（同調傾向）が個人ごとに異なり、〇～一でそれぞれ設定されました。〇は自分の信念に従い、〇・七では全体の七〇％がとる行動を真似します。集団間葛藤の程度は、上述した集団単位の淘汰圧が一〇回のうち何回かかるかの割合です。このパラメーターは集団間葛藤の影響の強さを表しており、数が多いほど激しい集団間葛藤状態にあることになります。また、シミュレーションには他者の行動を参照できる状態か否かという条件が設定されました。参照が可能な条件では同調傾向が〇から一の値の個体が配置されました。不可能な条件では同調傾向が〇の個体だけが配置されました。つまり、同調の効果がまったくない状況です。この条件間の差を検討することで同調の効果の強さがわかるといえます。

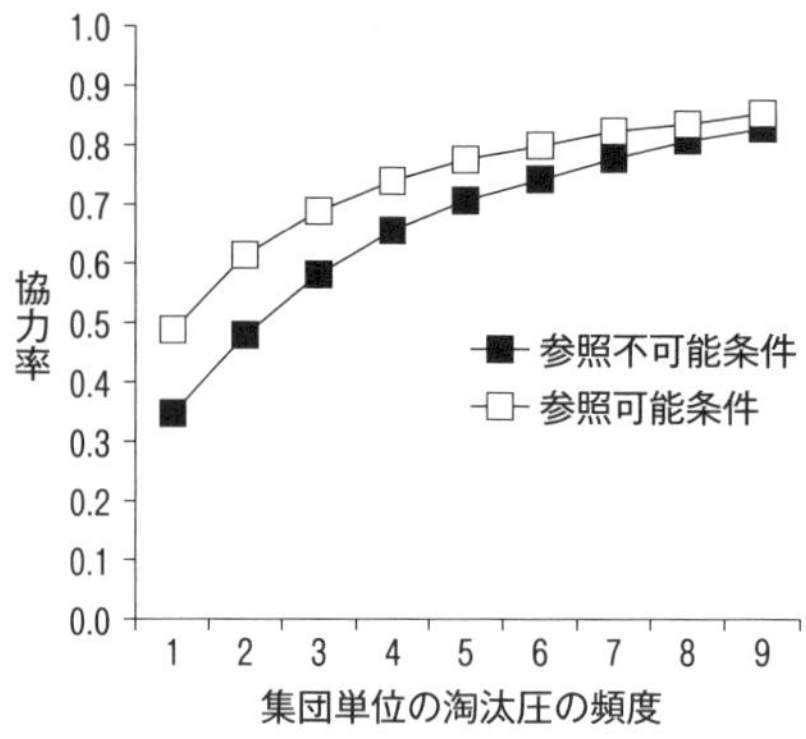

図 4-2　協力の進化

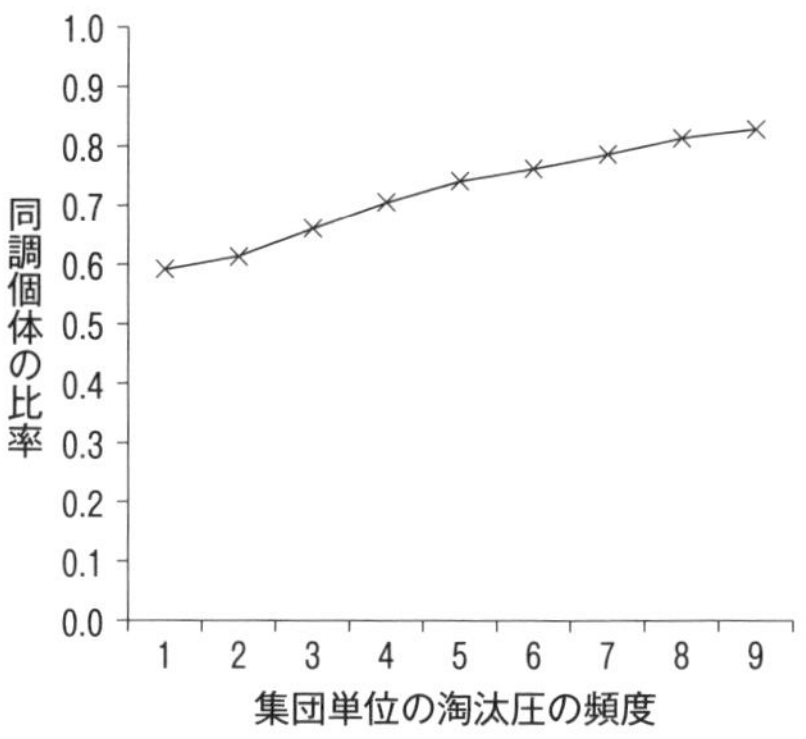

図 4-3　同調の進化

シミュレーションは各条件で一〇〇回繰り返し、一〇〇〇世代を単位として、結果が安定する五〇〇世代目からの結果を平均しました（**図4-2**）。この図で、協力率とは全人口のなかの協力している個体の割合であり、値が高いほど内集団協力をとる個体が進化したといえます。結果は、どのレベルの集団単位の淘汰圧でも、参照不可能条件よりも可能条件で協力率が高いことがわかりました。これは、同調できることで協力が進化することを示しており、予測は支持されました。ただし、集団単位の淘汰圧が強い状況（七〜九）では条件差が小さくなっていて、同調の影響力が小さくなったことがわかります。同様に、参照可能条件のみで同調の個体の割合を算出したのが**図4-3**です。同調の個体の割合は集団単位の淘汰圧が強くなるほど大きくなっており、その程度が最も弱い頻度一でも全体の六〇％を占めていました。これは、同調が支配的な戦略であることを示しています。

以上より、文化的群淘汰理論の予測どおり、同調は内集団協力を促し、ただ乗り問題を解決しうることが示されました。集団内の少数派を模倣する少数派同調の個体を導入したシミュレーションでも同様の結果が得られており[34]、この現象は頑健だ（同じ結果が安定して得られた）といえます。

C　実験とのギャップ？——実験室実験との整合性

このように、集団間葛藤はシミュレーション上でさまざまな形で模され、その影響が検討されています。しかし、一方で「シミュレーションは机上の空論である」との見解もあるでしょう。シミュレーションで示された人間の心理傾向を実験室実験で再検討する研究もあります。たとえば、亀田ら[35]は、不確実状況下での多数派同調の有効性についてシミュレーションで検討した後、実験室実験で同じ仮説を検証し、同じ結果を得ることで、その頑健性を示しています。本来であれば、集団間葛藤に関するシミュレーションの結果も同様の方法がとられるべきです。たとえば、実験室内に複数の集団をつくりだして葛藤状態にし、戦士が生まれるかどうか、外集団攻撃や同調が起こるかどうかを検討すべきでしょう。これらの仮説を直接検証した実験研究はありませんが、類似した研究の結果は報告されています。このとき、シミュレーション結果との違いが見出されることがあります。

顕著な違いの一つが男女差です。集団間葛藤による影響力は女性よりも男性で顕著にみられます[36]。たとえば、集団間葛藤状況を匂わせる手がかりを与えるだけでも、男性はそれに反応して内集団に対して協力的になります[37]。一部の進化心理学者は、男性戦士仮説[38,39]を唱えてこの現象の説明を試みています。歴史的にも集団間葛藤は男性が担う役割であったため、男性は女性よりも集団間葛藤状況に敏感であり、その状況を察知するなり内集団ひいきを行うと主張されています。しかし、まだこの仮説を支持する証拠は少なく、さらに考古学的知見も含め、本当に戦争や紛争が人間、とくに男性の協力行動に影響したかどうかは、現在も議論の的になっています[40]。

このような、シミュレーションによる思考実験と実験室実験の間に生まれる齟齬は新たな発見であり、見落としていた重要な第三の要因を検討することで、さらに予測力の高い理論をつくることにつながります。そのため、思考実験を予測導出の道具として実験と組み合わせることもまた有効な使い方だといえるでしょう。

5　結語——再び紛争解決を考える

本章では、紛争がなぜ起こるかとの問いに対して、その生起と維持、激化をもたらす人間の心について分析する進化心理学という観点と、検証方法の一つである進化シミュレーションの説明を行いました。紛争には少人数の集団間のものから国家間までさまざまなレベルがあり、その解決を目指すためには、心がなぜあるかを考える進化心理学の立場から理論(モデル)をつくりだすことが有効であると述べました。これまで紹介した集団間葛藤状況を扱ったシミュレーション研究は、集団間葛藤状況で働く人間の心に関して重要な示唆を与えています。シミュレーションによって示された、集団間葛藤時に働く心理要因に注目することにより、紛争を予測したり、その解決への糸口を考えるきっかけにもなったりする可能性があるからです。

これ以外にも、先述したチェとボールズ(41)の研究でも扱われていたように、外集団攻撃が引き起こされる心の仕組みを明らかにする試みは、人間のもつ攻撃性の起源を探ることにもつながるかもしれません。このことは、紛争にかぎらず、対人関係での攻撃行動などにも重要な示唆を与えるでしょう。紛争というテーマから人間の社会行動に関する理論をつくりだす試みは、紛争解決のみならず、人間理解に大きく貢献できる可能性を秘めているのです。

集団は個人の集まりであり、紛争という集団間での関係性を理解する際には、マイクロ＝マクロ・ダイナミクスの観点が重要です。そのため、進化心理学の視点から導き出された仮説が論理として成り立つのか否かを検証する思考実験としての進化シミュレーションは有効であると述べました。一方で、シミュレーションでは自分の仮説が支持されるような都合のよい世界をつくりだすこともできます。つまり、やりたい放題の側面があります。しかし、それでは有用な理論をつくりだすことはできません。あくまで進化理論に基づき、これまで積み重ねられてきた数多くの研究結果を踏まえたうえで、頭のなかで組み立てた仮説が論理的に成り立ちうるか否かを検証する道具として使用することが重要です。

最後に、シミュレーション研究を行うもう一つの利点は他の分野との連携をより容易にさせることです。思考実験を行うためにはまずコンピューター言語を習得し、シミュレーションの手法を学ぶ時間と根気が必要です。一方で、シミュレーションは他のさまざまな分野（生物学、工学、物理学、経済学、文化人類学、他の分野の心理学など）でも標準的に用いられているため、共通のテーマがあれば、コミュニケーションがとりやすいともいえます。その交流を通じて心理学とは異なる観点を学び、自分の研究の視野を広げることができます。このような分野を超えた学際的なつながりから生み出される成果は、紛争の解決につながる理論構築に貢献することは間違いないでしょう。そして、シミュレーションを用いた理論研究は、実践を旨とする分野の研究者にも示唆を与えます。実際に紛争に関わる分野の研究者がモデルを積極的に取り入れて実践に応用することで、その成果からさらに予測力の高いモデルをつくりだすことが可能になるのです。

シミュレーション研究が本当に紛争解決につながるのかどうかを考えると、おそらくシミュレーションだけでは、それは難しいでしょう。これまで述べてきたように、シミュレーションの結果をただの机上の空論にしないためには、理論と実践の連携が必要です。そのような学際的な研究が今後より増えていくことが望まれます。

［謝辞］
本章の執筆に際し、中西大輔氏（広島修道大学）には有益な助言を多くいただきました。ここに記して感謝します。

【引用文献】

（1） Einstein, A., & Freud, S.（1933）*Warum Krieg? : [ein Briefwechsel]*. Internationales Institut für Geistige Zusammenarbeit, Völkerbund.（浅見昇吾訳〈2016〉『ひとはなぜ戦争をするのか』講談社）

（2） Poast, P.（2006）*The economics of war*. New York: McGraw Hill Irwin.

（3） Parker. B.（2014）*The physics of war: From arrows to atoms*. New York: Prometheus Books.

（4） 内山節（2006）『戦争という仕事』信濃毎日新聞社

（5） 亀田達也・村田光二（2016）『複雑さに挑む社会心理学　改訂版――適応エージェントとしての人間』有斐閣アルマ

（6） Darwin, C.（1871）*The descent if man and selection in relation to sex*. London: John Murray.

（7） 長谷川寿一・長谷川眞理子（2000）『進化と人間行動』東京大学出版会

（8） （5）の文献

（9） 塚崎崇史・亀田達也（2004）「社会心理学におけるエージェント・ベースト・モデルの可能性」『理論と方法』一九巻、三七－五一頁

（10） Maynard Smith, J.（1982）*Evolution and the theory of games*. New York: Cambridge University Press.

（11） 渡邊芳之（2016）「心理学のデータと再現可能性」『心理学評論』五九巻、九八－一〇七頁

（12） Axelrod, R.（1984）*The evolution of cooperation*. New York: Basic Books.

（13） Nowak, A., Szamrej, J., & Latané, B.（1990）From private attitude to public opinion: A dynamic theory of social impact. *Psychological review*, **97**, 362-376.

（14） Stasser, G.（1988）Computer simulation as a research tool: The DISCUSS model of group decision making. *Journal of experimental social psychology*, **24**, 393-422.

（15） Hassan, S., Salgado, M., & Pavón, J.（2011）Friendship dynamics: Modelling social relationships through a fuzzy agent-based simulation. *Discrete Dynamics in Nature and Society*, **2011**, 1-19.

（16） Takahashi, N., & Mashima, R.（2006）The importance of subjectivity in perceptual errors on the emergence of indirect reciprocity. *Journal of Theoretical Biology*, **243**, 418-436.

（17） 小野田竜一・高橋伸幸（2013）「内集団ひいき行動の適応的基盤――進化シミュレーションを用いた検討」『社会心理学研究』二九巻、六五－七四頁

（18） Wynne-Edwards, V. C.（1962）*Animal dispersion in relation to social behaviour*. Edinburgh: Oliver & Boyd.

（19） Tooby, J., & Cosmides, L.（1988）The evolution of war and its cognitive foundations. *Institute for evolutionary Studies Technical Report* **88-1**.

(20) Yamagishi, T., & Mifune, N. (2009) Social exchange and solidarity: In-group love or out-group hate?. *Evolution and Human Behavior*, **30**, 229–237.
(21) Sober, E., & Wilson, D. S. (1999) *Unto others: The evolution and psychology of unselfish behavior*. Cambridge, MA: Harvard University Press.
(22) Bornstein, G. (2003) Intergroup conflict: Individual, group, and collective interests. *Personality & Social Psychology Review*, **7**, 129–145.
(23) Pinker, S. (2012) The false allure of group selection. [http://www.edge.org].
(24) Choi, J. K., & Bowles, S. (2007) The coevolution of parochial altruism and war. *Science*, **318**, 636–640.
(25) Rush, H. (2014) The two sides of warfare: An extended model of altruistic behavior in ancestral human intergroup conflict. *Human Nature*, **25**, 359–377. Doi: 10.1007/s12110-014-9199-y.
(26) Kerr, B., & Godfrey-Smith, P. (2002) Individualist and multi-level perspectives on selection in structured populations. *Biology and Philosophy*, **17**, 477–517.Doi: 10.1023/A:1020504900646
(27) Halevy, N., Bornstein, G., & Sagiv, L. (2008) "In-group love" and "out-group hate" as motives for individual participation in intergroup conflict: A new game paradigm. *Psychological Science*, **19**, 405–411. Doi: 10.1111/j.1467-9280.2008.02100.x
(28) Yamagishi, T., & Mifune, N. (2016) Parochial altruism: Does it explain modern human group psychology? Current Opinion in Psychology, **7**, 39–43.
(29) Boyd, R., & Richerson, P. J. (2005) *The origin and evolution of cultures*. New York: Oxford University Press.
(30) Henrich, J., & Boyd, R. (1998) The evolution of conformist transmission and the emergence of between-group differences. *Evolution and Human Behavior*, **19**, 215- 241.
(31) Kameda, T., & Nakanishi, D. (2002) Cost-benefit analysis of social/cultural learning in a nonstationary uncertain environment: An evolutionary simulation and an experiment with human subjects. *Evolution and Human Behavior*, **23**, 373–393.
(32) Kameda, T., & Nakanishi, D. (2003) Does social/cultural learning increase human adaptability? Rogers' question revisited. *Evolution and Human Behavior*, **24**, 242- 260.
(33) 横田晋大・中西大輔（2012）「集団間葛藤時における内集団協力と頻度依存傾向——進化シミュレーションによる思考実験」『社会心理学研究』二七巻、七五-八二頁
(34) 中西大輔・横田晋大（2016）「集団間葛藤時における内集団協力と頻度依存傾向——少数派同調を導入した進化シミュレーションによる思考実験」『社会心理学研究』三一巻、一九三-一九六頁
(35)（31）（32）の文献

（36） Van Vugt, M., De Cremer, D., & Janssen, D. P.（2007）Gender differences in cooperation and competition: The male-warrior hypothesis. *Psychological Science*, **18**, 19–23.

（37） Yuki, M., & Yokota, K.（2009）The primal warrior: Outgroup threat priming enhances intergroup discrimination in men but not women. *Journal of Experimental Social Psychology*, **45**, 271–274.

（38）（19）（34）の文献

（39） McDonald, M. M., Navarrete, C. D., & van Vugt, M.（2012）Evolution and the psychology of intergroup conflict: The male warrior hypothesis. *Philosophical Transactions of the Royal Society, B: Biological Sciences*, **367**, 670–679.

（40） Allen, M. W., & Jones, T. L.（2014）*Violence and warfare among hunter-gatherers*. Chicago, IL: Left Coast Press.

（41）（24）の文献

第5章

広報外交の政治心理学実験
——見えない危機における政府発言の効果

【小濵祥子・稲増一憲】

本章では、国々の間で繰り広げられるネガティブ・キャンペーンについて取り上げます。ネガティブ・キャンペーンとは、政治家が政敵を批判するテレビ広告を流したり、政府が他の国を公の場で非難したりすることです。最近の政治の世界ではこうしたネガティブな情報発信が非常に多く、そうした情報がテレビやソーシャル・ネットワーキング・サービス（SNS）を通じてまたたく間に広がります。

そのなかでも最近、注目を集めているのが、国々の間で行われるネガティブ・キャンペーンです。たとえば、領土問題をめぐって中国政府が日本政府の行動を非難したり、逆に日本政府が中国政府を批判するようなことです。米国のドナルド・トランプ大統領と北朝鮮の間でも、核ミサイル問題をめぐり、政府声明やツイッター上で激しい応酬がありました。こういったことは東アジアだけでなく、米国とロシアの間など世界のいたるところで起こっています。

このように今日の国際社会にはネガティブな情報が溢れているわけですが、それは人々や国々にどういった影響を与えているのでしょうか。心配されるのは、非難の応酬が国々の関係を悪くし、争いを助長することです。政治家たちは有権者の目を国内の不満から逸らすため、他国をことさらに非難することがあるかもしれません。国際的な危機のときには、市民から政治指導者への支持が高まる「旗の下の結集」効果があることが広く知られているからです（日韓関係におけるこの現象については文献（1）参照）。しかし、人気とりのために他国に対して必要以上に攻撃的な態度をとれば、その国との間で不要な争いを招く可能性があります。また、他国を批判ばかりしていると、自国の国際的な評判に傷をつけるかもしれません。

さらに、国々の非難合戦は、それを見ている一般市民にもよくない影響を与えかねません。たとえば、選挙キャンペーンについての研究では、ネガティブな情報発信は政府に対する人々の信頼を損ねたり、政治参加を妨げることがわかっています。[2] これが国際社会にも当てはまるとすれば、国々が互いに批判し合うことで、政治・外交に対する人々の拒否感や嫌悪感を引き起こす可能性もあります。

ただ、こういった恐れは十分にあるとはいえ、現段階でその確証はありません。政府によるネガティブな情報発信の影響を正しく理解するためには、その仕組みについてもっと詳しく調べる必要があります。そもそも政府は非難声明を通じて、国際社会からの支持を調達できるのでしょうか。それとも国際的な評判を落としてしまうこともあるのでしょうか。また、国際社会の支援を得るためには、どういった情報発信を行うことが最も効果的なのでしょうか。私たちの研究チームはこれらの問いに答えるために、調査実験と呼ばれる方法を用いて、政府による情報発信の効果をいろいろな場面で測定してみました（より詳しい研究結果は文献（3）参照）。本章では、その研究から得られた知見をもとに、政府による情報発信やネガティブな外交情報が、他国の人々の心にどのような影響を与えるのかを解き明かしていきます。

1　広報外交と「見えない危機」

政府が他国の人々を対象として行う情報発信のことを広報外交といいます。これには紛争相手を非難するネガティブ・キャンペーンから、アニメや漫画といった文化的な魅力の宣伝までさまざまな活動が含まれます。

とくに注目したいのは、領土紛争や関税紛争などを抱える国々による広報外交です。日本や中国を含め、こうした国々は自国の立場を主張するために積極的な情報戦を展開しています。というのも最近の国際的な紛争は、当事者だけではなく、同盟や有志連合、国際組織に属するさまざまな国を巻き込むことが多いからです。そうした外国政府から支援を得るためには、その国の世論の後押しが必要になります[4]。ですから、国々は他国の人々の心をつかむための広報活動を熱心に行っているのです。たとえば、中国政府が日本を非難する声明を発表するときに、中国語だけではなく、英語版も同時に公表するのはこのためだと考えられます。

もちろん、こうした政府の声明を他国の人々が直接、目にすることは多くありません。一般市民は普通、他国の事情について知識も関心もあまりもっていないものです。自国と他国との関係ならいざ知らず、外国同士の争いとなるとなおさらでしょう。したがって、人々は外国による広報外交をそのまま受けとるのではなく、多くの場合、メディアを通じて接触します。こうした広報外交やメディアによる報道は、人々がもつ情報の空白を埋める役割を果たし、人々の態度に重要な影響を与えると考えられています[5]。ある意味では、人々が興味をもたない問題だからこそ、広報外交の入り込む隙間が生まれるともいえるのです。

そこで、紛争のなかでも「見えない危機」と呼ばれる状況での広報外交について考えてみましょう。これは無人の離島や遠く離れた海洋、その上空といった、メディアや一般市民が直接見ることのできない場所で起こる低強度の争いのことです。そこで起こる争いの例としては、航空機の緊急発進（スクランブル）があります。これは外国の航空機や船舶が許可なく自国の領土・領海・領空に侵入したときに、警告・警戒のため航空機を緊急出動させることです。こうした緊急出動は頻繁に行われていて、日本の場合、航空自衛隊の戦闘機による緊急発進は二〇一七年度には九〇四回に上りました。(6)

そして、緊急出動した戦闘機と相手方の航空機が非常に近い距離ですれ違う事件がたびたび起きています。遠く離れた海洋やその上空にメディアや市民の目は届きませんから、そこで起きた事件を実際に見たり聞いたりして確かめることはできません。よって、メディアによる報道も、政府から一方的に与えられる情報に頼らざるを得なくなります。そこで政府が活用するのが広報外交であり、紛争相手国へのネガティブ・キャンペーンというわけです。

実際に日本と中国の間で起こった事件を紹介しておきましょう。二〇一四年五月二四日、東シナ海上空において、中国の戦闘機と日本の自衛隊機がかつてないほどの近距離まで接近するという事案がありました。翌朝、小野寺五典防衛大臣は緊急の記者会見を開き、中国側の行動を「ひとつ間違うと偶発的な事故につながる可能性がある危険な行為」と非難しました。(7) これに対して、中国政府も「日本の行動は非常に危険かつ非常に挑発的なもの」であり、「日本側は自らの行動の全ての、あらゆる結果について責任を負うことになるだろう」とのコメントを発表しました。(8)

日本や中国のこれらのコメントは英語でも公表され、各国のメディアで取り上げられました。日中のネガティブ・キャンペーンは外国メディアや人々の注目を引くことに成功したといえます。では、こうした政府声明は外国の人々にどのように受け止められるのでしょうか。

2　広報外交の説得力についての仮説

これまでの研究によれば、広報外交の成功にはいくつかの条件があるようです。広報外交を通じて外国の人々を説得するために重要なのは、第一に広報を行う国のもつ魅力や採用する戦略です。たとえば、外国の人々に好ましいと感じられている政治指導者（大統領や首相）と嫌な印象をもたれている政治指導者を比べると、前者による広報外交のほうが強い説得力をもちます。また、広報を行う国と受けとる国との関係も大切です。たとえば、文化・政治的に近い関係にある国からの広報外交は、メディアや市民から好意的に受け止められることがわかっています。(9)

これらに加え、広報外交の言葉遣い、とくにネガティブな言い回しとポジティブな言い回しによる違いを考える必要もあります。先の日中航空機ニアミス事件を詳しく調べると、どちらの政府もおおまかにいって三つの対応を使い分けていることがわかりました。(10) 一つのやり方は「沈黙」で、コメントなどを発表せずにやり過ごすものです。もう一つは「わが国は国際法に従って行動した」「通常の活動の一環」といった自己弁護の声明を出す「自己正当化」の戦略です。最後の戦略は、競合相手の行動を「危険かつ異常」であり「予期せぬ事故の引き金となる」などと「非難」するものです。

これらの戦略のうち、自己正当化はポジティブな語調をもつメッセージ、非難はネガティブな語調をもつメッセージとなります。これらのうち、非難のメッセージは他の戦略よりも強い説得力をもつと予想されます。一般に、選挙キャンペーンなどでもネガティブな情報は有権者の態度や意見により強い影響を与えるといわれています。(11) この傾向はおそらく広報外交でも変わらないでしょう。

ネガティブ・キャンペーンへの反発や嫌悪感についてはどうでしょうか。選挙キャンペーンでは、ネガティブ・キャンペーンの危険性も指摘されています。競争相手を批判したり無礼な言い回しのメッセージを発信すると、有権者からかえって反発を買ったり、好ましくない人物といった印象をもたれたりするというのです[12]。トランプ大統領の挑発的な発言に多くの人が反発を覚えるのも同じような現象といえます。

しかし、広報外交ではこういった反発はそれほど大きくないと予測できます。というのも、外交の分野では政府は一般市民よりも圧倒的に多くの情報をもっています。広報外交の場合、政府は外国の人々に向けて発信しようとするわけですが、そこにはさらに大きな知識・情報の格差が存在します。そういう状況では、特段の事情がないかぎり、より多くの情報を有する政府から発信される情報が外国の人々に信頼され受け入れられやすくなるため、ネガティブ・キャンペーンへの反発も生まれにくいと考えられます。加えて、公式の外交声明では無礼な言い回しが使われることはないので、それも反発を生みにくい要因になります。ただし、広報外交の発信対象となる国の人々が特定の国について負の感情を抱いている場合には、そうした国から発信される情報は信ぴょう性をもって受け止められないかもしれません。この問題についても後で検討します。

さらに、見えない危機をめぐる広報外交で無視できないのが、競合するメッセージの存在です。日中の航空機ニアミス事件を思い出してください。事件直後に、日本政府と中国政府の双方が英語でコメントを出していました。つまり、広報外交は日本政府から外国の人々へ向けてだけではなく、中国政府からも外国の人々へ向けて行われています。さらに、日中の両政府が「相手が危険な行為をした」というコメントを出しているのですから、両者のメッセージが真正面からぶつかり合う状況でした。

このように二つの国が広報外交を通じて争っている場合、一方の国の説得力は、競合相手が何を言うかによって左右されると予想できます。たとえば、先の事件では日本政府が中国機の行動を「極めて危険」と非難したわけですが、それに対して中国側が何も反論しない場合と「危険な行動をとったのは日本機だ」と反論する場合では、他国の人々が日本や中国に対して抱く印象は違ってくるのではないでしょうか。とはいえ、これまでのほとんどの研究は、一つの国による広報活動を取り上げてきましたから、競合するメッセージの存在がどのような違いをもたらすのかは十分にわかっていません。以下の分析では、競合するメッセージの存在に注意する必要がありそうです。

筆者らは、以上のような仮説を検証するために複数の調査実験を実施しました。世論調査などを用いるのではなく、見えない危機におけるさまざまな政府声明をさまざまな条件下で人々に読んでもらい、それが彼・彼女らの意見にどういった影響を与えるのかを調べたのです。

3　実験１――架空国家シナリオを用いた広報外交の効果の検討

一つめの実験は二〇一四年一一月に行いました。実施にあたっては、日経リサーチ株式会社を通じて合計二〇五九名の日本在住の方に協力を依頼し、インターネットを通じて実験に参加してもらいました。なお、二〇一三年時点で日本における人口の八三％がインターネットにアクセスできており、一三歳から五九歳までの年齢におけるインターネットの普及率は九〇％を超えています[13]。実験の参加者は、年齢・性別・学歴・政治思想において多様な方々であり、日本全国から万遍なく対象者を選んで行われた過去の訪問面接調査とも、これらの属性の割合がほぼ一致していました。

実験の設計は次のようなものです。いくつかの質問に回答していただいた後、参加者全員に、匿名の二カ国の間で戦闘機の緊急発進が発生するという以下のシナリオを提示しました。

表5-1　メッセージ・グループの一覧

A＼B	(a) 沈黙を貫く	(b) 自己正当化を行う	(c) 非難する
(a) 沈黙を貫く	グループ1	＼	＼
(b) 自己正当化を行う	グループ2	グループ3	＼
(c) 非難する	グループ4	グループ5	グループ6

A国とB国が、領土や領海をめぐって争っています。争いは空（領空）にまでおよんでいて、両国の戦闘機が同じ空間を飛行することが増えてきています。結果として、先日は両国の戦闘機同士がとても近い距離まで接近する「ニアミス事件」が起きました。

その際、両国の政府はそれぞれ以下のようにコメントを発表しました。

このシナリオは、日本と中国の間で発生した航空機ニアミス事件を模したものです。なお、ここでは架空の国家を用い、参加者には実験中に特定の国を想定しないようお願いしました。

シナリオに続いて、参加者にA国B国がそれぞれ発したメッセージを読んでもらいました。メッセージは、相手を「非難」する、「自己正当化」を行う、あるいは「沈黙」を貫くというものです。「非難」は相手側の行動が「極めて危険かつ異例なものであり、重大な事故を引き起こす可能性がある」とするメッセージです。「自己正当化」では「自国の行動は通常の監視活動の一環であり正当なものである」というメッセージが発せられます。「沈黙」は単純に「ノーコメントである」となります。

さらに、広報外交は双方向の行動によって特徴づけられることを踏まえ、「自己正当化vs非難」のように、A国とB国のメッセージの組み合わせで六つのグループを構成しました。**表5-1**に全ての組み合わせを示しています。参加者には、六つのうち、ランダムに表示されるいずれかのグループのメッセージを読んでもらいました。

実験参加者は、用意されたメッセージ・グループのうち一つにランダムに触れた後、各国に対する支持の程度を「4＝支持する」「3＝少し支持する」「2＝少し反対する」「1＝反対する」といった選択肢で報告します。高得点が支持の高さを示す指標となります。また、最後に年齢・性別・所得・学歴・政治思想などの個人属性に関する質問に回答してもらいました。

本シナリオでは実際の国名（日本と中国）を出すことを控えました。そのため、参加者の回答は主に特定の国に限定されない外国への態度をとらえるものとして解釈できます。もしも、国名や軍事力、経済規模など紛争当事者に関する他の情報が与えられた場合には、参加者は異なった反応をするものと考えられます。そこで本研究では、匿名のシナリオを用いることで、特定の国をイメージすることで生じてしまう効果を最小化し、メッセージの効果だけを取り出すことをめざしました。それでも、一部の回答者が本シナリオの元となった日本と中国の間の事件を想起し、それによって実験結果が歪んでしまった可能性は否定できません。この問題については、本節の最後に検討します。

この実験では、計画したとおり、参加者たちに対してランダムにメッセージを提示できたようです。実験後のデータを分析してみると、各グループにおける参加者の年齢、性別、居住地、学歴、所得レベル、思想などにはグループ間で顕著な違いは見られませんでした。

A　攻撃国に対する人々の支持

実験から得られた最も顕著な結果は、相手を非難するメッセージが他国の人々からの支持を高める効果でした。今回の実験では、外交的なネガティブ・キャンペーンへの反発はほとんど見られず、相手方が同様の非難メッセージを発してこないかぎり、非難のメッセージはむしろ非難を行う側への支持を大幅に向上させることが示されました。以下で詳しく解説しましょう。[*1]

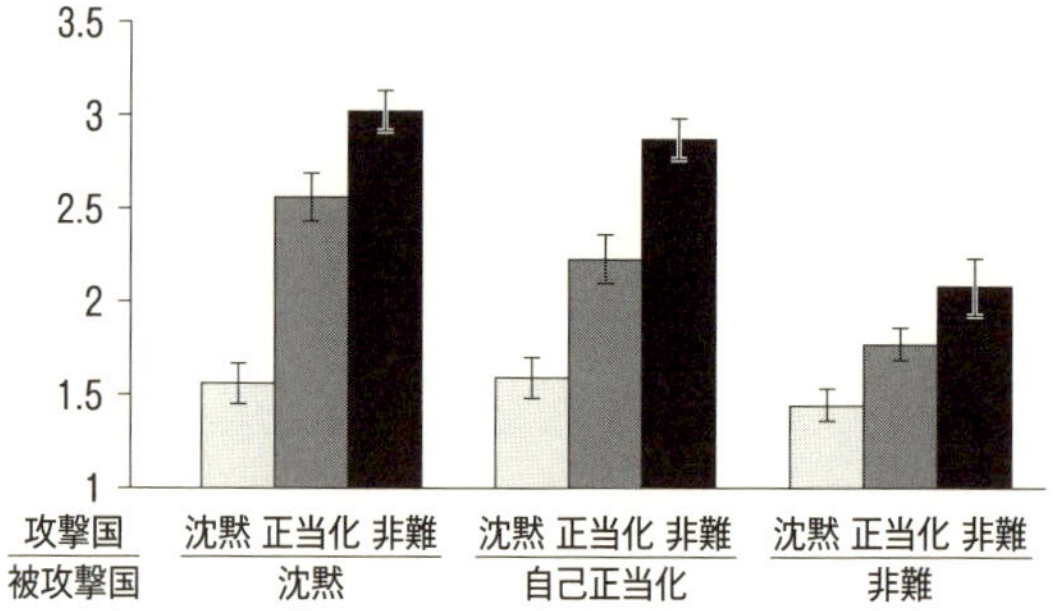

図5-1　攻撃国に対する人々の支持
（注：ひげは95％信頼区間を示す）

便宜上、ここからはA国とB国ではなく「攻撃国」「被攻撃国」という表記を用いて結果を提示します。この表記はあくまで説明を簡単にするために用いただけで、「攻撃国」が非難以外の戦略を採用する場合にも使います。

図5-1は実験の分析結果として、攻撃国が三つのメッセージによりどのくらい支持を獲得できるかを、被攻撃国の戦略を各ブロックで固定しつつ表しています。棒グラフは支持レベルの平均値を示しており、ひげは九五％信頼区間を表しています。たとえば、左側のブロックは、被攻撃国が沈黙を貫いた場合に、攻撃国が沈黙、自己正当化、非難を用いたときの、攻撃国への平均支持レベルをそれぞれ示しています。

図5-1の結果は、ある国が紛争相手を責めることで他国の人々の支持を得ることができること、外交上の口論において沈黙は金ではないことを実証しています。攻撃国が最も高い支持を得ることができるのは相手を非難したとき（各ブロックの右端）で、これは相手がどういった戦略をとるかにかかわらず一貫しています。反対に、沈黙（各ブロック左端）は支持を上げる効果が最も弱いこともわかりました。

たとえば被攻撃国が沈黙を貫く場合（左ブロック）、攻撃国も沈黙を貫いた場合の支持度の平均値は四点満点の一・五六であり、人々の評価が明らかに否定的なことを示唆しています。一方で自己正当化の場合、平均支持度は二・五七まで上昇します（すなわち支持レベルが一点上昇）。沈黙を貫く被攻撃国を攻撃国が非難する場合、平均支持度はさらに高い三・〇五となり、「少し支持する」という選択肢に相当しています。三つの戦略間の違いは五％水準で統計的に有意となります。

別の見方でいうと、攻撃国と被攻撃国の双方が沈黙を貫いた場合、回答者のうちたった一二％しか攻撃国を支持（「少し支持する」を含む）しません。ところが攻撃国が自己正当化に転じた場合は回答者の六二％から支持を得ることができ、非難した場合は七六％から支持を得ることができます。つまり、沈黙を貫く相手国を責めることは、自国への支持を上昇させるために非常に効果的なのです。

被攻撃国が自己正当化を行う状況でも（中央ブロック）、同様の現象が生じます。この場合、攻撃国が戦略を沈黙から自己正当化に切り替えることで平均支持度は一・六〇から二・一一まで上昇します。同様に、攻撃国が非難戦略を採用すると平均支持度はさらに二・八九まで上昇し、自己正当化戦略を用いた場合よりも顕著に高くなります。これは、非難によって人々の支持が最大二七％上昇することと等しくなります。

しかし、両者が非難しあう状況では（右ブロック）、その効用は大幅に低下してしまいます。被攻撃国が非難戦略をとる場合、攻撃国が沈黙、自己正当化、非難によって得る平均支持度はそれぞれ一・四七、一・八〇、二・一〇です。先述の場合と比べて全体的に支持が低く推移しています。加えて、非難の有効性も減少しています。非難は最も高い支持を約束するものであり、その違いが統計的に有意であることは変わらないものの、効果の大きさは相手が沈黙や自己正当化を行う場合と比べると小さいものです。実際のところ、二・一〇という平均支持レベルは、回答者が支持しない側へ傾いていることを示しています。つまり、非難の応酬は、自国へのポジティブな印象を促進するうえでそれほど効果的ではありません。

＊1　以下の分析には全ての参加者を含めました。ただし、インターネット上での実験には「不注意」な回答者が含まれる可能性があるので、そうした回答者を二つの基準（回答時間および注意深さを確認する問題）で類推し、それらを除いた分析を実施して信頼性を確認しました。詳しくは文献（3）で報告しています。「不注意」な回答者の問題については、文献（14）（15）を参照。なお、「わからない」という回答は欠損値として扱いました。

より詳しく分析すると、非難に対して非難で応じることは「諸刃の剣」のようなものだ、ということがわかりました。被攻撃国の沈黙や自己正当化に対して非難を用いると、攻撃国に対する人々の支持は単調に増加します。より多くの回答者の評価が好意的になり、攻撃国を否定的に見る参加者の数も減るということです。対照的に、被攻撃国の非難に対して非難を用いた場合、攻撃国を支持する人々の割合は確かに増えているのですが、否定的な感想を抱く人々の割合も同時に増えていました。具体的には、自己正当化と非難を比べると、非難により支持が一五％近く増えるものの、不支持も一四％増加してしまいます。その結果、非難に対して非難を用いることの効果はそれほど大きなものとはならないのです。

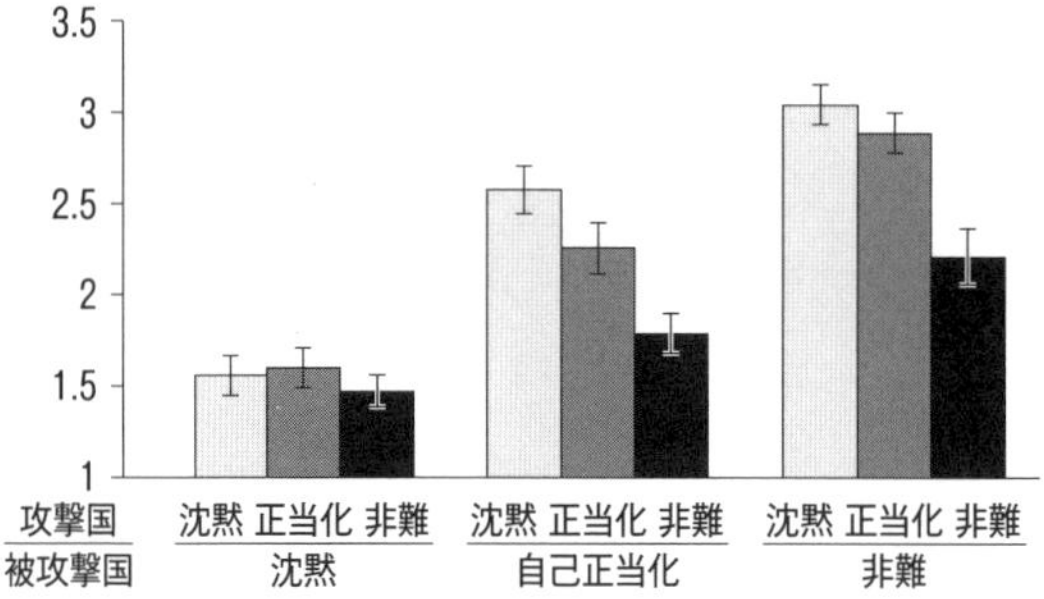

図5-2　被攻撃国に対する人々の支持
（ひげは95％信頼区間を示す）

B　被攻撃国に対する支持への効果

次に、非難された側への支持を検討していきます。実験からは、被攻撃国が沈黙を貫いている場合を除き、非難は被攻撃国の支持度を大幅に傷つけることもわかりました。**図5-2**に、被攻撃国に対する攻撃国のメッセージの効果を図5-1と同様の方法で示しました。

被攻撃国に対する支持は、非難されることによって大幅に減少します。被攻撃国が非難戦略を採用した場合（右ブロック）、攻撃国の戦略が沈黙から自己正当化、非難へと移るごとに平均支持レベルは三・〇五から二・八九、さらに二・二一と低下します。つまり平均的にいえば、攻撃国が非難した場合、参加者は被攻撃国に「少し反対」し、攻撃国が黙っているときには「少し支持」するということです。これら三種類のメッセージによる効果の違いは統計的に有意です。メッセージの違いによる支持低下は相当大きく、被攻撃国に対する支持は非難により三八％も減少することになります。被攻撃国が自己正当化を行った場合（中央ブロック）でも同様に、攻撃国が自己正当化から非難へと切り替えた際に平均支持レベルは二・一一から一・八〇へと有意に減少します。

けれども興味深いことに、被攻撃国が沈黙を貫いている場合（左ブロック）、非難によって支持度が顕著に下がることはありません。攻撃国が沈黙、自己正当化、あるいは非難した場合の平均支持レベルはそれぞれ一・六〇、一・六〇、および一・四七で、統計的に有意な違いではありません。

C　非難合戦の帰結とその仕組み

以上の結果によれば、一方的なネガティブ・キャンペーンは人々の支持を獲得し、相手への支持を下げるのに効果的です。ただし、沈黙を貫く相手を責めることには、相手への支持を下げる効果はほとんどありません。また、相手を攻撃することによって得られる支持は、攻撃されることによる支持の低下に相殺されてしまうため、非難の応酬は、どちらか一方が支持を獲得する結果にはつながりません。

ここから外交的な口論が激化する仕組みが見えてきます。すでに述べたとおり非難合戦によって得られる支持は大きくないのですから、口論が世論の支持を獲得する最善の方法であるとはいえません。それに、前項の最後で確認したとおり、沈黙を貫いた場合には相手から非難されても自国の支持が低下することはありません。にもかかわらず、紛争当事者が沈黙を守るよりも口論に参加するのはなぜなのでしょうか。

残念ながら、紛争当事者は（一回きりの）「囚人のジレンマ」ゲームと同様の状況に陥ってしまうことで、口論から身を引きたくともできないのです。囚人のジレンマは、二人のプレーヤーの協力と裏切りを描いたゲームで、一方的な裏切りによりプレーヤーが最も大きな利益を得られるような構造をもっています。それゆえプレーヤーは互いに協力したほうが互いに裏切るよりもよい状態を実現できると知っていながら、相手を裏切ることを選びます。一方的な裏切りから得られる利益はあまりに大きく、逆に一方的に裏切られることで失うものも大きいからです（詳しくは第3章を参照してください）。

今回の実験では、外交的な口論にも同じような構造が発見されました。もっとも、広報外交の場合には両者が沈黙を貫く場合と、互いに非難し合う場合を比べて、必ずしも前者の便益が大きいとはいいきれません。ここまでの実験で明らかになったのは、いずれの場合においても、相手国よりも相対的に高い支持を集めるのは難しいということです。外交的な口論が囚人のジレンマによく似ているのは、攻撃国が沈黙している相手を非難することで、最も高い支持度を得られるという点です。紛争状態にある政府は両者とも、自分が沈黙を貫けば相手に付け込まれることを知っています。それゆえ、互いを責めないように合意することは非常に難しいのです。非難の応酬が最終的には必ずしも便益をもたらさないと知っていても、相手を責めるように強いられてしまうのです。

D　沈黙、自己正当化、非難がもたらす印象

さらに細かく検討してみると、それぞれのメッセージは人々の正当性や秘密性の感覚などに違いをもたらすことがわかりました。正当性は「○国は自衛のために正当に行動していると感じる」、秘密性の感覚は「○国は何か隠しているように感じる」という文章に対して、「4＝そう思う」「3＝どちらかというとそう思う」「2＝どちらかというとそう思わない」「1＝そう思わない」の四段階で尋ねました。興味深いことに、一方的な非難は、攻撃国が自己防衛のために正当に行動しているという印象を生み出します。一方が非難し、他方が自己正当化

をした場合、人々が攻撃国に感じる正当性は被攻撃国を四点スケールで平均〇・六六上回ります。被攻撃国が沈黙したときには、その差はさらに一・〇一へ広がりました。

逆に、相手が自己正当化や非難を行っているにもかかわらず沈黙を貫くことは、沈黙しているほうが「何か隠しているのではないか」という悪い印象を与えます。沈黙している側が隠し事をしているという印象は、相手国が自己正当化している場合には四点スケールで〇・五、非難している場合には〇・九八ほど、沈黙した側が高くなりました。

その一方で、自己正当化に対する人々の認知はより多様で、相手の戦略に大きく依存しています。相手が沈黙を貫く場合、自己正当化の当事者は相手よりも正当な行動をとっているものと見なされます（差は〇・四七）。しかし、相手が非難を行うと、自己正当化を行っている側はより不誠実であると見なされます（差は〇・五六）。このように、自己正当化に対する人々の解釈は競合しているメッセージの性質によって左右されているのに対し、沈黙は一貫して隠蔽を示唆するものと捉えられ、非難は主に正当性を有するという印象を与えていました。

E　メッセージの同一性と態度形成

回答者の態度形成において攻撃国と被攻撃国のメッセージの違いが鍵となっていることもわかりました。何が態度の形成を促すかを調べるため、A国またはB国をどの程度支持するかという問いに「わからない」と答えた参加者の割合を二つの集団で比較してみました。一つは、同一のメッセージを両側から受けた参加グループ3と6（「自己正当化vs自己正当化」と「非難vs非難」）です。もう一つは、両者から異なるメッセージを受けとった参加グループ2、4、5です。

前者の集団で「わからない」と答えた参加者の割合は四〇%、後者の集団では一八%と大きな違いがありました。両側から同じメッセージを受けとることで、人々の態度形成が妨げられることがわかります。驚くべきことに、両側から同一のメッセージを受けとった人々は、何の情報も伝えないように見える「沈黙 vs 沈黙」(「わからない」の割合は三二%)よりも、態度を決めかねていたのです。

今回の実験における「わからない」という回答は、主に両国への態度の不安定性やあいまいさによって発生していると考えられます。(16・17) つまり、紛争当事者の両側から相互非難のメッセージを受けとり続けることは、人々が支持的な態度を形成する妨げとなり、しまいには広報外交の有効性そのものを傷つけかねないということです。

F 政治的な知識の影響

最後に、一部の参加者が実験シナリオの元の文脈を認識できていた可能性についても検討を行いました。つまり、匿名のA国とB国の事件だと説明したにもかかわらず、日中間における航空機のニアミス事件を想定して回答した人がいたかもしれないという問題です。

実際、参加者の半数が実験後の確認項目において、匿名シナリオは実は中国と日本との間に発生した事件であったことを正しく回答できていました。そのため、彼ら・彼女らが他の参加者よりもこの事件について知識を有しており、その結果、外交メッセージへの感度が高いという懸念があります。もう一つの問題として、A国とB国の間の事件を第三国同士の争いと見るのではなく、どちらかが自国(日本)と仮定したうえで回答してしまっている可能性も考えられます。

しかし回答を分析してみると、文脈を特定できた者とできなかった者の差は小さなものでした。ただ、いずれのグループの参加者もほぼ同一の回答傾向を示していたものの、文脈を認識できなかった者には二つの特徴がありました。一つはメッセージによる影響が全体的に控えめであったこと、もう一つは、一方が非難している状況で、他方が非難しても自己正当化しても効果に大きな違いがなかったことです。その理由としては、政治的な知識が欠落している場合、自己正当化と非難といったメッセージの背後にある含意の違いを認識しにくいためという可能性が考えられます。「自国は正しい行動をした」と「相手が間違った行動をとった」という表現は、似た意味合いではあるのですが、ニュアンスが少し違います。「自国は正しい行動をした」という場合、何らかの行き違いや事故によって問題が生じた可能性もあるため、必ずしも相手に責任があるとは限りません。それに対し「相手が間違っている」という場合には他に解釈の余地はありません。つまり自己正当化のメッセージは、非難よりも解釈に幅のある弱い表現であると考えられます。実際、自己正当化の与える印象が非難の与える印象に比べて揺らぎの大きなものであることはすでに述べました。しかし、政治的な知識のない人にはこうしたニュアンスの違いがわかりづらいため、自己正当化と非難の効果にあまり差が出なかったのかもしれません。

4　実験2——米韓における日中の広報外交の効果

次に、筆者たちは、二〇一五年の六月一七日から二五日にかけて米国と韓国で追加の実験を行いました。実験2では、実験1と同じシナリオとメッセージを用いたものの、匿名のA国とB国ではなく日本と中国という実際の国名を登場させました。実験1では、参加者が日中の航空機ニアミス事件を想起したかどうかで実験結果に違いはないことを確認したものの、具体的な国名の想起が回答を歪めている可能性を完全に排除することはできていません。そこで実験2では、実際の国名を挙げることで、参加者にイメージしてもらう対象を揃えました。

今回は、日中両国がそれぞれ沈黙・自己正当化・非難のいずれかのメッセージを発する場合を組み合わせて三×三、すなわち九つのグループをつくります。匿名の国の場合には、メッセージのペアが同じであればA国とB国を入れ替えても意味は同じですが、実際の国名を用いる場合には、日本が非難、中国が自己正当化のメッセージを出すことと、日本が自己正当化、中国が非難のメッセージを出すこととは実験参加者にとっておそらく違う意味をもつからです。そこで、米国・韓国で行った実験では、それぞれ約二千名の参加者を九つのグループにランダムに割り当てました。

A　非難すること、されることの効果

実験2におけるメッセージの効果を最小二乗法(OLS)によって分析した結果を**図5-3**に報告しています。[*2] 上段のパネルは韓国での実験結果、下段は米国での実験結果です。さらに左側の二つは中国への支持、右側は日本への支持に対する効果をそれぞれ表しています。なお、正の値は両国が「沈黙 vs 沈黙」というメッセージを発した場合と比べ、中国(または日本)に対する支持度がどの程度増加したかを示しています。

第一に、非難は攻撃国に対する支持を大幅に上昇させます。とくに沈黙を貫く相手に対してこれを実行した場合の上昇量が大きくなります。中国への支持を表した左側の二つのパネルで、いずれも左から二番目の結果に注目してください。これらは、沈黙している日本に対して中国が非難を行うことで得られる支持度を示しています。この図は「沈黙 vs 沈黙」との比較結果を表していますから、日本の戦略は沈黙で一貫しています。したがって、この結果は単純に中国の戦略による効果を示していると解釈できます。これによると、沈黙している日本を非難することで中国への支持度が顕著に上がっています。同様に、右側の二つのパネルでは、沈黙して

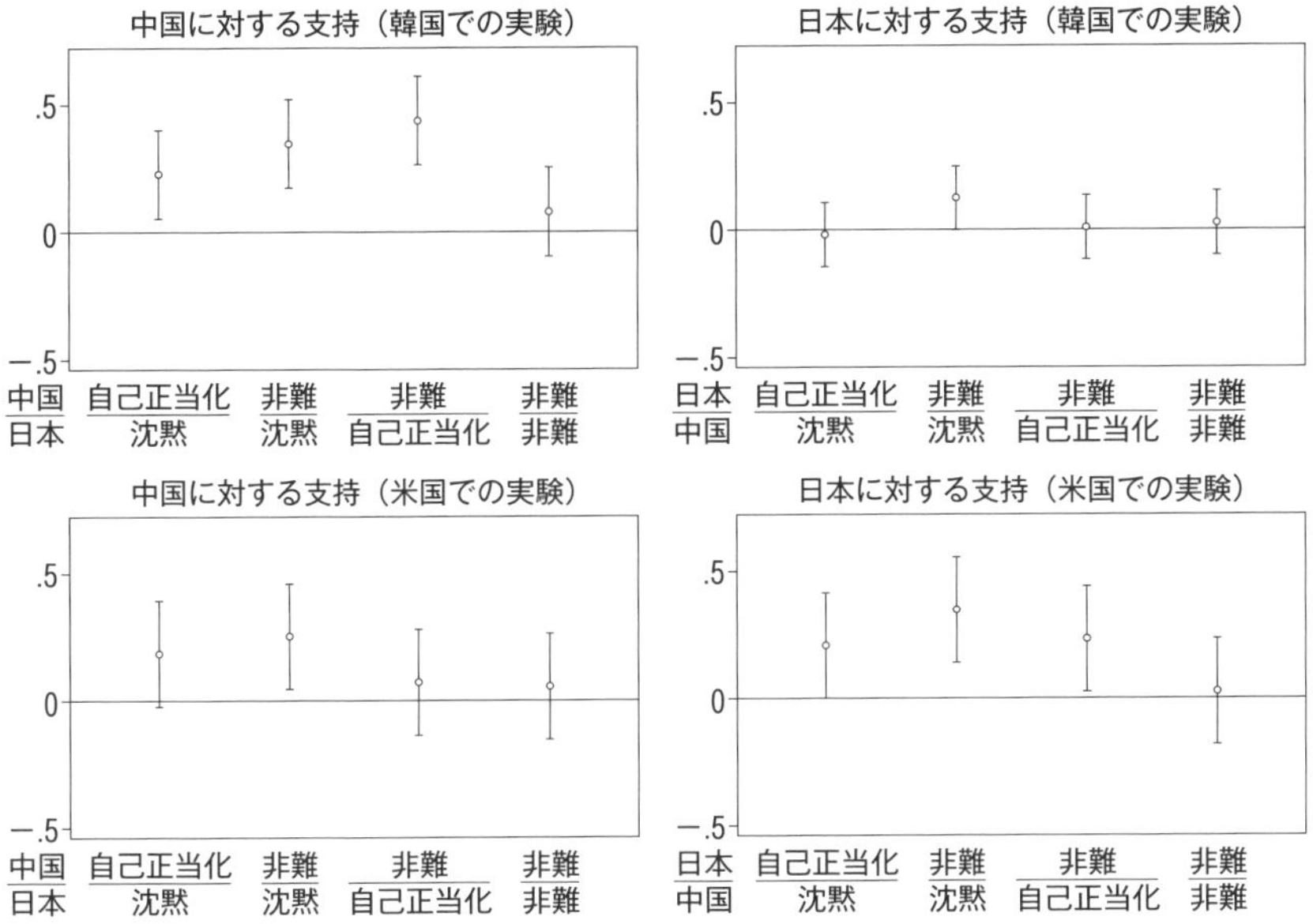

図5-3　米国（US）および韓国（ROK）における主なメッセージの効果
（○は平均処置効果，ひげは95％信頼区間を示す）

いる中国に対する日本の非難（各パネルの左から二番目）が、日本への支持を上昇させることが確認できます。これらの結果は実験1と2で一貫しています。

もう一つの重要な結果は、非難が攻撃された側の支持度を傷つけるという点で、これも実験1の結果と一致しています。図5-3左上の韓国における結果を細かく見ると、中国への支持度は日本が非難した場合（パネル右端）に顕著に低くなっています。日本が沈黙から非難へと切り替えた場合（左から二番目と右端の比較）に見られる支持度の低下は統計的にも有意であり、日本が自己正当化から非難へと切り替えた場合の低下もやはり有意でした。

同様のパターンは右下の米国における結果にも見られており、中国が沈黙を貫く場合よりも

＊2　紙面の関係から「自己正当化vs自己正当化」の結果などは報告しませんでした。全体の分析結果や順序ロジット分析の結果は文献（3）およびその補足資料を参照してください。

日本を非難した場合のほうが日本に対する支持度は顕著に低下し、自己正当化を行った場合も同じでした。ただし米国における中国に対する態度(左下パネル)については、日本が沈黙から非難へと切り替えた場合の結果はおおむね同じ傾向ですが、五%水準で有意ではありませんでした。

これらの結果を合わせて考えると、一方的な非難には自分への支持を上げる効果と、相手への支持を下げる効果があります。この傾向は、相手が沈黙を貫いている場合に、とりわけ顕著です。これは裏を返せば、相手に非難されることによって自分の支持は下がるということです。よって双方が非難を行うと、非難によって上昇する支持と、非難されることで失う支持が打ち消し合い、どちら側も印象を改善することはできないということになります。

B　自己正当化と文脈の関係

以上のように、実験2では実験1の主な結果が再現されています。しかし、実験2はより複雑な結果を示しています。とくに三つのメッセージのなかでも、自己正当化の効果は文脈に依存していることがわかりました。実験1では、自己正当化の与える印象が、相手による沈黙と組み合わされた場合にはポジティブ、非難と組み合わされたときにはネガティブに変化したことを思い出してください。実験2においては、自己正当化の効果はそうした相手の戦略だけでなく、誰が発信し誰が受けとるかによっても異なるということが見えてきました。

上下二つのパネルをそれぞれ見比べてみてください。自己正当化において重要な違いを見出すことができます。左側の各パネルの左端に図示されているのは、中国が自己正当化したときの効果ですが、中国の自己正当化は韓国(左上パネル)においてのみ効果があり、米国(左下パネル)では効果があるとはいえません。同様に右側のパネルを見ると、日本の自己正当化は米国（右下パネル）においてのみ効果があり、韓国（右上パネル）では効果がありません。

また、各パネルの左から三番目を見ると、自己正当化が非難に対する防衛として働くかどうかがわかります。左側のパネルの場合、韓国において中国が非難によって獲得する支持は大きく、日本の自己正当化にそれを防ぐ力はありません。それに対し、米国では日本による自己正当化が中国による非難を無効化しています。右側のパネルでは逆に、中国による自己正当化は韓国において日本の非難を無効化し、米国ではそうした効果をもちません。

こうした対照的な結果は、メッセージの発信者と受信者の政治的・文化的なつながり、あるいは価値観の近傍性によって説明されるものと考えられます。米国民は民主的な同盟国である日本に強い親近感をもつ一方で、韓国の人々は中国との長い文化的なつながりや、歴史・領土問題における日本に対する敵対心のために、中国のほうに親近感をもっていると考えられます。実際、「沈黙vs沈黙」の場合で比較すると、韓国では中国への支持がより高く（中国に対しては四段階の二であるのに対し、日本に対しては四段階の一）、米国ではその逆となっています（中国に対しては四段階の二であるのに対して、日本に対しては四段階の三）。つまり、政治体制や価値観が近い国家（米国民にとっては日本、韓国民にとっては中国）による自己正当化は、非難と同様に説得力をもつものである可能性を示唆しています。

最後に、図5-3右上のパネルに見られるように、韓国の人たちがもつ日本へのネガティブな態度は、実験で外部から刺激が与えられた場合にも極めて頑固であったという残念な結果も付け加えておかねばなりません。このパネルによれば、いずれの刺激も韓国の人々の日本に対する支持を上げる効果をもちませんでした。韓国の人々は日本政府に対してもともと強い負の感情をもっているために、日本政府による広報外交を受容しにくく、態度が変更されにくいと考えられます。

5 結語

この章の調査実験は、広報外交におけるネガティブ・キャンペーンは効果的であるという、ある意味では残念な結果を示しています。ある国が他国を非難するメッセージは、非難している側への第三国の人々からの支持を上げ、非難されたほうの好ましさを低下させることがわかりました。こうした非難の説得力は、沈黙や自己正当化の効果を上回るものでした。そして、人々は広報外交におけるネガティブ・キャンペーンにはあまり反発を抱かないことも明らかになりました。国々の間のコミュニケーションでは、非難が強い説得力をもっているということです。

ただし、広報外交の効果が競合するメッセージに大きく依存していることもわかりました。たとえば、他国から非難されてしまうと支持率は下がってしまいますが、その国を非難し返すことにより、失った支持率を回復させることができます。ですから、非難は沈黙している相手に対しては非常に有効な戦略ですが、非難をしてくる相手に対しては同程度に有効とはいえないのです。これらの結果は、広報外交を考えるときには、競合するメッセージ間の相互作用に注意を払う必要性を訴えています。

また、沈黙や非難のメッセージと比べ、ポジティブなメッセージの効果は文脈に依存していることもわかりました。人々がポジティブな外交メッセージをどのように受け止めるかは、競合するメッセージに左右されます。競合相手が沈黙している場合には自己正当化は好意的に受け止められますが、相手が非難をしてくる場合には自己正当化はかえって悪い印象を与えてしまいます。この背景には、それぞれのメッセージがもたらす正当性についての印象があるようです。沈黙している相手に対して自国の正当性を訴えることは有効ですが、非難は自己正当化以上にその国が正当であるという印象を与えるため、非難と対峙すると自己正当化は効力を失ってしまいます。さらに、ポジティブなメッセージを効果的に使えるのは、もともと人々から好意的な目で見られている国に限られるようです。人々から支持されていない国の自己正当化には、あまり説得力がないということです。

これらの結果を総合的に考えると、国々がネガティブ・キャンペーンや非難合戦から身を引くのは難しいように思われます。すでに述べたように、非難で得た支持は非難されることで打ち消されるわけですから、非難合戦で一方的に得をする国はありません。にもかかわらず、国々は（一回きりの）「囚人のジレンマ」のような状況に置かれているために、醜い非難合戦から撤退することができないのです。国々にとって、沈黙する相手を裏切ることの誘惑があまりに大きすぎるからです。

もちろん、今回の実験研究が実際の広報外交を完全に再現できているわけではありません。人々は必ずしも外交声明をそのまま読むわけではなく、メディアを通じて接触することが多いので、メディアが外交声明をどのように扱うかは重要です。また、航空機のニアミス事件はそれほど特殊な出来事ではありませんが、見えない危機には他の種類の事件も含まれますし、また見えない危機とは異なる種類の国際危機もたくさんあります。そうした状況でも本章と同じ結果が得られるかどうかはわかりません。もしかするとネガティブ・キャンペーンが効果的でないような環境もあるかもしれません。どのようにしてネガティブ・キャンペーンの負の連鎖を止められるのか、今後の研究の発展に期待したいところです。

【引用文献】

（1）Kagotani, K., Kimura, K., & Weber, J. R. (2014) Democracy and diversionary incentives in Japan–South Korea disputes. *International Relations of the Asia-Pacific*, **14** (**1**), 33–58.

（2）Ansolabehere, S., & Iyengar, S. (1995) *Going negative: How political ads shrink and polarize the electorate*. New York: Free Press.

（3） Kohama, S., Inamasu K., & Tago, A.（2017）To denounce, or not to denounce: Survey experiments on diplomatic quarrels. *Political Communication*, **34**（**2**）, 243-260.

（4） Goldsmith, B. E., & Horiuchi, Y.（2012）In search of soft power: Does foreign public opinion matter for us foreign policy? *World Politics*, 64（3）, 555-585.

（5） Sheafer, T., & Gabay, I.（2009）Mediated public diplomacy: A strategic contest over international agenda building and frame building. *Political Communication*, **26**（**4**）, 447-467.

（6） 防衛省統合幕僚監部（2018）「平成二九年度の緊急発進実施状況について」[http://www.mod.go.jp/js/Press/press2018/press_pdf/p20180413_05.pdf]

（7） 防衛省（2014）「大臣臨時会見概要　二〇一四年五月二五日」[http://www.mod.go.jp/j/press/kisha/2014/05/25.html]

（8） Ministry of Foreign Affairs of the People's Republic of China（2014）Foreign Ministry Spokesperson Qin Gang's Regular Press Conference on May 26, 2014. [https://www.fmprc.gov.cn/mfa_eng/xwfw_665399/s2510_665401/t1159746.shtml]

（9） Sheafer, T., Ben-Nun Bloom, P., Shenhav, S. R., & Segev, E.（2013）The conditional nature of value-based proximity between countries: Strategic implications for mediated public diplomacy. *American Behavioral Scientist*, **57**（**9**）, 1256-1276.

（10） Kohama, S., Tago, A., & Inamasu, K.（2017）Information sharing in early-stage international disputes: How China and Japan communicate. In M. Suzuki & A. Okada（Eds.）, *Games of conflict and cooperation in Asia*. New York: Springer.

（11） Soroka, S. N.（2014）*Negativity in democratic politics: Causes and consequences*. New York: Cambridge University Press.

（12） Jasperson, A. E., & Fan, D. P.（2002）An aggregate examination of the backlash effect in political advertising: The case of the 1996 U.S. Senate race in Minnesota. *Journal of Advertising*, **31**（**1**）, 1-12.

（13） 総務省（2014）「平成二六年度版情報通信白書」日経印刷

（14） Krosnick, J. A.（1991）Response strategies for coping with the cognitive demands of attitude measures in surveys. *Applied Cognitive Psychology*, **5**（**3**）, 213-236.

（15） Berinsky, A. J., Margolis, M. F., & Sances, M. W.（2014）Separating the shirkers from the workers? Making sure respondents pay attention on self-administered surveys. *American Journal of Political Science*, **58**（**3**）, 739-753.

（16） Gilljam, M., & Granberg, D.（1993）Should we take don't know for an answer? *Public Opinion Quarterly*, **57**（**3**）, 348-357.

（17） Krosnick, J. A., Holbrook, A. L., Berent, M. K., Carson, R. T., Hanemann, W. M., Kopp, R. J., & Conaway M.（2002）The impact of "no opinion" response options on data quality: Non-attitude reduction or an invitation to satisfice? *Public Opinion Quarterly*, **66**（**3**）, 371-403.

第6章 ノン・アポロジーの政治心理分析
――オバマの広島訪問、安倍の真珠湾訪問は何をもたらしたのか

【多湖　淳】

「謝罪ではない（ノン・アポロジー）」としながらも、二〇一六年五月にアメリカのオバマ大統領は広島を、同一二月に日本の安倍首相は真珠湾を相互訪問し、過去を乗り越える日米関係を演出しました。この訪問を日本人とアメリカ人はどのように理解し、解釈したのでしょうか。本章では、独自に行った複数回にわたるサーベイ調査と実験を通じて日米首脳の相互訪問の意義を評価してみようと思います。このなかで、日米間、広島と日本全国での温度差、首脳訪問を謝罪の一種と解釈する感情が増える条件などが浮かび上がってきました。

1　はじめに

A　集団にとっての国家間戦争をめぐる謝罪と和解

国家間戦争をめぐる和解は、関係各国の政府と社会にとってきわめて重い課題です。過去にはその課題の重

さから、和解は忘却によってなされる時代もありました[1]。しかし今では、過去を忘れることは必ずしも肯定的な扱いを受けません。むしろ忘却することなく、謝罪と赦《ゆる》しを通じて和解をいかに達成できるのかに規範的な論点が移行しているのです。

といっても、国家を代表する政治リーダーの謝罪には、一部の国民による抵抗もありえます。また、相手に対する赦しについても、国民の間の被害の程度などで温度差が生まれることが予想できます。その結果、集団謝罪と赦しを社会的なコンセンサスにしていく試みは、たびたび困難に直面してしまいます。

今から半世紀以上も前のことになりますが、日本と韓国がまだ国交正常化を果たしていない一九六四年九月のことです。韓国を訪れたアメリカのバーネット国務次官補代理が、日本の外務省に「韓国政府は吉田(茂・当時の首相)が訪韓する際に、過去の韓国統治に対する謝罪を明らかにすることを願っている」と伝えたことがあります。つまり、「謝罪使節」として吉田首相が訪韓する必要性を説いたものでした。しかし、それに応対した後宮虎郎アジア局長は、吉田訪韓と過去への謝罪は「到底できない相談であり、外部にこのことが漏れれば政府の命取りになると拒絶した」そうです[2]。このエピソードは国家間の謝罪の難しさを示すもので、特にそこで謝罪を行うリーダーの政治生命(「政府の命取り」)が問題視されることを示唆しています。

B　日米の謝罪と和解

現時点では良好な同盟関係にある日米の間であっても、戦争をめぐる和解は決して簡単ではなかったといえます。アメリカでは、原爆や東京大空襲をはじめとする全国主要都市への爆撃は、正当な行為としてとらえられてきました。むしろ、広島や長崎の原爆投下は日本人を含めて戦争がさらに長引いた場合の死者数(＝被害)を減らしたという説明がなされ、正当化されてきました。

これに対して日本では、第二次世界大戦の記憶は、(終戦後間もなくはともかく)高度成長を迎えて一九七〇年代にもなれば一般的に薄れました。しかも、加害の記憶よりも被害への着眼に偏るようにさえなっているかもしれません。たとえば、最近の八月六日の広島や八月九日の長崎の原爆の日の慰霊式典、八月一五日の全国戦没者慰霊式典といった行事の様子を見るに、必ずしも加害に対する反省ではなく、「戦争をしないという決意」として、悪くいえば「あいまい化」されていると解釈できるようにも思えます。

このような状況で、二〇一六年に起こったオバマ大統領による広島訪問、安倍首相による真珠湾訪問という二つの出来事は、紛争後の和解をめぐる研究のひとつの素材としてとらえられます。両者ともに、謝罪という言葉は用いず、むしろ謝罪ではないと否定をしたうえで、相互に自らの戦争加害を否応なく想起させるモニュメンタルな場所を訪問しました。両者ともに演説を通じて両国の戦争後の和解のあり方を論じ、いわば「ノン・アポロジー・アポロジー(すなわち、謝罪ではないとして明示的にはお詫びの言葉を発することなく、しかし記念碑への訪問といった行動、仕草によってお詫びの気持ちを表し、和解を醸成するような行為)」として日本とアメリカの姿を国際社会に示した出来事でした。両訪問は、当時広くマスコミをにぎわせ大きく注目されたこともあり、戦争和解をめぐるリーダーの行動が一般市民の心理や和解観念に与える影響を検討するための、格好のデータになるものと考えられます。

C　本章のねらい

このような問題意識を踏まえて、本章では両訪問の事前および事後に行った独自のサーベイ調査のデータを用いながら、次の四つの課題に取り組みます。

第一に、オバマ大統領の広島訪問をめぐり、広島の一般市民と全国の一般市民それぞれを対象に調査を行いました。当該訪問をめぐる評価に、広島と全国で温度差が存在したかどうかを確認します。そもそも、オバマ大統領の広島訪問がある種のアポロジーとして、お詫びの気持ちを伝達する行為ととらえられていたのか否かも検討する必要があります。事前と事後に同様の規模でデータをとったことから、その差分をとることで「実際のイベント」が生み出した効果を評価することができます。

第二に、安倍首相の真珠湾訪問をオバマ大統領の広島訪問とリンケージさせる認識は一般市民の間でどれくらいあったのでしょうか。広島と真珠湾が「リンク」するほど、日本の被害と加害が日本人の心理において関連し、作用していることを示唆します。もしくは、相手側が加害の場に来て自分たちも加害の場におもむくことは礼儀であるといった認識なのかもしれないのですが、こうした相互主義の心理がどこまで働いていたのでしょうか。

第三に、安倍首相の真珠湾訪問を機に、日本とアメリカにおいて事後にサーベイ調査を行いました。そのデータを用いて、日米にどのような温度差があったのかを論じます。オバマ大統領の広島訪問と安倍首相の真珠湾訪問について、それを事実上の謝罪と感じたかどうかについて、日米の違いをいわば「見える化」します。

第四に、個人レベルにおける謝罪研究の拡張として、謝罪者にかかるコストの情報が訪問に対する評価・支持を変化させるかどうかを検討します。謝罪をめぐる心理学研究では、謝罪する側に相応のコストがかかっているとの認知が、被害者側が謝罪を受け入れ、赦しを与える態度を引き起こす重要な因子となっていました（本書第2章）。これを踏まえると、個人間だけでなく集団間での謝罪においてもコストの情報を導入することが事実上の謝罪たる広島訪問・真珠湾訪問に対する評価を高める可能性があります。結果として、日本では若干ながら影響が出ていることを示します。

2　二〇一六年の二つの訪問

データ分析の前に、二〇一六年の二つの訪問がどのようなものであったかを整理しておきましょう。二〇一六年五月二七日、主要七カ国（G７）サミットのタイミングにあわせてオバマ大統領が広島を訪問しました。これに対して、二〇一六年一二月二六～二八日に安倍首相がアメリカ・ハワイを訪れ、二七日にはオバマ大統領と並んで真珠湾で演説を行いました。

これらのイベントに関する情報は、日本政府によって、以下のような形でまとめられています。

●オバマ米国大統領の広島訪問(概要と評価)(https://www.mofa.go.jp/mofaj/na/na1/us/page4_002105.html)
●安倍総理大臣のハワイ訪問 (https://www.mofa.go.jp/mofaj/na/na1/us/page3_001940.html)

どちらも外務省のウェブサイトの情報です。オバマ大統領が広島の平和記念資料館を視察し、記帳台に記帳したことも示されています。その内容は、「私たちは戦争の苦しみを経験しました。共に、平和を広め核兵器のない世界を追求する勇気をもちましょう」というものでした。その後、平和記念公園で献花をしたほか、オバマ大統領はステートメントを読み上げ、被爆者代表である坪井直・森重昭の両氏に歩み寄り、象徴的な抱擁の写真が撮られました。

これに対して、安倍首相の場合は、さまざまな場所でのイベントが組まれていたことがわかります。米国国立太平洋記念墓地訪問、マキキ日本人墓地訪問、えひめ丸慰霊碑訪問、飯田房太中佐記念碑訪問、米国防総省捕虜・行方不明者調査局（DPAA）中央身元鑑定研究所訪問、日系人との夕食会、真珠湾ビジター・センター訪問、日米首脳会談、アリゾナ記念館訪問、日米両首脳によるステートメントの実施、と盛りだくさんであったといえます。クライマックスの日米両首相の演説はオバマの広島訪問と並べて取り上げられ、世界的に注目されるメディア・イベントになっていました。

A　サーベイ調査

筆者の研究チーム[*1]は、日本学術振興会の課題設定による先導的人文社会科学研究推進事業の経費を使い、これらの歴史的なイベントにタイミングをあわせ、三つのサーベイ調査を行いました。それらの概要をここでは説明しておきましょう。

サーベイ調査1「オバマ大統領広島訪問プレイベント調査」は、広島県の住民一〇〇〇人と他の地域の住民一〇〇〇人、合計二〇〇〇人を対象に、オンラインで、二〇一六年五月二〇～二四日に実施されました。

サーベイ調査2「オバマ大統領広島訪問ポストイベント調査」は、広島県の住民一〇〇〇人と他の地域の住民一〇〇〇人、合計二〇〇〇人を対象に、オンラインで、二〇一六年六月二～六日に実施されました。

サーベイ調査3「安倍首相真珠湾訪問ポストイベント調査」は、日本とアメリカでそれぞれ約一五〇〇人、合計三〇〇〇人を対象に、オンラインで、二〇一七年一月六～一三日に実施されました。質問を行うなかで、回答者に与える情報を一部操作しましたので、そのセクションは実験的処置になります。

すべてのサーベイ調査は、神戸大学大学院法学研究科の研究倫理審査委員会の審査を経て認められたものであり、それを株式会社日経リサーチへ委託しました。

B　本研究の特徴

本研究はオンラインでの調査のため、いわゆる選挙人名簿などから無作為に抽出した代表性のある標本調査とは違ってきます（インターネットが使え、かつ調査会社に事前に登録している人が対象になるので、それが調査対象者に歪みをもたらすことは容易に想像できます）。しかし、実験のセクションでは、調査対象者をランダム・アサインメントしているので、統制群と刺激群の違いについては一定の有効な判断ができると考えられます。また、調査そのものもまったく意味がないわけではなく、日本全国と広島県民の比較、日本人とアメリカ人の比較は、オンライン調査の参加者間での比較という断りはつねにつくものの、その制約を踏まえたうえで可能だと考えられます（以下、その断りをつねに理解していただいたうえで、あえて本章では、一般的に広島の住民、日本人、アメリカ人という表現を使いますが、オンライン調査によるサンプルの偏りが含まれた集団を対象にしています）。

サーベイ調査1と2は日本でのみの実施ですが、広島と全国との比較と、訪問の前後の比較が可能になっています。サーベイ調査3は訪問後だけの調査にはなりますが、日本とアメリカの比較が可能になっています。

C　問われるべき問い

これらの調査によって、たとえば以下のような問いに一定の解答が与えられるのではないかと思われます。

＊1　調査当時は神戸大学、二〇一九年現在は早稲田大学の筆者と北海道大学の小濵祥子、関西学院大学の稲増一憲から成る。

（1）直接の被害を受けた土地である広島の住民と日本国民一般の間で、オバマ大統領の訪問に対する評価をめぐる温度差はあったのでしょうか？

（2）オバマ政権は広島訪問の前から繰り返し「謝罪はしない」と明言していました。しかし、他方で明示的な謝罪ではないものの、訪問が事実上の和解のメッセージであると認識されうるものでした（いわゆる「ノンアポロジー・アポロジー」という現象）。広島の住民そして日本人一般は、オバマ大統領の広島訪問をある種の謝罪ととらえていたのでしょうか？

（3）広島訪問のイベントを実際に見た後は、イベント前よりも、広島の住民と日本人一般のこれを好ましいとする評価が高まったのでしょうか？　もしくは期待外れに終わり、評価が変わることはなかったり、または逆に下がったりしたのでしょうか？

（4）オバマ大統領が広島を訪問したからには、一種の返礼として安倍首相も真珠湾を訪問すべきという議論がありえました。二つの訪問を連関《リンケージ》させる日本の世論はどの程度強かったのでしょうか？

（5）アメリカと日本では、二つの訪問がどのようにとらえられていたのでしょうか？　加害側と被害側という点でまったく逆になっているがゆえに、異なる反応があったかもしれませんし、または、戦後長らく日米は融和的な関係を密接に構築してきた結果、わだかまりなく両者は同じように訪問をとらえていたかもしれません。

（6）個人間での謝罪をめぐる研究では、コストのかかる謝罪だと相手に認識されるとその謝罪が受け入れられやすくなるという知見が得られています。これを踏まえ、実験として、集団リーダーとしてのオバマと安倍の両者が払う政治的なコストについての情報を加えた場合、謝罪はより受け入れられやすくなったのかどうかを検証してみましょう。

以上はさまざまな論点を虫食い的に、探索的に議論するものです。大きな政治イベントの前後のタイミングで実施した調査データをもとに、今後他の研究に少しでも参考になることがあればと考え、分析を行い、暫定的に示したものです。なお、以下で使用するデータはHarvard Dataverseから読者のみなさんも入手し、再分析をすることができます。

3　広島訪問をめぐる調査結果

A　評価をめぐる温度差

第一に、オバマ大統領の広島訪問をめぐる評価に、広島と全国で温度差が存在したかどうかを確認することからはじめましょう。

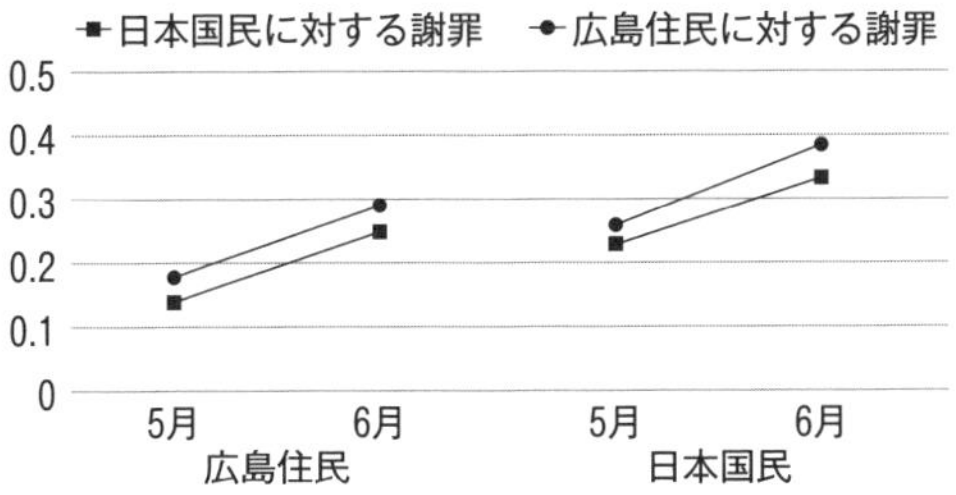

図6-1　オバマ大統領広島訪問に対する謝罪認知

図6-1は、Y軸に日本または広島への謝罪と感じたかどうかをとったものです。質問文は、「あなたは、オバマ大統領の広島訪問を日本国民に対するある種の『謝罪』だととらえますか、それともとらえませんか。あなたの考えにもっとも近いと思うものを1つ選んでください」と「あなたは、オバマ大統領の広島訪問を広島の住民に対するある種の『謝罪』だととらえますか、それともとらえませんか。あなたの考えにもっとも近いと思うものを1つ選んでください」というものでした。参加者は、「1．謝罪だととらえる」「2．どちらかというと謝罪だととらえる」「3．どちらかというと謝罪だととらえない」「4．謝罪だととらえない」とい

う選択肢から一つを選びました（ここでは、選択肢の1と2を謝罪として1に変換し、また、選択肢の3と4を非謝罪として0に変換して同意する人の割合を計算しています）。X軸は、サンプルが広島県に在住する人だけの調査（広島住民）を左側に、日本全国一般（日本国民）を対象にした調査を右側に示し、かつ、五月と六月は、訪問の事前と事後を示しています。スコアは賛同者の比率を表しています。

ここですぐにわかるのは、事前よりも事後において、謝罪であると認知する人の数が、広島だけでなく全国でも増えている点です。その効果量は一〇〜一二％ほどであり、統計的にも有意な違いを生んでいます。全国でも広島でも、イベントを見ることで謝罪と感じる人が増えたことは共通していそうです。

他方、全国と広島では、日本に対する謝罪という聞き方、広島に対する謝罪という聞き方にかかわらず、絶対量として日本全国を調査対象にした場合のほうが、広島だけにサンプルを限定した場合よりも高めのスコアが得られており、広島に住む人のほうが謝罪として認知することにはより慎重であったことがわかります（差の大きさは八〜九ポイント程度）。この点は、全国と広島との違いとして理解できます。

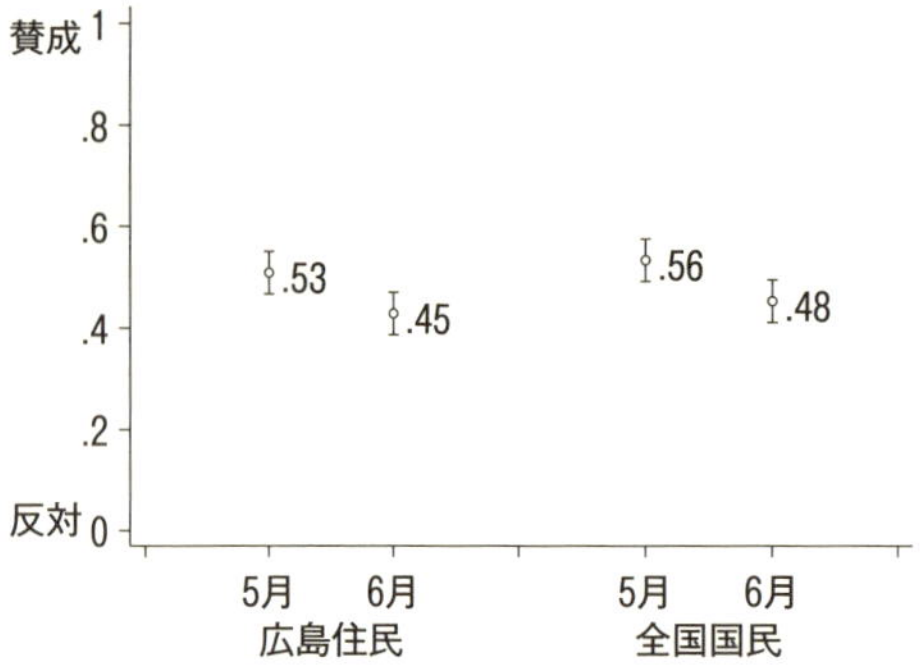

図6-2　原爆投下に対する謝罪が必要だと感じる認知（○は平均スコアを示し、上下に伸びる線は95％信頼区間を示す）

B　謝罪の必要性と全体の印象

このほか、謝罪の必要性を尋ねた場合には、イベント後に「謝罪が必要である」という人の割合が八ポイント減っていることも併せて報告しておきます（**図6-2**）。これは広島と全国で類似しているトレンドといえます。ここまでのデータ分析の結果を総合して考えると、わかってくることがあります。つまり、オバマ大統領の広島訪問が「期待外れに終わり、評価が変わることはなかった」ことはなく、アメリカの目論んだ広報外交（いわゆるパブリック・ディプロマシー）によるイメージ・アップは一定程度、成功したのだとわかります。

最後に、安倍首相が真珠湾を訪問すべきかどうかも、この調査では聞いていました。広島では事前に九〇%、事後に八五%、全国では事前に八五%、事後に八三%の回答者が訪問すべきであると考えていました。また、安倍首相が真珠湾攻撃を謝罪すべきだという人の割合は、広島では事前に五一%、事後に四七%、全国では事前に五九%、事後に五二%という数字になっていました。「相手側が加害の場に来ているのだから、自分たちも加害の場におもむくことは礼儀である」といった認識、いわば相互主義の心理が事後で強まると期待していましたが、それを支持するデータはなかったといえます。

4　真珠湾訪問をめぐる調査結果

A　評価をめぐる日米の温度差

次に、われわれの研究チームでは、二〇一六年一二月末の安倍首相の真珠湾訪問を機に、日本とアメリカにおいて事後（二〇一七年一月の第一週）にオンライン調査を行いました。以下ではそのデータを用いて、日米にどのような温度差があったのかを論じます。

最初に、オバマ大統領の広島訪問と安倍首相の真珠湾訪問について、それを事実上の謝罪と感じたかについて、日米の違いをいわば「見える化」したいと思います。後ほど関連する図を掲載しますが、ここでは、日米の平均的な違いについて数字だけを示しておきたいと思います。まず日本では七七%、アメリカでは七九%が安倍首相の真珠湾訪問への支持を示していました。また、日本では八八%、アメリカでは七八%がオバマ大統領の広島訪問への支持を示していました。アメリカでは両者を同じように評価する人がいるのに対して、日本ではオバマ大統領の訪問だけを評価・支持する人が一〇%程度いることを意味します。

その一〇%の人々は、それ以外の人々よりも、①およそ五歳平均年齢が高く(平均は四五歳に対して五〇歳)、②やや教育水準が低く(大学卒の割合が平均六〇%に対して五七%にとどまる)、③やや所得が低い(平均スコアが三・〇に対して二・八にとどまる)が、④性差はありません。この証拠だけではまったく仮説的なものになってしまいますが、もしかすると、この人たちは日本が謝罪することに抵抗を感じる傾向がある人たちなのかもしれません。たとえば、年齢が上がれば保守的になると知られていますが、それが謝罪抵抗感に連関している可能性はあるでしょう。

B　コストをめぐる実験

以下では、個人レベルにおける謝罪研究の拡張として、集団レベルでも謝罪者にかかるコストの情報が訪問に対する評価・支持を変化させるかどうかを検討します。個人間だけでなく集団間での謝罪においても、何らかの「コスト」の情報を導入することが、事実上の謝罪たる広島訪問・真珠湾訪問に対する評価を高める可能性があります。この調査では、一部の対象者に対して「訪問に反対する保守派や戦没者遺族などから非難される可能性があるにもかかわらず、ハワイや広島を訪れた」というコスト情報を与えました(統制条件は、そのような情報がない場合になります)。

政治家にとって、集団謝罪を行うにあたって、さまざまなコストがありえますが、国内から反発があるというのもコストとなりえます。保守派や遺族がどれだけ政治力をもつと考えられるかにもよりますが、民主主義国では国民から反発されることは自己の支持率の減少や次の選挙での勝利の確率低下にもつながりうることです。あくまで言葉での非難ですので、支持率が大きく下がったり、選挙で落選するといった大きなコストではないものの、無視はできないものでしょう。コストをかけてまで謝ると真正さが伝わるというのが個人間謝罪研究の背景にあった考え方ですが、集団の場合にも、謝罪を真剣に行っているとのシグナルを伝えるには有効かもしれません。

図6-3は安倍首相の訪問に対する支持の割合、**図6-4**はオバマ大統領の訪問に対する支持の割合を、上半

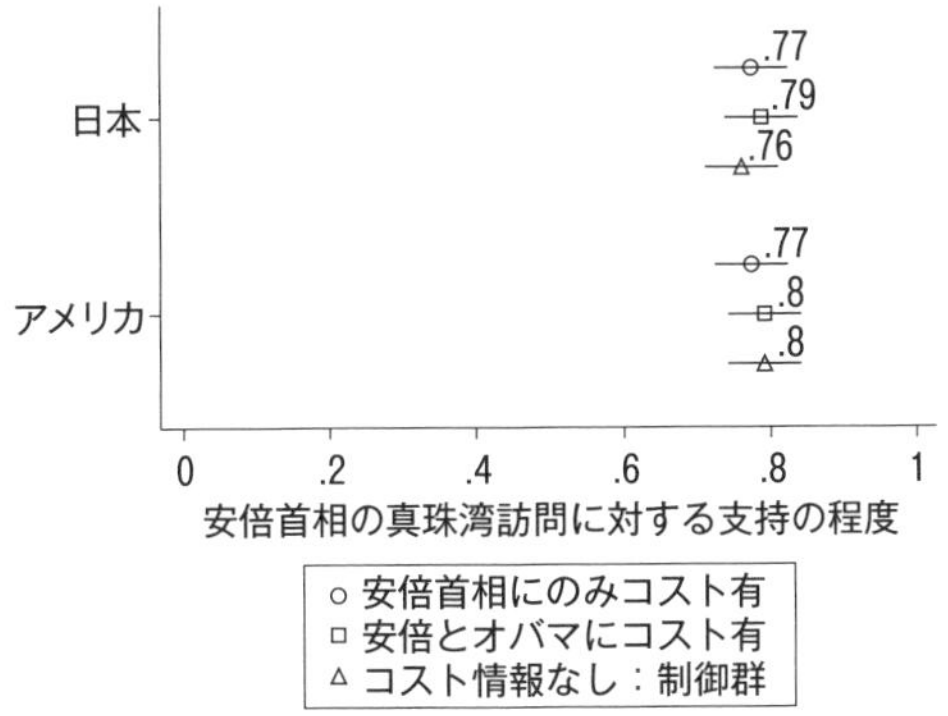

図6-3　安倍首相の真珠湾訪問に対する認知
（○□△は平均スコアを示し、左右に伸びる線は95%信頼区間を示す）

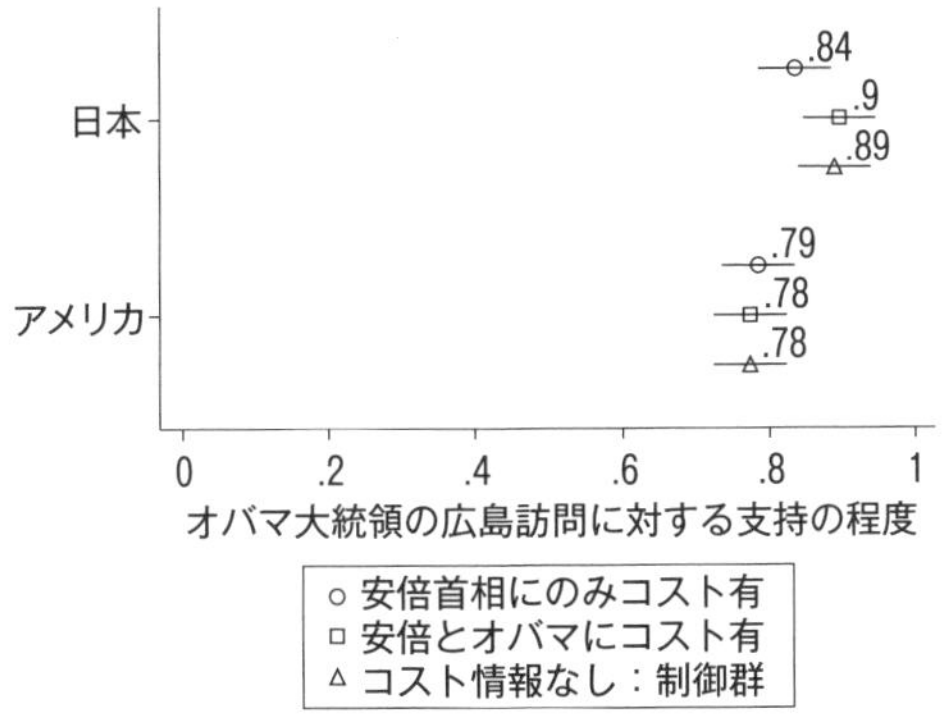

図6-4　オバマ大統領の広島訪問に対する認知
（○□△は平均スコアを示し、左右に伸びる線は95%信頼区間を示す）

分に日本のデータ、下半分にアメリカのデータを示し、それぞれコスト条件を変えて集計しています。大坪（本書第2章）によると、コストは金銭的なもののほか、謝罪者に何らかの不便をもたらすものであっても被害者に誠意を伝え、赦しを促すことがわかっています。しかも、国際比較実験を根拠に、文化を問わずに効果があるとされています。このことを踏まえれば、コスト情報がある場合には訪問に対する評価の度合いが高まると期待できるのですが、しかし両図はそのような傾向を示していません。

たとえば、図6-3についてみると、日本でもアメリカでもまったく謝罪コスト刺激は効いていません。日本では統制条件と比較して若干の効果がうかがえますが（統制条件の七六％に対して、安倍首相とオバマ大統領の両者にコストがあったという条件では七九％）、しかし、たった三％弱の効果であり、効果が大きいとはいいがたいでしょう。図6-4をみると、日本での調査では、オバマ大統領にコストがあったとの刺激条件（□）と統制条件（△）は、安倍首相のみコストがあるとする条件（○）よりも統計的に有意に支持が上がっていました（五～六ポイントの上昇だったことから、効果も先ほどよりはあるといえます）。これに対して、アメリカではまったく効果が出ていませんでした。端的に整理すると、「オバマの広島訪問がコストを伴うものであればこれに対する日本人の評価が上がり、安倍首相の真珠湾訪問もコストが伴うのであればこれに対するアメリカ人の評価が上がるだろう」という予測があったのですが、データ的にそうではないとの結果になってしまいました。

次に、**図6-5**と**図6-6**は、「安倍首相の訪問を事実上の謝罪と考えるか」または「オバマ大統領の訪問を事実上の謝罪と考えるか」という問いに対して同意した人の割合を示したものです。

まず図6-5を見てみましょう。日本では、安倍首相とオバマ大統領の両者にコストがかかるという条件は五七％で統制条件（五一％）よりも高い賛成者を生み出しています。安倍首相だけにコストがかかるという条件では統計的に有意な数値の上昇はありませんでした。アメリカではどの条件でも統計的な違いは生まれませんでした。次に図6‐6を見てみましょう。条件によって変化がないアメリカはここでも違いが生まれていません。日本については、オバマ大統領にコストがかかる条件は統制群と同じく五七%で、安倍首相にコストがかかる条件よりも五%ほど数値が高くなっています。

C　なぜ差が生まれなかったのか？

以上のデータを総合的に考えると、ここで用いた実験刺激が「コスト」とはとらえられずに何かほかのものに

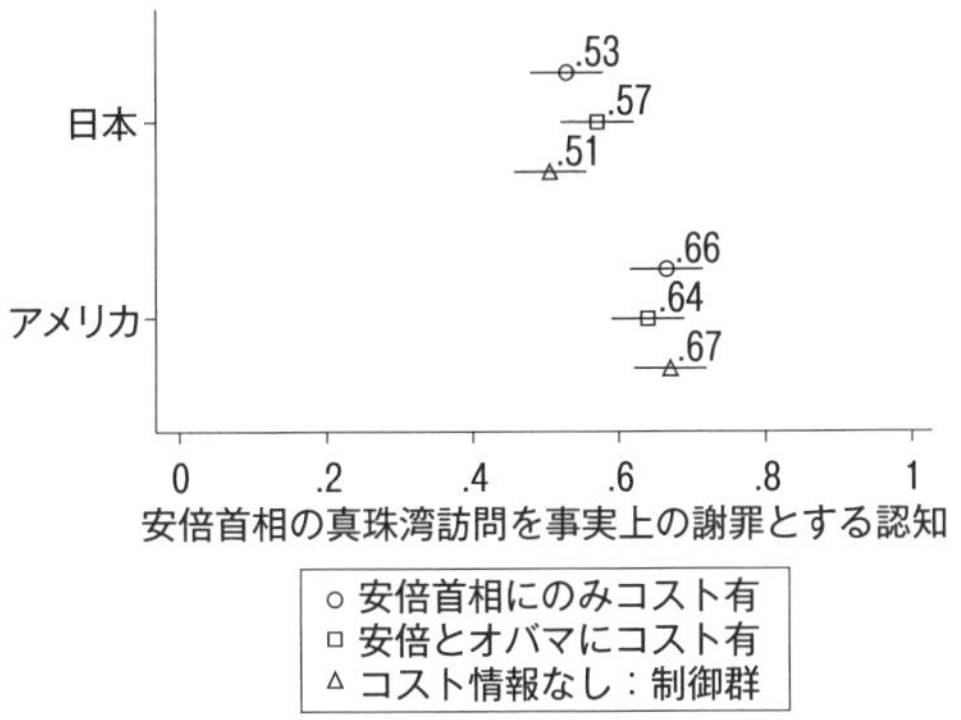

図6-5　安倍首相の真珠湾訪問を事実上の謝罪ととらえる認知（○□△は平均スコアを示し、左右に伸びる線は95%信頼区間を示す）

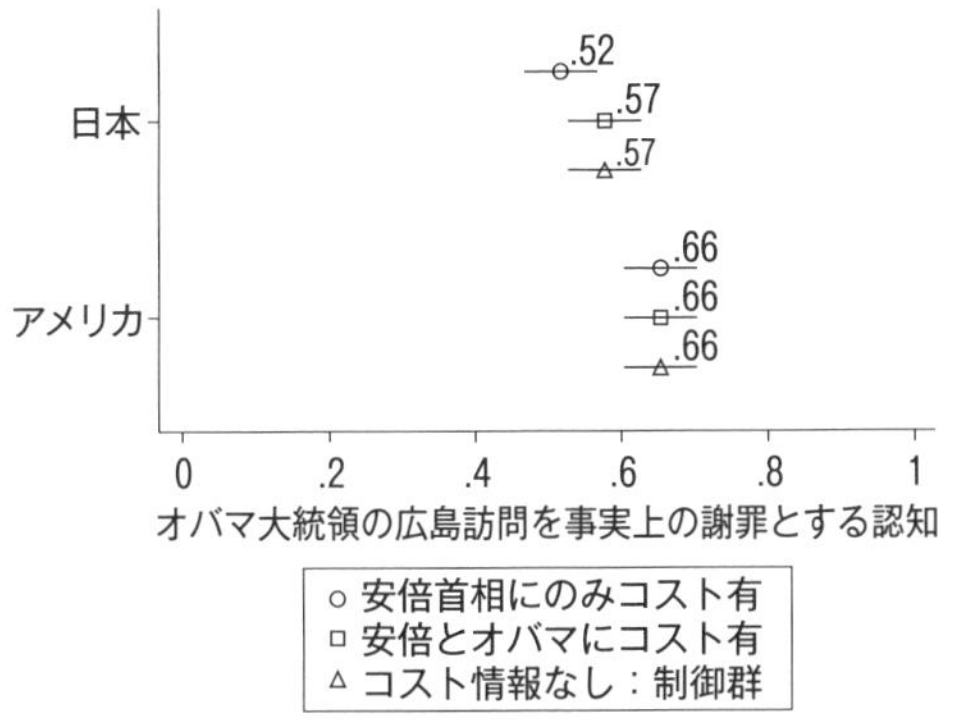

図6-6　オバマ大統領の広島訪問を事実上の謝罪ととらえる認知（○□△は平均スコアを示し、左右に伸びる線は95%信頼区間を示す）

なってしまっている可能性が否めないでしょう。リーダーが謝罪することに反発する人がいる理由は、「本章が扱ってきたいわゆる『集団謝罪』が加害者による直接的な謝罪行為ではなく、過去への謝罪を集団の代表が行うといった意味で特殊なものであるから」という可能性がありそうです。謝罪であったという評価に抵抗を感じる人がいるのは普通で、安倍首相やオバマ大統領にとってのコストは「織り込み済みだ」と考えてしまった（＝コストとしての評価が弱かった）のかもしれません。むしろ批判者がいるという情報によって、「その社会全体の真正な謝罪ではない」と受け取られてしまったのかもしれません。要するに、集団において謝罪のコストをどう明示するのかは思ったよりも簡単ではないことを、この調査は示しているともいえるでしょう。

5 結語

広島訪問も真珠湾訪問も、「ノン・アポロジー・アポロジー」として一定の機能を果たしていた可能性を本章のデータは示しています。特に、イベント前後をはさんで実施した広島訪問の場合、イベントを実際に見てさらに支持が増えていたことは、広報外交としての成功を物語るように感じられます。他方、日米比較とそこにおけるコストに関する実験については、個人謝罪の先行研究が示してきていた「コストがかかるほど謝罪が受け入れられやすい」という認識は、明確には確認できなかったといえます。これは、集団謝罪は個人謝罪とは構造が違うことが、背景にあるのかもしれません。

集団謝罪の場合、加害行為をした人は謝罪を発話する当人にはなりません。少なくとも今回のような戦争をめぐる事案の場合には、謝罪するのは集団を代表する政治リーダーになります。しかも、時間的な距離がある場面で、明示的な謝罪ないしノン・アポロジー・アポロジーを行うことになります。真正性を伝えるコストをどのように集団に対して課すことができるのか、またリーダーに課せられるのかは今後研究されるべき論点だろうと思います。

【引用文献】

（1）小菅信子（2005）『戦後和解』中央公論新社
（2）金恩貞（2018）『日韓国交正常化交渉の政治史』千倉書房、三二〇-三二二頁

【章末資料】

・サーベイ調査１「オバマ大統領広島訪問プレイベント調査」(全国と広島県の比較)
・サーベイ調査２「オバマ大統領広島訪問ポストイベント調査」(全国と広島県の比較)

次の文章を読んで、続く各問いにお答えください。

2016年４月に広島で開かれた、G7サミットの外務大臣会合でアメリカのケリー国務長官をはじめ、各国の外相・国務長官は広島平和記念資料館（原爆資料館）を参観し、平和記念公園の原爆死没者慰霊碑に献花しました。

サーベイ１
【この訪問ののち、アメリカのオバマ大統領も５月27日に広島を訪問し、広島平和記念資料館（原爆資料館）や平和記念公園の原爆死没者慰霊碑を訪れる予定であるという各種の報道があります。】

サーベイ２
【この訪問ののち、アメリカのオバマ大統領も５月27日に広島を訪問し、広島平和記念資料館（原爆資料館）や平和記念公園の原爆死没者慰霊碑を訪れました。】

Q３−１：あなたは、オバマ大統領の広島訪問を支持しますか、それとも支持しませんか。あなたの考えにもっとも近いと思うものを１つ選んでください。
＊回答は、「支持する」〜「支持しない」「わからない」の５択から選択

Q３−３−１：あなたは、オバマ大統領の広島訪問を日本国民に対するある種の「謝罪」だととらえますか、それとももとらえませんか。あなたの考えにもっとも近いと思うものを１つ選んでください。
＊回答は、「謝罪だととらえる」〜「謝罪だととらえない」「わからない」の５択から選択

・サーベイ調査3「安倍首相真珠湾訪問ポストイベント調査」(日本とアメリカの比較)

最近起きた政治や外交のできごとについてお伺いします。

アメリカのオバマ大統領は2016年5月、広島を訪問しました。現職大統領が被爆地ヒロシマを訪問するのははじめてのことでした。オバマ大統領は安倍首相とともに献花を行いました。

日本の安倍晋三首相は2016年12月26から27日にかけて、真珠湾を訪問しました。現職首相が真珠湾のアリゾナ記念館を訪問するのははじめてのことでした。安倍首相はオバマ大統領とともに献花を行いました。

(実験刺激1)　安倍首相は、訪問に反対する保守派や戦没者遺族などから非難される可能性にもかかわらず、真珠湾を訪れていました。
(実験刺激2)　オバマ大統領も、安倍首相も、訪問に反対する保守派や戦没者遺族などから非難される可能性にもかかわらず、広島と真珠湾を訪れていました。
(実験刺激3)　＊何も提示される情報はなし
(注記：(実験刺激X)がランダムに割り当てられ、ひとつだけ表示された)

Q1：あなたは、安倍首相の真珠湾訪問を評価しますか。それとも評価しませんか。あなたの考えに最も近いと思うものを1つ選んでください。(ひとつだけ)
＊回答は、「高く評価する」～「全く評価しない」「わからない」の6択から選択

Q2：あなたは、安倍首相の真珠湾訪問が、謝罪の言葉を伴わなかったものの、事実上の謝罪だったと思いますか。それともそう思いませんか。あなたの考えに最も近いと思うものを1つ選んでください。(ひとつだけ)
＊回答は、「そう思う」～「まったくそう思わない」「わからない」の6択から選択

Ｑ３：あなたは、オバマ大統領の広島訪問を評価しますか。それとも評価しませんか。あなたの考えに最も近いと思うものを１つ選んでください。(ひとつだけ)

＊回答は、「高く評価する」～「全く評価しない」「わからない」の６択から選択

Ｑ４：あなたは、オバマ大統領の広島訪問が、謝罪の言葉を伴わなかったものの、事実上の謝罪だったと思いますか。それともそう思いませんか。あなたの考えに最も近いと思うものを１つ選んでください。(ひとつだけ)

＊回答は、「そう思う」～「まったくそう思わない」「わからない」の６択から選択

Ｑ５：安倍首相の真珠湾訪問は、日本を代表する行為だと思いますか。それとも個人的な行為だと思いますか。あなたの考えに最も近いと思うものを１つ選んでください。

(ひとつだけ)

＊回答は、「日本を代表する行為だと思う」～「個人的な行為だと思う」「答えたくない」の６択から選択

Ｑ６：オバマ大統領の広島訪問は、アメリカを代表する行為だと思いますか。それとも個人的な行為だと思いますか。あなたの考えに最も近いと思うものを１つ選んでください。(ひとつだけ)

＊回答は、「アメリカを代表する行為だと思う」～「個人的な行為だと思う」「答えたくない」の６択から選択

第7章 武力紛争後の多民族地域における和解の必要性をめぐって――旧ユーゴの三事例を中心に

【月村太郎】

1 はじめに――旧ユーゴとはどのような国だったか

A 旧ユーゴの事例を取り上げる意義

本章では、地域紛争における和解の意義を考えるための事例として旧ユーゴを取り上げます。旧ユーゴの正式な日本語名称は「ユーゴスラヴィア社会主義連邦共和国」といいます。旧ユーゴは、四回にわたる内戦を通じて、七つの国家に解体してしまいました。スロヴェニア、クロアチア、ボスニア・ヘルツェゴヴィナ（以後、本章ではボスニアと略称します）、セルビア、モンテネグロ、マケドニア、コソヴォの七カ国です。かつて旧ユーゴを語る際に、必ずといってよいほどに持ち出される表現がありました。「七つの国境、六つの共和国、五つの民族、四つの言語、三つの宗教、二つの文字、一つの国家」です。[1] 具体的な内容については別稿に譲りますが、[2] この表現には、旧ユーゴが非常に複雑な構成をもちながら、しかし、国家として統一されている実態、

図 7-1　旧ユーゴの地図[3]

そしてそれに対する旧ユーゴの人々の自負が込められていました。しかし、現在では「一つの国家」が「七つの国家」になってしまいました。

旧ユーゴの内戦は世界に大きな衝撃を与えました。内戦そのものでいえば、ほぼ同時期に起きたルワンダ内戦の方がはるかに激しく規模の大きいものでした。それでは、なぜ旧ユーゴの内戦が大きく取り上げられたのでしょうか。それは、この内戦が、第二次大戦後、内戦や武力衝突とはほぼ無縁に過ごしてきたヨーロッパという舞台の中で発生したものだったからといえるでしょう。[*1]

しかし、旧ユーゴの内戦が重要であったのはそうした「ニュース・バリュー」の大きさゆえだけではありません。

それまで戦争を国家間戦争と同一視していた我々の固定観念を根本から覆したのは二〇〇一年九月一一日の「同時多発テロ」に伴う「新しい戦争」の出現でしたが、その前にすでに戦争形態の変化は指摘されており、そこで取り上げられていたのはボスニア内戦でした。[4] また、内戦に対する外部の関わり方が大きく変わった契機も、ボスニア内戦でした。

ボスニア内戦を終わらせたのはＮＡＴＯの空爆でし

た。もともとソ連を盟主とする東側陣営に軍事的に対抗するために組織されたＮＡＴＯは、冷戦終了後にその存在意義が問われており、ボスニア内戦への空爆を通じて、その役割を大きく変えました。さらに、同じくＮＡＴＯが大規模空爆を行ったコソヴォ内戦は、国連安保理決議抜きで行われたものであり、一部の国家群が「国際社会」の名の下に標的とする相手国を軍事攻撃するという事態は、その後に多く見られるようになりました。

旧ユーゴ解体に伴う内戦は、このように既存の戦争観をさまざまに変えてきました。そして、それは「国際社会」による戦後の取り組みにも当てはまります。「国際社会」が戦闘に関わった以上は、「国際社会」が戦後の処理にも主体的に関与することは当然であったのかもしれません。そこで主張されたことは、政治権力の国際的な管理と平和維持部隊の展開、その後の「国際社会」主導の現地政府樹立とそれへの国家業務移管、それとのパッケージとされていた平和構築、さらに、その根幹の一部をなす当事者間の和解だったのです。[*2]

本章では、ボスニア、コソヴォ、マケドニアの事例を取り上げます。これら三カ国は、旧ユーゴの解体過程や新生国家の建国過程において深刻な内戦や武力衝突を経験し、その傷跡は依然として癒えていません。内戦や武力衝突の原因は多岐にわたりますが、「民族」がさまざまに絡んでいました。したがって、これらは「民族紛争」と言い換えることもできます。もちろん、民族紛争は必ずしも民族間の武力紛争と同一視できるものではありません。個々のケースを精査すれば、同じ民族に属する者同士が銃火を交える一方で、異なる民族のメンバー間の協力が存在することもありました。しかし、民族浄化という言葉が流布したように、ひとたび衝突が起きると、民族以外の要因は後景に置かれ、民族の名において多くのことが語られるようになるのです。本章でも、単純な図式化という批判を承知のうえで、民族紛争の構図を明瞭にするために、民族紛争とは、主と

＊1　ヨーロッパが冷戦時代に経験した内戦は、第二次世界大戦直後のギリシャ内戦のみでした。
＊2　たとえば、国連平和構築委員会を設立する総会決議においても、持続的平和の達成のために必要な要因として、紛争後平和構築と和解が強調されています。総会決議のテキストについては、ＵＲＬ①を参照して下さい。

して民族が紛争当事者となる武力紛争であるとしておきましょう。旧ユーゴの解体過程では、クロアチア（クロアチア人対セルビア人）、ボスニア（ボスニア人、セルビア人、クロアチア人の三つ巴）、コソヴォ（アルバニア人対セルビア人）の内戦を民族紛争として考えることができます。独立して一〇年後にマケドニア（マケドニア人対アルバニア人）で起きた武力衝突も、民族紛争と分類可能であることになります。

それでは、これからボスニア、コソヴォ、マケドニアの三ケースを具体的に取り上げていきますが、その前に、これらの民族紛争に直結する旧ユーゴの解体について、概観しておきましょう。

B　旧ユーゴの解体までの概観

ユーゴスラヴィアとは、現地語で「南スラヴ人の国」という意味です。南スラヴ人にはセルビア人、クロアチア人、ボスニア人、スロヴェニア人、モンテネグロ人、マケドニア人、ブルガリア人が主に属しています。南スラヴ人は、より大きなカテゴリーであるスラヴ人を、東スラヴ人（ロシア人、ウクライナ人、ベラルーシ人など）、西スラヴ人（ポーランド人、チェコ人、スロヴァキア人など）と共に構成しています。

ユーゴスラヴィアという名称が国名に初めて付されたのは、ユーゴスラヴィア王国の誕生によってでした。一九二九年一〇月のことです。第一次世界大戦直後に建国された「セルビア人・クロアチア人・スロヴェニア人王国」が改名された結果でした。ユーゴスラヴィア王国は一九世紀より主張されてきた南スラヴ統一主義が結実したものでしたが、国内の民族対立を解決できないまま、ナチス・ドイツを始めとする枢軸国によって解体されました。第二次世界大戦中の旧王国領では内戦が発生し、枢軸国による占領への抵抗と内戦による犠牲者は百万人に上るとされます。

第二次世界大戦後にユーゴスラヴィアの統一を復活させたのは、チトー（Tito, J. B.）率いるユーゴスラヴィア共産党でした。ユーゴスラヴィア連邦人民共和国（一九六三年より、ユーゴスラヴィア社会主義連邦共和国＝「旧ユーゴ」）として再建されたユーゴスラヴィアは、冷戦開始直後はソ連ブロックの尖兵として激しい対西側批判を繰り広げていました。しかし旧ユーゴは、ソ連との論争の結果、ソ連ブロックを追放されてしまいました。ソ連から破門された旧ユーゴは、ソ連とは異なる国家統合イデオロギーの構築を迫られました。そこで生まれたイデオロギーは、トップダウン型の中央集権的なソ連の意思決定過程とは対照的に、ボトムアップ型の意思決定を旨とする分権的な自主管理に基づいていました。自主管理が生産の現場に導入された後、分権化は各分野で拡大・浸透していきました。

旧ユーゴは、六つの社会主義共和国（スロヴェニア、クロアチア、ボスニア、セルビア、モンテネグロ、マケドニア）から構成されていました。憲法改正の度ごとに国家体制も分権化され、一九七四年憲法においては各共和国に大きな権限が与えられました。また、セルビアは領内に二つの社会主義自治州（ヴォイヴォディナ、コソヴォ）を抱えていましたが、一九七四年憲法により自治州には共和国とほぼ同等の権限が与えられました。たとえば、旧ユーゴの最高意思決定機関は連邦幹部会といいますが、連邦幹部会において自治州の代表は共和国の代表と同格でした。その結果、セルビア内の一地域である自治州代表が連邦幹部会ではセルビア代表と等しく扱われるという奇妙な現象が起きていました。また、ユーゴスラヴィア共産党は、すでに一九五二年一〇月に、各地の組織を束ねるという分権的なアンブレラ組織をもつユーゴスラヴィア共産主義者同盟へと改編されていました。

多民族主義的な旧ユーゴの主柱であったチトーは一九八〇年五月に八七歳で死去しました。チトーによって維持されてきた旧ユーゴは、彼の死後、ゆっくりとしかし着実に解体への道を歩んでいくのです。解体原因や具体的過程については本章の趣旨から外れますので、興味のある方には別稿をご参照いただくとして（解体原因については文献（5）、解体の具体的過程については文献（2））、かいつまんで言いますと、それまで多民族主義的であった旧ユーゴを統合していた要因が次々と消滅・機能不全に陥った結果として、それまで潜在していた解体要因が表面化してくる一方で、多民族主義的体制の行き詰まりにつけ込んで民族主義を主張する政治家が現れてくるのです。その代表が、セルビアの初代大統領となったミロシェヴィッチ（Milošević, S.）でした。そして、旧ユーゴ解体を決定的にした一九九〇年を迎えます。一九九〇年一月にはユーゴスラヴィア共産主義者同盟第一四回臨時党大会において議論が紛糾し、スロヴェニア共産主義者同盟、クロアチア共産主義者同盟の代表が議場から退場したのです。旧ユーゴをつないできた組織的な命綱が切れた事件でした。そして、四月から一二月にかけて、各共和国議会に関して選挙が実施されました。[*3] 選挙の結果、各共和国はそれぞれの道を歩み始めることになります。

以下、三つの民族紛争の事例に関して、それぞれその勃発までの過程について、一九九〇年の議会選挙のあたりから、ボスニア、コソヴォ、マケドニアの順に少し詳しく見ていきましょう。

2 ボスニア、コソヴォ、マケドニアにおける武力紛争の勃発

A ボスニア

ボスニア共和国議会選挙は一九九〇年一一月一八日と一二月二日に行われました。春のスロヴェニア、クロアチア議会選挙においてそれぞれの共産主義者同盟の系統を引く政党は勝利できず、クロアチアでは強硬なクロアチア民族主義者であるトゥジマン（Tuđman, F.）率いるクロアチア民主同盟が圧勝しました。ボスニアでは主たる民族はボスニア人（当時はムスリム人とされていました）、セルビア人、クロアチア人でしたが、[*4] 他の

共和国と異なり、ボスニアには、住民の過半数を単独で占める民族が存在しませんでした。一九八一年の国勢調査では、住民四一二万人の三九・五％をボスニア人が占め、セルビア人三二・〇％、クロアチア人一八・四％と続いていました(6)。このため、民族主義者が勝利するというクロアチアのような選挙結果となれば、ボスニアの政治が早晩不安定化することが懸念されていました。事前の予想では、ボスニア共産主義者同盟など多民族主義を旨とする政党が優勢であるとも報じられていましたが、選挙の結果は、議員定数二四〇議席のうち八割が民族主義政党によって占められ、獲得議席は、ボスニア民族主義政党の民主行動党が八六議席、セルビア民主党が七二議席、クロアチア民主同盟が四四議席となりました。

選挙後のボスニアでは、三民族主義政党の連立政権が成立しました。大統領はボスニア人、議会議長はセルビア人、首相にはクロアチア人がつきました。しかし、各民族主義政党が構想している路線はまったく異なっていました。すなわち、民主行動党は統一的なボスニアの旧ユーゴからの分離独立、セルビア民主党はボスニアの旧ユーゴ残留、ボスニアが独立した場合はセルビア人地域のボスニアからの離脱、クロアチア民主同盟はボスニアの分離独立とその後のクロアチア人地域のクロアチア本国との合同、でした。他方、中央での「同床異夢」の連立政権と対照的に、地方では政治が民族別に色分けされていきました。連立政権はボスニアの旧ユーゴからの分離独立に関する議論をめぐって一九九一年一〇月に崩壊し、セルビア民主党の政治家は以後の議会をボイコットし、セルビア人地域における地盤固めに入りました。

ボスニアにおけるこうした民族間関係の悪化には、クロアチアの情勢が大きな影響を与えていました。クロ

＊3　それまでの選挙は連邦議会に関して実施されており、選挙に立候補するには共産主義体制による支持が必要でした。

＊4　各民族が使用する言語にはほとんど違いがなく、三民族を分ける基準は主に宗教でした。すなわち、ボスニア人（ムスリム人）の間では主にイスラム教スンニー派が信仰され、セルビア人ではロシア正教やギリシャ正教に代表される東方正教に属するセルビア正教、クロアチア人ではカトリックの信者が多くを占めていました。

アチアはクロアチア民主同盟の指導によって、旧ユーゴからの分離独立の道を歩み、一九九一年六月二五日にスロヴェニアと共に独立しました。これに強く反対するセルビア民族主義グループはセルビア人地域を切り離し、独立宣言以前から各地で政府治安部隊とセルビア人武装組織との小競り合いが見られていました。両者の対立は独立を機に一気に激化し、クロアチア内戦が始まったのです。設立されたばかりのクロアチア軍の戦力は、独立に反対するセルビア人組織、やはり旧ユーゴ解体に反対する旧ユーゴ軍に対して圧倒的に劣っていました。戦局がセルビア人側に有利なまま、クロアチア内戦は一九九二年一月に公表された和平合意によってひとまず終了し、国土の三分の一を占めるセルビア人地域（クライナ・セルビア人共和国を自称していました）には、国連保護軍が展開することになりました。こうしたクロアチア内戦の推移を横目に、ボスニアの各民族主義者は行動していたのです。

ボスニア大統領のイゼトベゴヴィッチ（Izetbegović, A.）は、一九九二年二月二九日〜三月一日に独立をめぐる住民投票を強行しました。これは、ＥＣ仲裁委員会がボスニアに課した独立承認の条件でした。独立を支持するボスニア人とクロアチア人、これに反対するセルビア人と旗幟《きし》はすでに鮮明になっていました。数の上で劣るセルビア人がとりうる手段は、住民投票の正当性を問題視してボイコットすることでした。住民投票の結果、投票率六四％、そのうち独立を可とする票は九九％以上でした。

住民投票の実施中にすでに各民族主義者によるバリケードづくりが始まり、ボスニアはたちまち全土が内戦に覆われることになりました。戦闘はボスニア、ボスニア領土内のセルビア人共和国、同じくヘルツェグ・ボスナ・クロアチア人共和国という三者間で主に行われましたが、ボスニア人政治家間の内紛、セルビアとクロアチアそれぞれの本国の介入など、非常に複雑な構図を見せていました。戦局は全体としてセルビア人民族主義者に有利に展開していました。そして、戦闘の現場では各民族による民族浄化がしばしば起きていました。

ＥＣ（ボスニア内戦中の一九九三年一一月以降はＥＵ）は当初から紛争当事者間の仲介に努めていましたが、

実効性はなく、ボスニア内戦を終わらせたのは、クリントン米政権の強い姿勢とNATOによるセルビア人地域への空爆でした。

B　コソヴォ

旧ユーゴの中で、コソヴォは非常に特殊な立場にありました。第一に、旧ユーゴを構成している六共和国（スロヴェニア、クロアチア、ボスニア、セルビア、モンテネグロ、マケドニア）、セルビア内の二自治州（ヴォイヴォディナ、コソヴォ）の中で、唯一、南スラヴ人に属さない民族が過半数を占めていました。一九八一年の国勢調査によれば、コソヴォの人口一五八万人の圧倒的多数はアルバニア人であり、実に七七・四％を占めていたのです。[7] 第二に、旧ユーゴの国外に民族的母国であるアルバニアが存在しており、両アルバニア人地域が合同して旧ユーゴ第七の共和国となる構想すらありました。しかし、旧ユーゴとアルバニアとの関係は決してよくありませんでした。このことは、旧ユーゴを長年指導してきたチトーに、コソヴォに対する扱いを慎重にさせた一因でもありました。すでに述べたように、分権化は国家体制にも及び、一九七四年憲法体制における最高意思決定過程において、コソヴォは自治州でありながら、自身がその一部でもあるセルビア共和国と同格の立場を与えられました。コソヴォは自身の憲法をもち、警察権・司法権も有していたのです。自治州の中枢はアルバニア人政治家に掌握され、一部のアルバニア人による嫌がらせや「圧力」によってコソヴォ内のセルビア人の脱出も見られるようになっていました。

チトーが死去して多民族主義体制が行き詰まるにしたがって台頭してきたセルビア民族主義政治家の代表であったミロシェヴィッチにとって、コソヴォの位置づけはどうしても変更されるべきものでした。ミロシェヴィッチは一種の「宮廷クーデター」によってセルビアの実権を掌握すると、隣のモンテネグロ、そしてコソヴォと同じくセルビアの自治州であったヴォイヴォディナに対して圧力をかけ、いずれにおいてもセルビア民族主義者が主導権を掌握するに至りました。モンテネグロはもともとセルビアと長く友好関係にあり、ヴォイヴォディナの多数派はセルビア人であったのです。しかし、アルバニア人が多数を占めるコソヴォでは、そうしたやり方は通用しません。すでにセルビア議会によりセルビア憲法が修正されていた結果、コソヴォの自治権は大幅に制限されていましたが、ミロシェヴィッチは非常事態宣言を発し、さらにセルビアの新憲法によって、コソヴォは国家的性格を喪失したのでした。コソヴォのアルバニア人政治家はこれに強く反発しました。一九九一年五月には独立の可否を問う住民投票が自主的に実施され、圧倒的多数で独立が承認されました。コソヴォ議会や大統領の選挙も実施されるなど、コソヴォはセルビアの一部でありながら実効支配が届かず、実質的には半ば独立しているという二重権力状態にありました。

コソヴォをめぐるこうした一種の「静けさ」の原因としては、スロヴェニア、クロアチアが独立し、一九九一年七月からクロアチア内戦、一九九二年四月からボスニア内戦が起きるなど、セルビアがコソヴォの実効支配を貫徹させるまで手が回らなかったこともあります。それに加えて、当時のコソヴォ大統領ルゴヴァ(Rugova, I.)が対話を通じてコソヴォ問題を解決しようという穏健な路線を採っていたこともあります。しかし、ルゴヴァの方針が「国際社会」の関心を呼ぶことはほとんどありませんでした。

一九九五年一一月にボスニア内戦が終了すると、ボスニアで展開していた武器が次第にコソヴォに流入するようになっていきます。また、アルバニア本国の混乱のために[*5]、そちらからも武器が流れ込んできます。さらに、アルバニアではコソヴォの活動に共感を有する政権が交代し、後継の政権はセルビアに接近し始めるのです。

これらのことから、コソヴォでも強硬路線が目立ってきます。コソヴォからのアルバニア人亡命者組織に端を発するコソヴォ解放軍の台頭です。コソヴォ解放軍は、治安組織やセルビアへの協力者にテロを行うようになっていきます。業を煮やしたセルビア大統領ミロシェヴィッチはコソヴォへの治安部隊の投入を決意し、テロ掃討作戦が始まりました。こうして生じたコソヴォ内戦は、ミロシェヴィッチに対する「国際社会」の仲介と圧力により、一時は収まったかに見えました。しかし、「国際社会」との交渉に関わっていなかったコソヴォ解放軍は攻撃を続け、ミロシェヴィッチは攻撃を再開しました。

コソヴォ内戦を終わらせたのは、コソヴォ内のセルビア治安部隊のみならずセルビア本国に対して、一九九九年三月二四日から六月三日まで行われたＮＡＴＯによる大規模空爆でした。ミロシェヴィッチは全面降伏しました。

Ｃ　マケドニア[*6]

マケドニア共和国議会選挙は、一九九〇年一一月一一日と二五日に実施されました。定員一二〇議席を争う議会選挙の結果は、マケドニア民族主義の「内部マケドニア革命組織―マケドニア民族統一民主党」が三八議席、「マケドニア共産主義者同盟―民主再生党」が三一議席、そしてアルバニア人政党の民主繁栄党が一七議席でした。大統領には、旧ユーゴの財務相も務めたグリゴロフ（Gligorov, K.）が就任しました。マケドニアにはセルビア人がほとんど存在しなかったため、グリゴロフ指導下のマケドニアは、クロアチアやボスニアと異なってセルビア民族主義の干渉もなく、一九九一年九月の住民投票後、一一月に旧ユーゴから独立しました。

しかし、独立当初からマケドニアには二つの課題が存在していました。第一は隣国ギリシャとの関係です。

＊5　議会の実質的複数選挙後も政権を担っていたアルバニア共産党は一九九二年三月の選挙で敗北し、アルバニア民主党が政権を掌握しました。アルバニア民主党政権が急激な市場経済化を進めた結果、一九九七年二月に大規模な「ネズミ講」が破綻し、国内は大混乱に陥りました。混乱の規模が大きいために、国連安保理決議に基づきＰＫＯが派遣されたほどでした。

＊6　マケドニアは、二〇一九年二月に北マケドニアに国名を変更しましたが、本章ではマケドニアのままで記述を進めます。

本章の文脈とは直接的関係はありませんが、現在に至るまで、ギリシャの動きはマケドニアの国政に影響し続けているので、かいつまんで述べておきます。私たちが「マケドニア」と聞いて最初に連想するのはアレクサンドロス（Aléxandros）大王でしょう。彼が国王を務めた古代マケドニア王国のそもそもの領土は、現在のギリシャ北部、マケドニア、アルバニアに広がっていましたし、現在でもギリシャ北部はマケドニアと称されます。したがって、ギリシャは「マケドニア共和国」という国名に反対したのです。さらに、マケドニアの国旗のデザインも、古代マケドニア王国のそれに酷似していました。後者はデザインの変更で解決しましたし、前者についてもギリシアとの交渉の結果、北マケドニアと国名を変更することでひとまず決着しました。

第二の課題は、本章の内容により深く関係しています。国内のアルバニア人の問題です。一九八一年の国勢調査によれば、マケドニアの人口一九一万人のうち、マケドニア人が六七・〇％、アルバニア人が一九・八％を占めていました[8]。しかも、すでに触れたように、アルバニア人はコソヴォの人口の七七・四％を占め、本国アルバニアが存在しているのです。マケドニアの政党政治では、マケドニア人の二大政党がしのぎを削り、アルバニア人がキャンスティング・ボートを握るという構図がよく見られていました。そのために、アルバニア人政治家側も分裂して多党化していきます。アルバニア語で教育する大学の設置問題などがありましたが[9]、両民族間の関係は概ね安定していました。

こうしたマケドニアの民族間関係を攪乱させたのは外部要因でした。コソヴォ内戦によって生じた大量の難民がマケドニアに越境してきたのです。越境してきたのは難民だけではありません。コソヴォ解放軍と人的関係のあるアルバニア人武装組織の民族解放軍が結成され、二〇〇一年二月から、マケドニア治安部隊との間で武力衝突が見られるようになったのです。当時の与党「内部マケドニア革命組織―マケドニア民族統一民主党」は挙国一致内閣によって事態の乗り切りを図りましたが失敗しました。衝突はアルバニア人地域のマケドニア北部に拡大し、数カ月間続きました。

マケドニアの武力衝突は停戦合意の後、米国とEUによる仲介を通じて、オフリドにおける交渉によって成立した「オフリド合意」によって終了しました。交渉にはマケドニア人の二大政党とアルバニア人側からも主要な二政党が参加していました。民族解放軍は交渉に関わっていませんでしたが合意することになりました。

3　ボスニア、コソヴォ、マケドニアにおける武力紛争後

A　ボスニア

(1)　デイトン合意による戦後の体制

ボスニアの内戦はデイトン合意によって終了しました（デイトン合意のテキストについては、URL②を参照してください）。この合意は、米国オハイオ州のデイトンにある米空軍基地において三週間にわたって行われた当事者間の交渉が結実したものでした。合意の「付属書Ⅳ」が憲法に当たり、戦後ボスニアの政治体制の根幹を規定しています。以下、この憲法を中心に、戦後のボスニアの体制を簡単に紹介することにします。

ボスニアは、主にボスニア人とクロアチア人が居住しているボスニア連邦とセルビア人共和国という二つの構成体（entity、現地語ではentitet）に分かれていますが、北東部のブルチュコ地区はどちらにも属さず、国際管理が続いています。というのは、ブルチュコ地区がセルビア人共和国に帰属すればボスニア連邦の飛び地が生まれ、ボスニア連邦の領土となればセルビア人共和国が東西に分断されることになるからです。ここから理解されるように、ボスニア連邦とセルビア人共和国との境界は、デイトン交渉においてかなり即興的に画定されました。この即興性はデイトン合意による政治体制全体に見られており、内戦を終わらせるための暫定的な

取り決めが、戦後のボスニアを半永久的に拘束しているのです。

デイトン合意「付属書Ⅳ」では、ボスニア人、セルビア人、クロアチア人というボスニア内戦の当事者に対して、それぞれの重要な利益に関わる決定における相互拒否権を与えています。たとえば、ボスニアの元首に当たる大統領評議会は各民族代表一名の合計三名から構成されており（憲法五条）、それぞれに相互拒否権が付与されています（五条二項(c)）。二院制の議会でも特定の民族の利害を損ねないようなシステムが導入されています（四条）。同様なことは、憲法裁判所判事の選出にも当てはまります（六条一項）。こうしたシステムを一般的にパワー・シェアリング（権力共有）と呼んでいます。

さらに、ボスニア中央政府の管轄は外交や貿易など限定的であり[*7]（三条一項）、それ以外の内政の機能は、ボスニア連邦とセルビア人共和国に委ねられました（三条二項）。ボスニア連邦は一〇のカントン（県）から構成され、各カントンには首相の下に政府が組織されており、教育など日常業務の多くがカントン政府に委ねられています。そのために、ボスニア連邦での政治的実権はカントン政府に掌握されています。一方、セルビア人共和国は、連邦制ではなく中央集権的な政治制度を採用しています。結果として、ボスニアには一三の政府（ボスニア中央政府、ボスニア連邦政府、セルビア人共和国政府、ボスニア連邦内の一〇のカントン政府）が存在しており、ボスニアの政治体制が非常に複雑であることがわかります。

民族紛争を経験したボスニアにおいては、その再燃とまでは行かなくとも、非常に民族主義的な政治家が登場する危険性があります。そうした状態が現出することを防ぐために和平履行評議会が組織され、それを執行するポストとして上級代表およびその事務所が設立されました（デイトン合意「付属書Ⅹ」）。和平履行評議会は四三の諸国と一五の機関の代表から構成され、ここで決定された方針は上級代表と呼ばれるポストを通じて実行されることになりました。上級代表とその事務所は、いわばデイトン合意の内容を果たすべくボスニアのお目付役としての機能を果たしているのです。最後に治安については、国連安保理決議一〇三一に基づき、ＮＡ

ＴＯによる和平履行部隊が担当することとなりました。

（2）　内戦終了後の政治

ボスニア内戦が終了してから、すでに二〇年以上が経過しましたが、各民族主義は依然としてボスニアの政治の中心的原理であり続けています。ここでは、民族主義政治の実態について選挙結果を通じて見てみましょう[10]。なお、各政党は選挙連合を組むことが多く、獲得議席数がそれぞれの選挙連合の議席である場合もあることに注意して下さい。

ボスニアでは原則として四年ごとに大きな選挙が行われます。二院制のボスニア議会下院選挙（定数四二議席）、二院制のボスニア連邦議会下院選挙（定数一四〇議席、二〇〇二年からは九八議席）、一院制のセルビア人共和国議会選挙（定数八三議席）です。

内戦後初のボスニア議会下院選挙（一九九六年九月実施）では、内戦前に実施された一九九〇年一一月のボスニア共和国議会選挙と同じく、ボスニア人の民主行動党、セルビア民主党、クロアチア民主同盟が議席を伸ばし、それぞれ一九議席、九議席、八議席を獲得し、四二議席中あわせて三六議席を占めました。これに対して、最新のボスニア議会下院選挙（二〇一八年一〇月実施）の結果は、民主行動党九議席、セルビア民主党三議席、クロアチア民主同盟五議席です[*8]。これらの政党の議席数減少の主要な原因として、各民族内での政党の分裂や政治的主導権争いを指摘することができます。たとえば、ボスニア人側では二〇〇九年一〇月に結党された「ボスニアのより良い将来のための同盟」が二議席を獲得していますし、セルビア人側でも、ボスニア共産主義

＊7　現在では、外務省、財務省など九つの省が設立されています。
＊8　既述のように、選挙戦は主要政党が組織する連立ブロック別に行われることが多いのですが、ここでは主要政党名で代表させてあります。コソヴォやマケドニアも同様です。

者同盟の系統を引く独立社会民主同盟が民族主義政党化し、六議席を得ました。

多民族主義的な政党の老舗はボスニア社会民主党です。社会民主党は、一九九六年九月選挙では二議席でしたが、二〇一八年一〇月選挙では三議席を得ていますし、二〇一三年四月に分かれた民主戦線は三議席を獲得しました。しかし、多民族主義政党への支持は伸び悩んでいるといえます。

民族主義政党の影響力は依然として強いままです。かつては、上級代表がボスニア政治の民族主義の急進化にブレーキをかける役割を果たし、しばしばボスニアの内政に介入してきました。特に、ウェステンドルプ（Westendorp, C.）、ペトリッチ（Petritsch, W.）、アシュダウン（Ashdown, P.）が上級代表であった一九九七年六月から二〇〇六年一月にかけて、上級代表による内政介入は六六五回に及びます。しかし内政介入はボスニア国民に非常に評判が悪く、民族主義政治家が上級代表批判を人気取りに利用する可能性が出てきたことから、ＥＵやＮＡＴＯへの加盟プロセスに求められる条件付け（コンディショナリティー）を使って、現地の政治家自身に改革させる方向に変わってきました(11)。それに伴って、上級代表事務所がそれまで兼ねていたＥＵ代表部が別個の組織として立ち上げられました。両者の関係は必ずしも良好ではありません。

ボスニア政治は相変わらずで、政治の脱民族主義化は停滞しています。不況や貧困に効果的方策で対応しない一方で、深刻な政治腐敗が報道されたこともあって、内紛に明け暮れている政治家に不満をもつ民衆が、二〇一四年二月に各レベルの政府機関に焼き討ちをかけました。暴動はボスニア連邦の三〇以上の都市に拡大しました。しかし、この暴動が政治の脱民族主義化につながるという動きは、現在まで見られていません。

B　コソヴォ

ミロシェヴィッチが国連安保理決議一二四四を受け入れたことにより、コソヴォは、旧ユーゴの承継国家として建国されていたユーゴスラヴィア連邦共和国から実質的に分離独立を果たしました。コソヴォ統治を継承した国連コソヴォ暫定行政ミッションの任務は、統治権力を現地に戻すことでした。二〇〇〇年五月に設立された共同暫定統治機構が出発点となり、二〇〇一年五月の憲法的枠組みに基づいて、暫定自治政府機構が設立されました。その後、暫定自治政府機構には執行、立法、司法府が整備され、二〇〇一年一一月には最初の議会選挙が実施されました。その際、定数一二〇議席のうち、民族的少数派にあらかじめ二〇議席が割り振られていました。選挙結果は、ルゴヴァ率いるコソヴォ民主連盟が第一党を占める一方で、武装解除後のコソヴォ解放軍は第二党コソヴォ民主党とコソヴォ将来同盟に分裂していました。コソヴォ民主連盟とコソヴォ民主党との対立は根深く、「国際社会」の圧力によって、ルゴヴァが初代大統領に選出され、両党が参加する大連立政権が成立するまで四カ月もかかったのです。この間、現在に至るまで、コソヴォ政府は北部セルビア人地域に対する実効支配を有していません。また、コソヴォ各地には小規模なセルビア人集落が存在しています。

コソヴォ民主連盟とコソヴォ民主党が主導権争いに明け暮れ、コソヴォの領域的統合の実現への目処もつかず、さらにセルビアの反対によってコソヴォの独立過程は遅々として進んでいません。[*9] セルビアの主張の根拠は国連安保理決議一二四四によって保証された「ユーゴスラヴィア連邦共和国の主権と領土的保全」という文言でした（国連安保理決議一二四四のテキストについてはＵＲＬ③を参照して下さい）。こうした手詰まり状態に対するアルバニア人の不満が爆発したのが、二〇〇四年三月の大規模暴動でした。セルビア人に関連する建物に加えて、国連関係機関も焼き討ちに遭いました。もはや、国連関係機関はコソヴォの「解放者」ではなく「占領者」と見なされたのです。[12]

＊9　ユーゴスラヴィア連邦共和国は二〇〇三年二月に国家連合「セルビア・モンテネグロ」に改編され、さらに二〇〇六年六月のモンテネグロ独立によって完全に消滅しました。

国連事務総長アナン（Annan, K. A.）は二〇〇五年一一月に元フィンランド大統領のアハティサーリ（Ahtisaari, M. O. K.）を特使として任命し、セルビアとコソヴォとの直接交渉が行われましたが、事態は打開できませんでした。アハティサーリは二〇〇七年二月に独自の解決案を提示し、コソヴォ議会は二〇〇八年二月に一方的に独立を宣言、四月に憲法がコソヴォ議会を通過したのでした（コソヴォ憲法の英文テキストについてURL④を参照して下さい）。

コソヴォ憲法においては、多数派アルバニア人と少数派セルビア人との民族間関係が慎重に扱われています。たとえば、アルバニア語とセルビア語を共に公用語と定めています（五条一項）。議会は定数一二〇議席のうち、二〇議席を多数派ではない共同体（実際には、セルビア人を含む民族的少数派を意味します）に、特に少なくとも一〇議席がセルビア人に与えられます（六四条二項）。また、議会において法律の制定・修正・廃止には、多数派の共同体出身の出席議員と多数派ではない共同体出身の出席議員の双方における過半数の賛成が必要となります（八一条）。さらに大臣・副大臣の選出（九六条一項、二項）、裁判官の任命に関わる司法委員会委員の選出（一〇八条六項）、憲法裁判所判事の選出（一一四条三項）、オンブズパーソンの選出（一三二条一項）においても、多数派ではない共同体に対する割り当てが規定されています。憲法改正についても、多数派ではない共同体出身の議員による三分の二の賛成が求められています（一四四条二項、現在は第一節に移動）。

三民族（ボスニア人、セルビア人、クロアチア人）が互いに両にらみのまま統一国家を形成しているボスニアと異なり、コソヴォでは民族的多数派アルバニア人と少数派セルビア人との人的規模の格差は明白であり、民族主義的な政治が国内政治に大きく影響することは考えられませんが、それでも政府の実効支配が及んでいない地域があります。そこで、民族主義的な政治が暴走しないように、「国際社会」が監視する機関として国際文民代表が設置されました。これは、ボスニアの上級代表に当たるものです。国際文民代表は上級代表と同じく、EU代表を兼ねることもありました。

国際文民代表およびその事務所は二〇一二年九月に廃止が決定されましたが、他方で二〇〇八年からＥＵ法の支配ミッションが活動を開始し、コソヴォにおける法の支配定着に対する支援を行っています。本来であれば、ＥＵ法の支配ミッションは国連コソヴォ暫定行政ミッションの任務を引き継ぐはずでしたが、後者も依然として残っています。ボスニア同様に、コソヴォについても国外の機関による活動間の調整という問題が残っているのです。コソヴォを国家承認している国も一一四カ国に留まっています（二〇一八年一〇月現在）。

Ｃ　マケドニア

マケドニアの武力衝突後に合意されたオフリド合意は一〇の条文と三つの付属文書から構成されています（オフリド合意のテキストについてはＵＲＬ⑤を参照して下さい）。そこでは、民族的少数派であるアルバニア人に対して、多数派のマケドニア人との関係に配慮がなされており、その範囲は地方分権化、公務員における同等な代表、民族間関係に影響する法律の可決における特別な多数決ルール（具体的には後述します）、地方レベルにおける公的言語や象徴を使用する権利の拡大など、多岐に及んでいます。また、それを実現するために、マケドニア憲法や地方自治法を始めとする各種法律や規則の改正を求めています。憲法は二〇〇一年一一月に改正されました。

以下、改正憲法において、多数派マケドニア人と少数派アルバニア人との関係に考慮がなされている事例を挙げていきます（改正されたマケドニア憲法の英文テキストについては、ＵＲＬ⑥を参照して下さい）。まず七条では、キリル文字で表されるマケドニア語を全土と対外関係における公用語と定める一方で（一項）、人口の少なくとも二〇％を占める人々によって話されている言語も公用語とされています（二項）。後者はいうまでもなくアルバニア語を指します。また、初等・中等教育においても両言語の平等性が明記される一方で、マケドニア語以外の言語で教育する学校においては、マケドニア語の学習が義務づけられています（四八条）。

主として言語に基づく民族間の平等性に加えて、二重多数決による民族的少数派の保護に関する表現が随所に見られます。たとえば、文化、言語の使用、教育等に直接に影響する法律を可決するには、議会の出席議員の過半数が賛成するうえに、多数派ではない共同体（実質的にアルバニア人を意味します）に属するとされる出席議員の過半数による賛成も必要なのです（六九条）。同様な表現は、検察官の選出（七七条一項）、国家司法委員会委員の選出（一〇四条二項）、憲法裁判所判事の選出（一〇九条二項）、地方自治関連法の制定（一一四条五項）、憲法の前文および一部の条文の改正（一三一条四項）に見られます。

すでに述べてきたように、ボスニアでは、全土が内戦に巻き込まれ、独立直後から内戦終了までは中央政府が機能していませんでした。コソヴォでは、国土の一部に、中央政府ではなく隣国セルビア政府の実効支配が及んでいます。こうした事例に比較すると、マケドニアでは武力衝突は北部に限られ、また中央政府の実効支配は全土に及んでいます。武力衝突の被害も、たとえば犠牲者で比較しても、ボスニアやコソヴォよりはるかに小規模でした。しかし、マケドニアでも民族的多数派と少数派との関係は決して良好とはいえません。

オフリド合意後に実施された最初の議会（二〇〇二年九月）では、左派系のマケドニア社会民主同盟が第一党となり、それまで与党であった「内部マケドニア革命組織―マケドニア民族統一民主党」を破りました。アルバニア人政党の間では「地殻変動」が起き、それまでのアルバニア人二大政党を差し置き、民族解放軍のリーダーが結成した政党である「統合のための同盟」が圧勝しました。

選挙に勝利した両党中心の連立政権下、オフリド合意は実施されていきますが、民族的多数派マケドニア人にとって、少数派アルバニア人に対する譲歩を余儀なくされる局面が多くなりました。マケドニア人の不満の高まりにしたがって、政治は不安定化し、四年間に五人の首相が登場するという異常事態になりました。こうして迎えた二〇〇六年七月の選挙の結果、「内部マケドニア革命組織―マケドニア民族統一民主党」が与党の座に復帰しました。その後、首相のグルエフスキ（Gruevski, N.）は二〇〇六年八月から二〇一六年一月まで一〇年近くの長期政権を維持するのです。この間、政府はマケドニアの歴史をアレクサンドロス大王と結びつけるなど、マケドニア民族主義につながりかねない施策を継続していました。この長期政権の性格上、民族間関係はしばしば緊張しましたが、アルバニア人政党はつねに連立を組んでいました。この原因のひとつには、「統合のための同盟」が結党されて以来、アルバニア人政党間の競争が激化していたこともありました。

グルエフスキ長期政権はその権威主義的手法に端を発する政治危機の結果として終わりを迎え、数カ月の政治的空白を経て、二〇一七年五月にマケドニア社会民主同盟中心の政権が成立しました。しかし、「内部マケドニア革命組織—マケドニア民族統一民主党」の人気も依然として高く、高揚させられたマケドニア人意識がギリシャとの関係でどのように落ち着くのか、現段階ではわかりません。

4　和解を阻害するもの

ここまで、ボスニア、コソヴォ、マケドニアが経験した内戦、武力衝突、そしてその後から現在までの政治状況について簡単に述べてきました。いずれの多民族国家も、民族間の和解にはほど遠い状態です。なぜ、こうした状態が続いているのでしょうか。本章では、それを国内的要因と国際的要因とに分けて考えてみたいと思います。

A　国内的要因

三つの事例のうち、最も近い時期に起きたマケドニアの武力衝突ですら、終了してから一五年以上が経過しています。これまでの動向において、いずれも民族間の和解は棚上げされ、分断状態の強化に向かっています。将来を担う人材を育成する教育の現場においても、各民族の分断が生じています。ここから多民族共生的な社会を構築することは非常に困難な課題と思われます。たとえば、ボスニアの多民族地域においては、民族によって教科書や教室、教育時間帯が異なるなど、各民族出身の児童や生徒には民族別の教育が行われているケースもあるのです。もしも持続的な平和、民族間関係の安定に向けて和解が必要であれば、当初から和解のメカニズムを確立させておくべきでした。

また、この間に各種選挙が実施されています。選挙キャンペーンともなれば、民族主義政党は、いかに自党が自民族に役立っているか、（仮想敵と見なす）他民族がいかに危険で自民族の発展を阻害しているかを声高に叫ぶことになります。これら三カ国はいずれも経済が行き詰まっています。明るい将来的展望がない人々は、スケープゴートへの非難を受け入れやすい状態にあります。マケドニアでは、民族的多数派、少数派それぞれの内部で政党間競争が激しいために、民族をまたいだ連立政権がつくられていますが、それが民族間の和解を進めている徴候はありません。

ボスニア、コソヴォ、マケドニアのいずれの憲法においても、民族的少数派を保護する制度が導入されました。相互拒否権や二重多数決です。すなわち、ボスニア、コソヴォ、マケドニアでは、重要事項に関する立法には、議会全体の過半数に加えて、各民族出身議員の少なくとも過半数の賛成が必要なのです。いいかえれば、各民族出身の議員それぞれが集合的な拒否権をもっているのです。しかし、この制度は確かに少数派の権利保護には有効かもしれませんが、少数派が拒否権を乱発すれば、立法過程、さらには政治過程そのものが行き詰まってしまう可能性を秘めているのです。これら三カ国の政治がなかなか動かない背景には、こうした制度も影響しているといえるでしょう。

B　国際的要因

日本のような島国に住んでいると、多くの人にとって日本の国境の存在を意識するのは、日本からの出国／日本への帰国（再入国）の瞬間くらいではないでしょうか。そして、国境を越えるときは、出国／再入国のいずれにしても、入国管理官の前にきちんと整列して出国／入国審査を待つ、というイメージがあるのではないでしょうか。「自動化ゲート」の導入により、そうした場面が少なくなることが予想されますが、それでも、国境越えが秩序だって行われているというイメージには変わりありません。

本章で取り上げている三カ国はいずれも陸続きの隣国をもっています。ボスニアにはわずかな海岸線がありますが、三カ国の国境のほとんどは陸続きの隣国との境界です。ボスニア内戦のときにはセルビアやクロアチア、コソヴォ内戦のときにはアルバニア、マケドニアの武力衝突のときにはコソヴォからの武装部隊や軍需物資の流入が話題になりました。もちろん、平時にある現在の三カ国において、そうした差し迫った危険が再現される可能性が高いわけではありません。しかし、隣国からの越境の問題はつねに留意しておく必要がありま す。ましてや、国境の向こう側には民族的同胞が住んでいるのです。

こうした状態は、しばしば政治家に利用されることになります。かつて、旧ユーゴ解体の折、セルビア初代大統領のミロシェヴィッチがつねに念頭に置いていたのはクロアチアとボスニアのセルビア人のことであり、ミロシェヴィッチがそもそもキャリアを飛躍させたのは、コソヴォのセルビア人問題をめぐる対応でした。クロアチア初代大統領のトゥジマンは、国外のクロアチア人の保護に言及することが多くありましたし、ボスニア内戦時にはボスニアのクロアチア人保護を名目に、クロアチア軍を介入させていました。

本章で取り上げたコソヴォ、マケドニアの事例において、前者では民族多数派として、後者では少数派としてアルバニア人が登場し、アルバニア人の本国としてのアルバニアが関わっています。政治家による民族主義の利用は戦時に限りません。たとえば、サッカーはヨーロッパにおいて最も人気あるスポーツであり、アルバニアでも同じです。二〇一四年一〇月には、セルビアの首都ベオグラードで、UEFAヨーロッパ・リーグ「セルビア対アルバニア」の試合が行われ、会場にドローンによってアルバニア、コソヴォ、マケドニアのアルバニア人地域を「大アルバニア」とする地図が持ち込まれたことをきっかけに暴動が起きました。そして、一一月に当時のアルバニア首相ラマ（Rama, E.）がベオグラード訪問の際に、コソヴォを独立国と言及したのです。セルビアは現在に至るまでコソヴォの独立を承認しておらず、セルビア首相ヴチッチ（Vučić, A.）がラマの発言を強く批判しました。[*10]

民族主義政治家が政治的資源として民族主義を利用して、標的とする民族を非難したり、挑発したりすることが多くあります。こうした口先だけの攻撃が武力衝突につながる可能性は高くはありませんが、政治家の扇動に刺激された民衆が先走ったり、逆に政治家に圧力をかけたりすることは十分に考えられることです。皮肉なことかもしれませんが、民主主義国家であるがゆえに、選挙における勝利のために、民族主義に目覚めた民衆に対して強いリーダーとして振る舞わなくてはならない場面もありうるのです。

5 結語——和解は必要か

初めに述べたように、武力紛争後の国家復興や国家建設を「国際社会」が支援する際、紛争当事者間の和解を条件にすることが多くあります。しかし、和解は国家復興や国家建設にとって本当に必要なのでしょうか。和解と武力紛争後の国家復興や国家建設との因果関係の有無は、本章では明らかにできませんでした。しかし、本章で取り上げたボスニア、コソヴォ、マケドニアのいずれの事例をざっと読んでいただくだけでも、民族間の和解にはほど遠いことが容易に理解できるのではないでしょうか。和解の兆しとなりそうな「事件」が取り上げられることがときにありますが、いずれもエピソードとして語られる程度であり、民族間関係の全般的な改善にはつながっていません。他方で、和解が進んでいないからといって、いずれの国家も独立国家として破綻しているわけでもありません。

かなり乱暴な議論になるかもしれませんが、国家制度構築の際に民族間関係に留意しすぎたために、国家復興や国家建設の過程が遅れているということはないのでしょうか。本章でも触れましたように、ボスニアの隣国であるクロアチアでは独立宣言直後の一九九一年夏から内戦が起こり、国土の三分の一をセルビア人に占領されていました。しかし、クロアチア軍は、一九九五年夏に国連保護軍が展開するセルビア人地域を急襲し自力で国土回復に成功しました[*11]。その際のクロアチア軍による残虐行為は「国際社会」の非難を浴び、司令官がハーグの旧ユーゴ国際刑事法廷で裁かれました[*12]。しかしクロアチアは二〇一三年七月にEU二八番目の加盟国となりました。それに対して、ボスニア、コソヴォ、マケドニアはそれぞれEU加盟を希望していますが、いまだに果たせていません。「国際社会」から非難を受けたクロアチアがEU加盟を果たし、「国際社会」が主導し

＊10　二〇一八年FIFAワールド・カップ大会において、「スイス対セルビア」の試合の際に、スイス・チームのアルバニア人選手が、アルバニアの象徴である「鷲」を両手で表現して問題になりましたが、この事件の背後にはこうした事情も存在しているのです。

＊11　一部地域は二年間の国連暫定統治を経て一九九八年一月にクロアチアの実効支配下に復帰しました。

＊12　大物の戦犯として注目を浴びていた司令官ゴトヴィナ（Gotovina, A.）は二〇〇五年一二月に逮捕されましたが、二〇一二年一一月に控訴審にて無罪判決を受けました。なお、クロアチア大統領トゥジマンは一九九九年一二月に現役中に死亡していますが、もし生存していたならば、彼も旧ユーゴ国際刑事法廷によって起訴される可能性があったとされます。

た国家復興・国家建設中のボスニア、コソヴォ、マケドニアはその道半ばです。こうした事態を我々はどのように理解したらよいのでしょうか。民族間関係を安定化させるために民族的少数派を保護することは重要です。そして、その前提として民族間の和解が確かに存在するのでしょう。しかし、紛争後国家には、和解による安定した民族間関係を創出するコストを負担するだけの余裕はありません。

さらにグローバル化の影響です。これらの国の人々にとって、日々の生活の自衛手段に向けた選択肢としてまず考えられることは、現行の民族主義政治への積極的参加です。しかし、彼らの眼により魅力的に映るのは、グローバル化に呼応して、より豊かで安定した外国へ移住することです。そして、もし彼らが国外に流出したならば、後に残るのは、グローバル化に対応できずに強い不満をもつ人々とそれを利用するポピュリズム政治家です[13]。こうした現状を踏まえれば、少なくとも本章で取り上げた三カ国について予想される将来は、民族主義政治の克服ではなく深化であるといえましょう。

民族的少数派の保護をビルトインしている体制を有するボスニア、コソヴォ、マケドニアが国家建設に悩み、民族的少数派であるセルビア人の多くを国外に追放したクロアチアがEU加盟を果たしているという現実からは、なぜ和解は必要かという疑問が浮かんできます。俗に「衣食足りて礼節を知る」といいます。もし和解が必要であるという前提に立つのであれば、それと並行して、人々の経済状態にも配慮する必要があるのではないでしょうか。とはいえ、「国際社会」、より正確にいえば、「国際社会」を構成する各国も、その各国の活動を支える我々も、めまぐるしく動いているグローバル化に翻弄され、紛争後国家にまで思いを致す余裕がないというのが、実際のところなのでしょう。

【引用文献】

（1） 柴宜弘（1996）『ユーゴスラヴィア現代史』岩波書店

（2）月村太郎（2006）『ユーゴ内戦――政治リーダーと民族主義』東京大学出版会
（3）月村太郎（編）（2017）『解体後のユーゴスラヴィア』晃洋書房
（4）Kaldor, M. (1999) *New and old wars: Organized violence in a global era*. Cambridge: Polity Press.（山本武彦・渡部正樹訳〈2003〉『新戦争論――グローバル時代の組織的暴力』岩波書店）
（5）月村太郎（1994）「多民族国家における統合と解体――ユーゴスラヴィアにおける解体過程を例として」『年報政治学』四五号、七九－一〇〇頁
（6）（2）の文献
（7）（2）の文献
（8）（2）の文献
（9）大庭千恵子（2017）「マケドニア共和国」月村太郎編『解体後のユーゴスラヴィア』一二九－一五四頁
（10）（3）の文献
（11）久保慶一（2017）「ボスニア・ヘルツェゴヴィナ」月村太郎編『解体後のユーゴスラヴィア』六七－九二頁
（12）小山雅徳（2017）「コソヴォ共和国」月村太郎編『解体後のユーゴスラヴィア』一五五－一八〇頁
（13）Krastev, I. (2017) *After Europe*. Philadelphia: University of Pennsylvania Press.（庄司克宏監訳〈2018〉『アフター・ヨーロッパ――ポピュリズムという妖怪にどう向きあうか』岩波書店）

URL①：国連平和構築委員会設立総会決議［https://www.mofa.go.jp/mofaj/gaiko/peace_b/pdfs/pbc_051220_gares60-180.pdf］
URL②：デイトン合意［https://peacemaker.un.org/sites/peacemaker.un.org/files/BA_951121_DaytonAgreement.pdf］
URL③：国連安保理決議一二四四［http://www.un.org/en/ga/search/view_doc.asp?symbol=S/RES/1244(1999)］
URL④：コソヴォ憲法［http://www.kuvendikosoves.org/?cid=2,1058］
URL⑤：オフリド合意［https://www.osce.org/skopje/100622?download=true］
URL⑥：改正マケドニア憲法［http://www.sobranie.mk/the-constitution-of-the-republic-of-macedonia.nspx］
（最終閲覧日はいずれも二〇一九年七月五日）

（注記）　本章は科学研究費助成事業「基礎研究（B）（特設分野）」（課題番号一七ＫＴ〇〇三）による研究成果の一部である。

第8章 クロアチアの民族紛争と歴史教育を通じた和解の試み

【石田信一】

ヨーロッパ南東部に位置するバルカン半島は、多くの民族や宗教が混在する地域で、中世末期から、その大半がオスマン帝国の支配下に置かれていました。一九世紀に各民族の間で独立運動が活発化しますが、オスマン帝国との戦いだけでなく、各国の領土をめぐる争いも続き、ヨーロッパの火薬庫と呼ばれるようになりました。第一次世界大戦の発火点となったサライェヴォ事件の舞台であり、第二次世界大戦ではユーゴスラヴィア、アルバニア、ギリシャなどで侵略者に対する抵抗運動だけでなく激しい内戦が繰り広げられたことでも知られています。二〇世紀末に起こったユーゴスラヴィア紛争は、バルカン半島のヨーロッパの火薬庫としての側面を再認識させるものでした。この紛争による被害に関するデータは確定していないものの、死者一四万人に加えて、難民となった人々は約四〇〇万人に達するともいわれています。ユーゴスラヴィア紛争はいくつかの局面に分けて考えることができますが、本章では一九九一年に始まり一九九五年に和平が結ばれたクロアチアの紛争を取り上げます。この紛争は、より大規模なものとなったボスニアやコソヴォの紛争に先行するもので、クロアチア人とセルビア人の民族対立が内戦の様相を呈したことに加え、国連保護軍の駐留など国際社会の積極的な関与という点でも注目すべき事例となっており、日本にもすぐれた先行研究があります(1・2)。

本章では、まず歴史的・文化的要因や経済的要因を含む紛争の背景および経過について概観したうえで、その過程で敵対感情が高まったクロアチア人とその隣人たちの和解に向けた動きを、とくに歴史教育を通じた試みにしぼって紹介していきます。

1 ユーゴスラヴィアにおけるクロアチア

A　南スラヴ統一国家の樹立

ユーゴスラヴィアとは南スラヴ人の土地もしくは国を意味し、第一次世界大戦直後の一九一八年に南スラヴ諸民族の統一国家としてセルビア王国、モンテネグロ王国、オーストリア゠ハンガリー帝国の一部をあわせてセルビア王家の下に建国されたセルビア人・クロアチア人・スロヴェニア人王国を起源としています。当初は通称でしかなかったユーゴスラヴィアが正式な国名として採用されるのは一九二九年のことです。

同じ系統の言語を用いる南スラヴ諸民族という共通性はあるにせよ、実際には歴史的・文化的背景の異なる諸集団からなる多民族国家であったこの王国は、建国当初から民族問題に悩まされてきました。国名に登場する主要三民族のうち、セルビア人は古くはビザンツ帝国、のちにオスマン帝国の支配下にあって、宗教的にはセルビア正教徒が多く、キリル文字を使用するなどの文化的特徴をもっていました。一方、クロアチア人とスロヴェニア人は第一次世界大戦期までハプスブルク家が支配するオーストリア゠ハンガリー帝国の支配下にあり、ローマ゠カトリック教徒が多く、ラテン文字（ローマ字）を使用することにかぎらず、西ヨーロッパあるいは中央ヨーロッパ文化圏の一部をなすという点でセルビア人とは大きく異なっていました。なお、クロアチア人は一〇世紀から一一世紀にかけて独立した中世クロアチア王国を築き、その後はハンガリー王国、続いてハプスブルク（オーストリア＝ハンガリー）帝国の支配下に入ったものの、クロアチア王国の名称と高度な自治を認められていたと考えられています。

両大戦間期のユーゴスラヴィアでは、連邦制や分権制ではなくセルビア人支配層による中央集権体制がとれており、政府閣僚や王国軍将校の圧倒的多数をセルビア人が占め、財政面でも首都ベオグラードを擁するセルビアが優遇されていました。クロアチア王国の自治の拠り所となってきたクロアチア総督やクロアチア議会も廃止されてしまいます。これを不服とするクロアチア人とセルビア人の対立は、一九二八年にクロアチアを代表する政治家であった農民党のラディッチ（Radić, S.）らが、あるセルビア民族主義者に国会議事堂で暗殺された事件によって、頂点に達しました。翌年、国王アレクサンダル一世（Aleksandar I［Karađorđević］）はこの事態を収束させるために国王独裁制の導入を宣言し、前述のとおり、国名を個々の民族の名称とは無関係のユーゴスラヴィア王国に改称したのですが、のちに国王自身がクロアチア人の極右団体ウスタシャと結びついた内部マケドニア革命組織のメンバーによって外遊中のフランスで暗殺されています。その後、クロアチア人に譲歩する形で広範な自治権をもつクロアチア州が創設されたものの、第二次世界大戦の勃発がその意味を失わせてしまいます。

ユーゴスラヴィアはイタリア、ドイツ、ハンガリー、ブルガリアなど枢軸陣営の国々に取り囲まれながらもしばらく中立を維持していましたが、結局は一九四一年にこれらの国々に占領・解体されてしまいます。その際に、クロアチアには「クロアチア独立国」と称する傀儡国家が樹立され、その担い手となったウスタシャによって人種差別的政策が断行されました。ドイツに倣ってユダヤ人とロマ（ジプシー）の迫害が行われただけでなく、それよりはるかに多くのセルビア人が追放されたり処刑されたりしました。この犠牲者数に関しては、クロアチアとセルビアの研究者が挙げる数値に極端な開きがあり、数多くのセルビア人が犠牲となったヤセノ

表8-1　各共和国・自治州の人口比と経済指標（1989-1990年[3・4]）

①ユーゴスラヴィア全体に占める人口比率（%）、②「社会生産」の比率（%）、③輸出額（100万ドル）、④失業率（%）、⑤名目賃金（ユーゴスラヴィア＝100）、⑥1人あたり国民総生産（ユーゴスラヴィア＝100）

	ボスニア	モンテネグロ	クロアチア	マケドニア	スロヴェニア	セルビア本土	コソヴォ	ヴォイヴォディナ
①	18.4	2.6	20.5	8.5	8.4	25.4	7.1	9.1
②	12.4	1.8	25.6	5.4	19.6	22.5	1.9	10.9
③	2157	640	6533	652	4904	3864	220	1260
④	21.1	22.2	9.0	23.0	5.2	16.7	38.8	17.1
⑤	80	74	114	76	136	96	53	97
⑥	65	71	123	65	200	100	24	118

※「セルビア本土」に自治州（コソヴォとヴォイヴォディナ）は含まない。

ヴァッツ強制収容所はその焦点となっています。これを別にしても、ユーゴスラヴィアにとって、第二次世界大戦はドイツやイタリアのような枢軸陣営の国々との戦いというよりも、同じ国民が民族やイデオロギーの違いから激しく対立しあう「兄弟殺し」の内戦としての性格を帯び、各民族の間に禍根を残すことになります。

B　連邦国家としての再編

この内戦を勝ち抜いたのが、諸民族の平等を謳いながら自力で国土解放を進めたチトー（Tito, J. B.）率いる共産党であり、彼らによってユーゴスラヴィアはセルビア、クロアチア、スロヴェニア、ボスニア・ヘルツェゴヴィナ（以下、ボスニア）、マケドニア、モンテネグロの六つの共和国からなる連邦人民共和国（のちに社会主義連邦共和国に改称）として再編されました。**表8-1**①行に共和国別人口比、**表8-2**には民族構成比を示します。なお、セルビアにはヴォイヴォディナ自治州とコソヴォ・メトヒヤ自治区（のちにコソヴォ自治州に昇格）が設置されたのですが、このことはセルビアを分断するものとしてセルビア人の不満を強めることになります。さらに、従来のセルビア人、クロアチア人、スロヴェニア人に加えて、マケドニア人とモンテネグロ人が新たに主要民族として認められたのですが、彼らとそれ以外の少数民族との間には必ず

表 8-2　ユーゴスラヴィアおよびクロアチアの民族構成（1981年[5]）

ユーゴスラヴィア			クロアチア		
民族	人口（人）	比率（%）	民族	人口（人）	比率（%）
セルビア人	8,140,452	36.3	クロアチア人	3,454,661	75.1
クロアチア人	4,428,005	19.8	セルビア人	531,502	11.6
ムスリム人	1,999,957	8.9	ハンガリー人	25,439	0.6
スロヴェニア人	1,753,554	7.8	スロヴェニア人	25,136	0.5
アルバニア人	1,730,364	7.7	ムスリム人	23,740	0.5
マケドニア人	1,339,729	6.0	チェコ人	15,061	0.3
モンテネグロ人	579,023	2.6	イタリア人	11,661	0.3
ハンガリー人	426,866	1.9	モンテネグロ人	9,818	0.2
「ユーゴスラヴィア人」	1,219,045	5.4	「ユーゴスラヴィア人」	379,057	8.2

※「ユーゴスラヴィア人」は民族区分ではない。

しも平等ではない面があったことも事実です。ボスニアのムスリムは一九六〇年代に入ってムスリム人として主要民族の仲間入りをしますが、そもそもアルバニア本国をもっていて南スラヴ諸民族でもないコソヴォのアルバニア人は、コソヴォで圧倒的多数を占めるにもかかわらず、最後まで少数民族とみなされ、独自の共和国をもつことは認められませんでした。

　諸民族の融和を進めるために、ユーゴスラヴィア連邦の共産党政権は個々の民族主義的な動きには厳しい態度で臨みました。共産党以外の政党は全て非合法化され、第二次世界大戦までクロアチアを代表する政党であった農民党の指導者マチェク（Maček, V.）ら多くのクロアチア人政治家が亡命を余儀なくされ、共産党員でもクロアチアの利害を代弁しがちであったヘブラング（Hebrang, A.）らが粛清されています。クロアチア人の多くが信仰するカトリック教会も弾圧の対象となり、ザグレブ大司教であったステピナツ（Stepinac, A.）らが逮捕・投獄されました。このような態度は歴史的人物にまで及び、各地で彼らにちなんだ大通りや広場の名称が変更されたり、銅像が撤去されたりしました。一九世紀半ばのクロアチア総督イェラチチ（Jelačić, J.）に由来するザグレブのイェラチチ広場が共和国広場に変更され、そこにあった彼の巨大な騎馬像が撤去されたことは、共産党政権が倒された一九九〇年に復活を果たしたこととあわせて、よく知られています。

一九六〇年代半ばからユーゴスラヴィア連邦で自由化・分権化の動きが見られますが、この時期にクロアチア人の間でもクロアチア語に関する文化的要求や自治権の拡大を求める政治的要求が強まります。一九七〇年代初頭には共産党指導部の改革派を巻き込みながら「クロアチアの春」と呼ばれる大衆運動が起こり、学生らがクロアチアの独立を求めてストライキを組織するほどにエスカレートしますが、最後はチトー大統領の介入もあって警官隊によって鎮圧されてしまいます。クロアチアでは指導部の一新と数万人もの共産党員の除名、さらに「クロアチアの春」に関与した多くの知識人や学生の逮捕・投獄が続き、政治的発言を避ける「クロアチアの沈黙」と呼ばれる時期を迎えることになったのです。

2　ユーゴスラヴィア紛争の背景

A　統合の三つの絆

ユーゴスラヴィア紛争が起こり、短期間のうちに連邦が解体してしまった現在となっては、むしろこれほどの多様性をもったユーゴスラヴィアがなぜ長期にわたり統合を維持できたのかという点こそが謎のように見えるかもしれません。その答えとしては不十分かもしれませんが、ユーゴスラヴィアには三つの統合の絆が存在し、それがこの国を支えてきたといわれています。[6]

その一つとして、何よりもチトー大統領というカリスマ的指導者の存在が挙げられます。チトー自身はクロアチア人でしたが、決してクロアチア民族主義者ではありませんでした。前述のとおり、チトーは第二次世界大戦中の抵抗運動、パルチザンによる人民解放闘争を指導し、国土を解放するとともに、戦後まもなく共産党政権を打ち立てた人物です。ソ連との関係悪化を契機に独自の社会主義路線を歩むこととなりましたが、逆にこのことによって、ユーゴスラヴィアは東西両陣営と距離を置く「第三世界」の国々を糾合した非同盟諸国会議において指導的役割を担い、それが国際的な地位の向上にもつながったとされています。チトーは終身大統領として、一九八〇年に八七歳で亡くなるまでこの国の指導者であり続けました。ちなみに、チトー没後は集団指導体制が導入されたため、社会主義時代のユーゴスラヴィアにおいて大統領の地位に就いたのはチトーただ一人となっています。現在では、反対派の弾圧や個々の政策の失敗、さらにはチトー自身の個人崇拝に対して厳しい批判が向けられることがありますが、同時代の人々にとって統合の象徴としての役割を果たしていたことは疑いありません。

第二の統合の絆は、ユーゴスラヴィア共産主義者同盟です。一九五〇年代に共産党から改称したユーゴスラヴィア唯一の公認政党であり、一九八〇年代においても二〇〇万人以上の党員を擁していました。また、第三の統合の絆はユーゴスラヴィア人民軍であり、それは第二次世界大戦中に共産党の指揮下で抵抗運動を繰り広げ、同世代の人々に共通の体験と記憶を残した「パルチザン神話」ともいうべきものを引き継いでいました。いずれも、第二次世界大戦後に諸民族の平等の下に社会主義連邦国家として再編されたユーゴスラヴィアを象徴する存在であり、ユーゴスラヴィアの統合を妨げる動きには厳格に対処するという意味で、より実質的な統合の役割を担っていたともいえます。もっとも、共産主義者同盟の党員やユーゴスラヴィア人民軍将校の民族構成を見てみると、いずれも大きな偏りがあったことがわかります。総人口と比べて、セルビア人とモンテネグロ人の比率が極端に高く、クロアチア人とスロヴェニア人の比率が総じて低かったのです（**表8-3・表8-4**）。とくに人民軍将校においてはこの傾向が顕著で、のちにクロアチア人が人民軍を「セルビア軍」と見なして敵視する原因にもなっています。

一方で、一九八〇年代に入ると、ユーゴスラヴィアの統合を維持する求心力の低下が見られるようになりま

表8-3　ユーゴスラヴィア共産主義者同盟の民族構成比（%）（1984年[7]）

セルビア人	クロアチア人	ムスリム人
47.1	14.7	7.9
スロヴェニア人	**マケドニア人**	**モンテネグロ人**
5.3	6.7	5.4

表8-4　ユーゴスラヴィア人民軍の民族構成比（%）（1981年[7]）

	セルビア人	クロアチア人	ムスリム人
将官	50.3	14.4	2.0
佐官	62.7	10.4	1.8
	スロヴェニア人	**マケドニア人**	**モンテネグロ人**
将官	7.8	7.8	12.4
佐官	2.4	6.1	7.6

した。最初のきっかけは、一九八〇年にチトーが亡くなったことにあります。すでにチトーが高齢であったため、生前から集団指導体制に移行するべく各共和国・自治州の代表と共産主義者同盟議長の九名からなる連邦幹部会という組織がつくられていましたが、議長が一年ごとに交代する輪番制で、チトーの後継者にあたるような政治指導者は現れませんでした。

B　経済危機と民族主義の高揚

より本質的な問題としては、ユーゴスラヴィアが一九八〇年代を通じて長期的な経済危機に陥ったこと、その間に一九七四年憲法に基づく六共和国・二自治州からなる「緩やかな連邦制」の抱える問題が顕在化したことが挙げられます。石油危機や世界的な不況によって悪化した経済危機は、一九七〇年代にユーゴスラヴィアが西側諸国から得た融資の返済を困難にし、二〇〇億ドルを超える対外債務を累積させることとなりました。もとより高い数値を示していたインフレ率は、一九八七年末に一六九%、一九八八年末に二四五%、一九八九年末には二六八五%にまで達し、国民生活を困窮させます[8]。しかも、ユーゴスラヴィア国内の地域格差の問題が、こうした経済危機に際して、あらためて露呈してしまいます（**表8-1**②〜⑥）。社会生産（国民総生産）や輸出額といった指標からユーゴスラヴィアにおけるクロアチアの経済的重要性がうかがえますし、失業率、名目賃金、住民一人あたりの国民総生産などの指標からは、クロアチアがスロヴェニアと並ぶ先進地域であり、後進地域との間に大きな経済格差が生じていたことがわかります。

コソヴォのような後進地域では、こうした格差が是正されないことへの不満が高まりますが、逆にスロヴェニアのような先進地域は、後進地域に対して開発基金の拠出を強いられるという財政負担の問題やこの基金の非効率的な運用に反発を強めていきます。スロヴェニアは、一九八九年には自らの共和国憲法を修正して、「経済主権」だけでなく、連邦を離脱する権利を含む共和国主権を盛り込むに至ります。この頃になると、クロアチアも長い「沈黙」を破って、スロヴェニアに追随する動きを見せることになります。

一九八〇年代にはユーゴスラヴィア各地で民族主義が高揚していきますが、いうまでもなく、これはその後の紛争に直接つながる性質のものでした。最初に起こったのは、コソヴォのアルバニア人による暴動事件であり、それに続く彼らと同地方に住むセルビア人やモンテネグロ人との民族対立でした。一九八六年にセルビア科学芸術アカデミーがセルビア民族主義を全面に掲げた文書、いわゆる「覚書」を作成しましたが、これは一九七四年憲法の下でセルビアがコソヴォやヴォイヴォディナと事実上切り離され、さまざまな不利益を受けているとして、憲法の修正を求めるものでした。同じ時期にセルビアの実権を握ったミロシェヴィッチ（Milošević, S.）はこれを利用し、セルビア民族主義に訴えることでセルビア人の間で熱狂的な支持を得ることに成功します。一九八九年にセルビア共和国憲法の修正によって自治州の権限は大幅に縮小され、コソヴォにかぎらず、ヴォイヴォディナやモンテネグロでも彼の意に沿わない指導者の更迭が行われました。ミロシェヴィッチのこうした政治手法はクロアチアやスロヴェニアに危機感を抱かせ、民族間の不信・対立を助長することとなります。

なお、一九八九年は東西冷戦が終結した年でもありますが、それはユーゴスラヴィアの非同盟外交の意義を著しく低下させるものでした。また、同じ年に連鎖的に起こった東欧諸国の民主化の動き、いわゆる「東欧革命」によって、ユーゴスラヴィアでも改革の機運が高まります。この国が複数政党制に移行するのは一九九〇年のことですが、それ以前からスロヴェニアとクロアチアでは反体制派の知識人らによって共産主義者同盟とは異なる政治グループが誕生しており、その点でもセルビアとの違いが際立っていました。結局、ユーゴスラヴィア共産主義者同盟も一九九〇年一月の第一四回臨時大会で分裂して全国組織としては消滅し、ついに統合の絆としての役割を終えることになります。各共和国の共産主義者同盟は選挙に向けて党名を変更し、たとえばクロアチアではまず民主変革党、のちに社会民主党に改称して、現在に至るまで主要政党の一つとして活動を続けています。

3　クロアチアにおける紛争の展開

A　ユーゴスラヴィア紛争の幕開け

ユーゴスラヴィア共産主義者同盟が分裂するのとほぼ同時に、連邦レベルでの合意がないままに各共和国で複数政党制への移行が最終的に決定され、一九九〇年四月〜一二月の間、独自に共和国議会選挙や統一地方選挙が実施されました。その結果、共産主義者同盟とその後継政党はセルビアとモンテネグロで与党となって政権を維持することに成功しますが、その他の共和国では政権の座を追われることとなりました。各共和国の共産主義者同盟による連帯も、こうして失われてしまいます。各共和国で民族主義の色彩を帯びた新政権が誕生しますが、国際政治学者の月村は、この時期になると連邦幹部会や連邦政府よりも「各共和国政府が国際社会によって重視されるという奇妙な現象がしばしば起きていた」と指摘しています。(9)

各共和国の選挙が一段落すると、ユーゴスラヴィアの将来像をめぐる協議が、当初は連邦幹部会に各共和国首脳を加える形で、途中から各共和国首脳会談として、一九九〇年一二月から一九九一年六月まで継続的に行われました。しかし、そこではクロアチアとスロヴェニアの提示した「国家連合化構想」とセルビア主導の連邦幹部会による「連邦再編構想」が対立し、将来像をめぐる協議は平行線をたどります。このうち「国家連合化構想」はヨーロッパ共同体をモデルとする緩やかな連合形態をめざすもので、国防や外交に至るまで各共和国の自由な裁量にまかせる内容でした。一方、「連邦再編構想」は連邦離脱権を明記したことを除けば、従来の連邦制を維持しようとする内容でした。各共和国首脳会談では、新たにボスニアとマケドニアが一種の折衷案として「将来のユーゴスラヴィア共同体構想」を提示しますが、やはり完全な合意には至りませんでした。結局、自らの「国家連合化構想」が受け入れられないと判断したクロアチアとスロヴェニアは、住民投票による独立の意思確認などの手続きを経て、一九九一年六月二五日、一方的に独立宣言に踏み切ります。その直後、ユーゴスラヴィア人民軍がスロヴェニアに侵攻したことにより、ユーゴスラヴィア紛争の第一の局面であるスロヴェニアにおける「十日間戦争」が始まったのです。

もっとも、それはユーゴスラヴィアにおける最初の武力衝突というわけではなく、すでにクロアチア各地で武力衝突は起こっていました。それはクロアチア初代大統領となったトゥジマン（Tuđman, F.）のセルビア人問題への対処と関連しています。トゥジマンは若くしてユーゴスラヴィア人民軍の将官まで務めた人物ですが、退役後は歴史家となり、その民族主義的な主張で物議を醸すことが多く、「クロアチアの春」でも逮捕・投獄されています。一九八九年に自らクロアチア民主同盟を結成し、翌年のクロアチア議会選挙で地滑り的勝利を収め、クロアチア大統領として実権を掌握しました。彼がミロシェヴィッチに対抗するかのようにクロアチア民族主義に基づく政策を打ち出すと、クロアチア人口の一二%を占めるセルビア人は危機感を強め、住民投票を実施したうえで「自治区」の設立を一方的に宣言し、やがてクロアチアが独立へと向かうと、クロアチアからの「自治区」の分離とユーゴスラヴィア残留を宣言したのです。その間、世界自然遺産の湖沼群で知られるプリトヴィツェなどクロアチア各地で、クロアチア警察部隊と武装したセルビア人との武力衝突事件が起こっていたのです。なお、ユーゴスラヴィアからの分離・独立であれクロアチアからの分離とユーゴスラヴィア残留であれ、必ず住民投票を実施し、圧倒的多数の支持を得てから実行に移すという手法は、この時期のユーゴスラヴィア各地で共通していますが、投票自体をボイコットした反対派の意向がまったく反映されないことや、住民投票が行われる範囲を実施者側が有利になるように設定してしまうケースも多いことなど、この手法に問題がなかったとはいえません。

B　クロアチアにおける紛争の激化

スロヴェニアにおける「十日間戦争」が、その名前の示すとおりに短期間でスロヴェニア側の事実上の勝利で終結したのに対し、クロアチアでは独立宣言の直後こそユーゴスラヴィア人民軍は静観していたものの、スロヴェニアからの撤退を開始した時期に、いよいよクロアチア側の正規部隊との間で交戦状態に入ってしまいます。これがユーゴスラヴィア紛争の第二の局面であるクロアチア紛争です。アドリア海の世界遺産都市ドゥブロヴニクやドナウ川を隔ててセルビアと国境を接するヴコヴァルへの攻撃もこの時期に始まり、とくにヴコヴァルは三カ月に及ぶ激しい戦闘を経て陥落し、住民の虐殺事件が起こったことでも知られています。これらの戦闘を通じて、クロアチアの国土の三割弱がユーゴスラヴィア人民軍を後ろ盾としたセルビア人勢力の支配下に置かれることになりました。一方、この時期にクロアチアでは主要野党を巻き込んだ「挙国一致内閣」が組織され、トゥジマン大統領の下で「戦時体制」が築かれていきます。

一九九一年末には、ドイツがクロアチアとスロヴェニアの独立を認める方針を打ち出し、翌年一月にはドイツを含む欧州共同体（ＥＣ）が両国の独立を承認する決定を行いました。とくにクロアチアは、戦場での劣勢をメディア戦争や外交上の駆け引きにおいて挽回したように思われます。紛争当初には躊躇していた国際社会の支持が得られたことにより、各共和国の分離・独立、すなわちユーゴスラヴィア連邦の分裂がほぼ決定づけられたのです。実際にセルビアとモンテネグロがマケドニアやボスニアを取り込むことを断念して新たな連邦国家・ユーゴスラヴィア連邦共和国を立ち上げたのは、一九九二年四月二八日のことです。この国はユーゴスラヴィアの名称を引き継いだとはいえ、南スラヴ諸民族の統一国家という本来の意味合いを著しく欠いたものとなっていました。

一九九二年二月にクロアチアにおけるクロアチア軍とセルビア人勢力との停戦監視および「クライナ・セルビア人共和国」を称していたセルビア人の支配地域の非武装化・治安維持を目的として国連保護軍（ＵＮＰＲＯＦＯＲ）が展開されたことにより、クロアチアにおける戦闘はいったん収束に向かいます。セルビア人の支配地域は国連保護区として位置づけられ、クロアチア本土との分断が固定化します。クロアチア側の主張では、国連保護区においても家財などの略奪行為やカトリック教会などの宗教施設や文化財の破壊が行われ、残されたクロアチア人の追放や殺害が続いたといわれています。もっとも、国連保護軍に対して地元セルビア人指導者も協力的ではなく、彼らと領土奪還をめざすクロアチア軍との戦闘も完全にはなくなりませんでした。

一九九五年三月に国連保護軍は改編され、国連保護区には大幅に兵力を削減したクロアチア信頼回復活動（ＵＮＣＲＯ）が展開されることになりました。しかし、クロアチアはこの機会に攻勢を強め、五月に稲妻作戦によって西スラヴォニアを、八月に嵐作戦によって東スラヴォニアを除くセルビア人の支配地域を奪還して「クライナ・セルビア人共和国」を崩壊させ、クロアチアのユーゴスラヴィアからの分離・独立のための戦い、彼らがいうところの「祖国戦争」に自らの勝利で終止符を打ったのです。残された東スラヴォニア一帯に関しても、同年一一月のエルドゥト合意によって平和的に再統合されることが決定しました。同地方は国連東スラヴォニア暫定統治機構（ＵＮＴＡＥＳ）の統治下に置かれますが、一九九八年一月にクロアチアへの復帰を果たし、クロアチアはようやく独立前の国土を回復したのです。なお、結果的に東スラヴォニアには多くのセルビア人が残留することになりましたが、今なおクロアチア国内のセルビア人問題は完全に解消されたわけではありません。最近でも、二〇一三年から翌年にかけてヴコヴァルで、ラテン文字とキリル文字の二種類の文字で表記されていた公共施設の表札や道路標識などからの、セルビア人が使用するキリル文字の抹消を求める運動が起こり、賛成派と反対派の住民の間で緊張が高まりました。

C　他の地域への紛争の拡大

ところで、クロアチアに国連保護軍が導入された時期に、ボスニアではボスニア人を意味するボシュニャクを自称するようになったムスリム人、セルビア人、クロアチア人の関係が悪化し、各地で武力衝突が頻発するようになりました。これがユーゴスラヴィア紛争の第三の局面であるボスニア紛争です。セルビアと同じく、ボスニアに隣接し数多くの同胞を抱えるクロアチアもこの紛争に積極的に介入し、一時はクロアチアとボスニアの国家連合構想まであったほどでした。一九九五年一一月のデイトン合意で紛争は終結しますが、ボスニアという国家は維持されたものの、実際にはムスリム人とクロアチア人のボスニア連邦とセルビア人（スルプスカ）共和国に二分され、しかも国際社会と多国籍軍の監視下に置かれることとなったのです。

その後も一九九八年から一九九九年にかけてコソヴォで、また二〇〇一年にマケドニアで、それぞれ紛争が起こっています。とくに一九八〇年代から続くアルバニア人とセルビア人の対立を反映したコソヴォ紛争に際しては、国連安保理決議を経ずにアメリカを中心とするＮＡＴＯ軍が首都べオグラードを含むユーゴスラヴィア（セルビア・モンテネグロ）各地を空爆したことで、日本でも大きく報道されました。その後、二〇〇三年にユーゴスラヴィアは実態にあわせるようにセルビア・モンテネグロと改称され、さらに二〇〇六年にセルビアとモンテネグロに分かれることとなります。また、コソヴォはセルビアから切り離されて国連コソヴォ暫定行政ミッション（UNMIK）の管理下に置かれ、二〇〇八年に一方的に独立を宣言したものの、これを承認していない国も少なくありません。

こうして、かつてのユーゴスラヴィア連邦から七つの国々が誕生したのですが、各国は国境問題をはじめとする未解決の問題を抱えたままで、それぞれの関係は必ずしも良好なものとはいえません。たとえば、クロアチアの欧州連合（EU）加盟が国境問題で対立するスロヴェニアの妨害もあって遅れてしまったという事実が、このことを象徴しています。一部ではユーゴスラヴィア連邦時代を懐かしみ美化する「ユーゴノスタルジア」と呼ばれる風潮があり、また実際に貿易の促進やインフラの整備といった分野で多国間での地域協力が進められていることも確かですが、いかなる国家形態であれ、ユーゴスラヴィアを再建しようとする動きは、今のところありません。

4 歴史教科書をめぐる問題

A 歴史教科書を通じた和解の試み

こうしてユーゴスラヴィア紛争は終結し、その後継諸国間では地域協力が進められているものの、なお住民の間には紛争の記憶が生々しく残り、その時期に生じた敵対感情や不信感を抱いたままとなっている面があります。そのため、これらを払拭し、ある種の和解をもたらそうとする試みがなされてきました。たとえば、音楽、スポーツ、あるいは学校教育を通じた諸民族の融和の試みがよく知られており、日本のＮＧＯなども積極的に関与してきました。ここからは視点を変えて、こうした試みの一つである歴史教育を通じた和解の試みについて考察することにします。

日本でも歴史教科書の記述あるいは歴史認識そのものをめぐって近隣諸国との間でたびたび論争や不和が生じてきたように、歴史教育は愛国心を育み、国民（民族）意識を高めることを目的としており、和解とは逆の、むしろ紛争の原因となる危険性をはらんでいます。教育社会学者の近藤は、「公教育という枠組みのなかで、歴史教育は自らの国民・国家を賛美する傾向を中核に組み込んだ形で成立して」おり、早くから「各国で自国政府にとって都合のよい歴史が教えられ、それが他国民に対する偏見と敵愾心を育てているという批判の声が上がっていた」と指摘しています[10]。また、後述する南東欧（バルカン）諸国の「共同歴史プロジェクト」の責任者であるギリシャのクルリは「歴史教科書は、異なる民族あるいはエスニック集団間の不寛容さを示す潜在的な原因の一つ、したがって紛争の一要因として認識される」ことを前提としつつ、教科書の改善が「長期的な信頼醸成」、すなわち和解のための方策として機能すると主張しています[11]。

こうした教科書の改善は「国際歴史教科書対話」によって実現されることもあります。それは「まず複数国の歴史研究者、教師、また場合によっては教科書出版社や行政の代表も参加して国際的な会議を開き、各国の歴史教科書やその他の教材のなかに存在する自国中心主義的な記述を相互に指摘しあうことを通して、客観的で公正な理解に到達することを目指す活動」として進められてきました[12]。近年、世界各地で「国際歴史教科書対話」に類似するプロジェクトが立案され、実際にある程度の成果を上げているものも少なくありませんが、その背景には「紛争後の、あるいは紛争化の恐れのある国や地域では、歴史教育に集団間の融和を促進する役割が期待されてきた」という事情があります[13]。当然ながら、紛争後のクロアチアもその対象になるのですが、まずクロアチアをはじめとするユーゴスラヴィア後継諸国の歴史教育・歴史教科書をめぐる問題について確認しておきます。

B　クロアチアにおける歴史教科書の問題点

クロアチアをはじめとするユーゴスラヴィア後継諸国では、共産主義者同盟による一党支配が終焉を迎えた一九九〇年以降、それぞれに学校教育制度、カリキュラム、教科書の刷新が行われました。とくに歴史教育・歴史教科書に関しては、時期的にも、それらが民族主義的な主張を含むものとなったのは、やむをえない面があるかもしれません。逆にいえば、ユーゴスラヴィア連邦時代の大半を通じて教科書は共和国ごとに発行されていたものの、「大枠の歴史認識にそれほどの違いは見られなかった[14]」という事実は強調されるべきでしょう。クロアチアの歴史教科書の変遷を分析したペトルンガロは、ユーゴスラヴィア連邦時代の歴史教科書のほぼ一貫した特徴の一つは「我々」と「他者」の区別にあり、ユーゴスラヴィア諸民族を「我々」と見なし、セルビア人やクロアチア人といった個々の民族的特徴を認めながらも、超民族的なユーゴスラヴィア・アイデンティティあるいは社会主義アイデンティティの確立をめざす一方、どの民族かを問わず、ファシストやブルジョワジーを敵対する「他者」として位置づける点にあったと指摘しています[15]。歴史教育の専門家であるコレンによれば、一九八〇年代のクロアチアの歴史教科書からユーゴスラヴィア諸民族、すなわちセルビア人、スロヴェニア人、マケドニア人、モンテネグロ人、ムスリム人などに関して生徒たちが受けるイメージは「彼らの歴史の中に見られる肯定的な事例[16]」に基づくものでした。ユーゴスラヴィア社会史を専門とするマルコヴィチ(Marković, P.)は、「旧ユーゴスラヴィアの教科書には全くナショナリズムが加えられていなかった[17]」とさえ述べています。

しかし、独立後のクロアチアでは「国民史」(ナショナル・ヒストリー)はクロアチア人としてのナショナル・

アイデンティティを強化するものとして位置づけられ、「ユーゴスラヴィアという枠組みからのクロアチア史の抽出[18]」が試みられました。その一方で、「セルビアの歴史は可能なかぎり否定的な文脈へと置き換えられ」るとともに、「ユーゴスラヴィア国家に関する肯定的な歴史的記憶を消去するために、共有された過去の中から否定的な事例が偏向して選択され[19]」るようになったのです。現代史を取り扱う小学校八年生（義務教育の最終学年）向けの歴史教科書には、こうした特徴がはっきりと見られました[20]。そこでは、セルビア人・クロアチア人・スロヴェニア人王国の建国はクロアチアが一〇〇〇年以上にわたって維持してきた自らの国家性を失った出来事として位置づけられていますし、第二次世界大戦中に「クロアチア独立国」が樹立された背景として、ユーゴスラヴィアにおいてクロアチア人のナショナル・アイデンティティの抹消が試みられたため、クロアチア人の独立志向が高まったことがあるとの解説があります。この教科書は戦後の社会主義ユーゴスラヴィアに関しても、セルビア人支配を継承する中央集権国家であり、クロアチア人が連邦機関への雇用などで差別を受け、その後もクロアチアが経済的に不利益を被る集権主義に加えて、ユーゴスラヴィア統一主義に基づく民族政策（ユニタリズム）に直面するなどして困難な状況が続いたと説明しています。クロアチアの独立の経緯を含めて、この経済的・民族的抑圧というイメージが繰り返し登場します。なお、クロアチアにとっての「祖国戦争」はユーゴスラヴィア人民軍などによる大セルビア主義に基づく侵略戦争として位置づけられており、クロアチア人その他の「非セルビア人」に対してなされた彼らの残虐行為がことさら強調されています。それはクロアチア政府の公式見解を代弁するものでもありました。もっとも、同時代のセルビアの歴史教科書もクロアチアおよびクロアチア人に対して否定的・敵対的であることに変わりはなく、ユーゴスラヴィアを解体させた元凶として描いていました。「我々」と「他者」の区別が引き継がれ、「他者」に全ての責任を負わせていることにクロアチアとセルビアの共通性を見出すことができるかもしれません。

C　歴史教育をめぐる多国間のプロジェクトとその成果

もっとも、こうした歴史教育・歴史教科書のあり方を誰もが支持していたわけではありません。それが住民間の敵対感情や不信感を助長するという認識も広まっていきます。そこで、クロアチアとその近隣諸国でも、一九九〇年代後半にいくつかのプロジェクトが始まったのですが、その代表例がギリシャのテッサロニキを拠点とするNGO「民主主義と和解のためのセンター」（CDRSEE）が一九九八年に着手した「共同歴史プロジェクト」です。CDRSEEは一九九九年から二〇〇一年にかけて「南東欧の歴史上、慎重に扱うべきで議論の分かれる諸問題を教えること」というタイトルで七回のワークショップを開催しました。その参加者は、アルバニア、ボスニア、ブルガリア、キプロス、ギリシャ、クロアチア、ハンガリー、マケドニア、ルーマニア、ユーゴスラヴィア（セルビア・モンテネグロ）、スロヴェニア、トルコの歴史研究者および歴史教師でした。これらのワークショップの報告集として『バルカンのクリオ――歴史教育の政治学』（英語版）が刊行され、クロアチアからも前述のコレンやナイバル＝アギチチ（Najbar-Agičić, M.）が寄稿しています。[21] さらに、二〇〇〇年から二〇〇二年にかけて、教師の研修を目的とした地域ワークショップも開催されています。CDRSEEの最大の成果ともいえるのが浩瀚《こうかん》な共通歴史教材（史料集）の作成・刊行ですが、これに関しては後述します。

このほかにも、歴史研究や歴史教育に関するシンポジウムやワークショップが数多く開催されてきました。ドイツのフリードリヒ・ナウマン財団の支援を受けて、主としてクロアチアとセルビアの歴史家によって一九九八年から二〇〇五年まで一〇回にわたって開催された「歴史家対話」プロジェクトもその一つであり、各回の報告集が刊行されています。いくつかの共通テーマが設けられましたが、その一つは「歴史教科書の改訂の問題」で、上記の「共同歴史プロジェクト」と同じくコレンやナイバル＝アギチチが報告を行っています。その後もクロアチアとセルビアの歴史家の交流は続き、たとえば二〇〇六年からボスニアの歴史家も交えてドイツのフリードリヒ・エーベルト財団が支援する「記憶の文化」プロジェクトが始まっていますし、二〇〇八年からはクロアチアの「歴史・協力・和解のための協会」とセルビアの「歴史・民主主義・和解のためのセンター」の共催で「クロアチア人とセルビア人の関係」をテーマとする国際会議が毎年開催されています。やや性格は異なりますが、ドイツ・ブラウンシュヴァイクのゲオルク・エッカート国際教科書研究所が主導した「南東欧教科書ネットワーク」の構築も興味深い試みでした。南東欧諸国にハンガリー、モルドヴァ、キプロスを加えた一三カ国、約一〇〇の諸団体を結ぶネットワークで、ザグレブ大学がこれに協力しましたが、残念ながら短期間（二〇〇一〜〇二年）で活動を停止したようです[22]。

このように数多くのプロジェクトが試みられたにもかかわらず、歴史教育の現場にその成果が十分に反映されていないのが実情であり、なお克服すべき課題となっています。現在、クロアチアでは二〇〇六年に導入されたカリキュラムと学習指導要領に依拠した歴史教科書が使用されていますが、一九九〇年代から続く「クロアチア中心主義史観」が本質的に改善されたかどうかは疑問です。これらの歴史教科書でも、クロアチア史の視点からのみユーゴスラヴィア史が描かれており、学術・文化・スポーツなどを含めてクロアチア人以外のユーゴスラヴィア諸民族に触れられる場面は非常に限定的で、セルビア人に至ってはほぼ「大セルビア主義」との関わりにおいてしか登場しません。とくにクロアチアにとっての「祖国戦争」に関する記述が相当な比重を占めるなかで、そこで敵対者として位置づけられているセルビアおよび「反乱」に加担したとされるクロアチア国内のセルビア人とどう向き合うべきかが課題となっているように思われます。こうした傾向はクロアチア以外のユーゴスラヴィア後継諸国でも変わらず、ユーゴスラヴィア紛争全般に関する見解の相違は依然として埋めがたいように見えます。

5 和解に向けた共通歴史教材の取り組み

A 歴史教育における副教材の役割

このように、ユーゴスラヴィア後継諸国の歴史教育・歴史教科書そのものは、さまざまな取り組みにもかかわらず、和解を阻むような従来の問題点を解決できないまま現在に至っています。その一方で、「国際歴史教科書対話」が生み出した歴史教科書の改善の試みの一つとして、すでにドイツとフランスの間、ドイツとポーランドの間で共通歴史教科書の導入が実現しています。とくに前者は「ヨーロッパの統合を念頭に、共同で過去にとりくみ、共同で過去の記憶にとりくみ、両国に共通する一つの記憶の文化をつくりあげることを目標にしている」[23]ことが特徴の一つです。もっとも、これらの共通歴史教科書は一部で高い評価を得ているものの、実際の教育現場でほとんど採用されていないのが実情のようです。[24]

ユーゴスラヴィア後継諸国を含む南東欧諸国の場合、共通歴史教科書の導入はとうてい現実的なものとはいえないこともあり、これまでに実現しているのは、いずれも中等学校の教員もしくは生徒を対象とする副教材の作成です。必ずしもカリキュラムに縛られない副教材だからこそ、既存の教科書に対抗し、補完するものとして活用できるという積極的な理由づけもあります。たとえば、オーストリアのグラーツ大学バルカン社会文化研究センターが中心となって二〇〇〇年に始められた「南東欧の歴史と歴史教育」プロジェクトから、その成果として『過去における子供』および『過去における女性と男性』と題する二冊の社会史的な内容の中等学校向けの教材が刊行されましたが、[25・26]それらは従来のバルカン諸国の歴史教科書に欠けていた社会史、家族史、文化史といった方法を取り入れつつ、「バルカン諸国の国民史の枠を越えて地域としてのバルカンの共通性を具体的に提示しようとするもの」でした。[27]　また、ユーロクリオ（欧州歴史教員協会、ＥＵＲＯＣＬＩＯ）が二〇〇五年にボスニア、クロアチア、セルビアを対象として開始した「活動する歴史――将来構想」プロジェクトからも『普通でない国の普通の人びと』と題する中等学校の歴史教員向けの教材が刊行されています。[28]　クロアチアを含む各国の歴史教科書では取り上げられることのない微妙なトピックも扱いながら、社会主義期（一九四五～九〇年）のユーゴスラヴィアにおける政治、経済、社会・文化に関する共通の関心事を通じて「民族や宗教の違いを超えた共通の歴史理解を育むこと」[29]が、その目的であったとされます。ユーロクリオは、二〇一一年からユーゴスラヴィア後継諸国全てを対象とする新たなプロジェクトを発足させ、一九〇〇～四五年のユーゴスラヴィア史に関連する二三分冊からなる実践的なワークブック『昔々、私たちは一緒に暮していた』を作成しています。[30]

Ｂ　ＣＤＲＳＥＥによる共通歴史教材

このような歴史教材のなかで最もよく知られているのが、すでに述べたＣＤＲＳＥＥによる「共同歴史プロジェクト」による共通歴史教材（史料集）であり、すでに『南東欧近代史を教えること』（近代史編）全四巻、『南東欧現代史を教えること』（現代史編）全二巻が刊行されています。[31・32]　全体的な特徴として、「グローバルな視点から南東欧の近現代史を捉えようとする姿勢が明確であり、比較の視点や多角的な視点から歴史をみるための素材を提供してくれる」[33]ことが挙げられます。各巻のタイトルは、近代史編の第一巻が『オスマン帝国』、第二巻が『南東欧のネイションと国家』、第三巻が『バルカン戦争』、第四巻が『第二次世界大戦』、また現代史編の第一巻が『冷戦（一九四四～九〇年）』、第二巻が『戦争・分断・統合（一九九〇～二〇〇八年）』となっています。

最も新しい時期を扱った第二巻は冷戦終結から始まり、ユーゴスラヴィア紛争にかなりの分量を割いているほか、興味深いことに最終章が「記憶の方法」となっています。そこには「共産主義の過去の記憶の抹消と修正」「第二次世界大戦の記憶の修正」「最近の戦争の記憶」「記憶の復元あるいは破壊による和解」というテーマが設けられ、たとえば「ヤセノヴァツ収容所をめぐる記憶の戦争」といった史料（写真および文書）が短い解説とともに掲載されています。

近代史編と現代史編では構成が若干異なるものの、各巻はテーマ別の四〜八章からなり、各章の最初に短い導入部が、続けてテキストや図版などの史料が配置され、簡単な解説と設問が付されています。具体的な例として、ここで一つだけごく短い史料とそれに対する設問の部分を引用します[34]。

【パルチザンの犯罪に対するチトーの発言〈一九四五年五月〉】 我が国の内部にいる個々の民族それぞれの反逆者に関しては、それは歴史の問題である。正義の手と、我が人民の復讐の手が彼らのほとんどを捕らえ、ごく少数のみが、その庇護者に守られて国外に逃亡しようとしたのである。[Bleiburg, p.41]

【設問】 「復讐の手」は、常に「正義の手」であるのでしょうか？　この史料の示唆するように、両者は同等のものなのでしょうか？　「ある者にとっての犯罪は別の者にとっては正義である」という主張について説明しなさい。

この設問には、模範解答は用意されていません。クルリは、この共通教材を「自民族中心的なテキストを通して知った事件に対して、他者の見方を理解するもの」として、あるいは「さまざまな国民集団や民族集団に属する人々のあいだに、議論の余地のある問題に関して共通の感情や経験があることを示すもの[35]」として活用できると述べています。

C　共通歴史教材に対する批判

もっとも、この共通歴史教材に関しては、専門家とはいえない人々を含むさまざまなレベルで批判の声が寄せられてきました。このプロジェクトは「バルカンの歴史における共通の要素」を強調するものとなっていますが、自らを中央ヨーロッパ文化圏に位置づけ、バルカン諸国と距離を置く傾向が見られるクロアチアでは批判的な見方がなされることが少なくありません。これに関連して、セルビア語版の編集責任者であるストヤノヴィチ（Stojanović, D.）は「クロアチアでは、私たちがユーゴスラヴィアの再建を望んでいるのではないかという攻撃があり、ギリシャでは、オスマン帝国の復活を望んでいるのではないかという攻撃がなされました[36]」と証言しています。とくにユーゴスラヴィア紛争が含まれる共通歴史教材の現代史編に対しては、二〇一六年一一月にＣＤＲＳＥＥが欧州議会でプレゼンテーションを行った直後から、クロアチアでは主要メディアなどを通じて否定的・批判的な論調が広まりました。もっとも、こうした批判の対象は共通歴史教材のごく一部、とりわけ「祖国戦争」に関する部分に集中しており、必ずしもプロジェクト全般に対するものではありません。たとえば、クロアチア選出の欧州議会議員トマシッチは、この共通歴史教材をＥＵが支持し、資金援助を行ったことに対して、欧州委員会に「クロアチア史と祖国戦争（クロアチア独立戦争）の相対化」と題する質問状を送っています[37]。彼女が問題視したのは、ユーゴスラヴィア人民軍とセルビア人準軍事組織によるクロアチア人虐殺事件まで起こったとされるヴコヴァルの戦いに関して、この教材がセルビアとクロアチアの新聞記事を並べるだけで、具体的なデータや価値判断を示さずに当事者双方が戦争犯罪を行ったように「相対化」して描いていることです。歴史研究者からは多面的な見方を提示しようとする共通歴史教材を擁護する発言も見られるとはいえ、トマシッチの発言は多くの人々の共感を得ているように見えます。本来であればこうした教材が積極的に活用されるべきクロアチアにおいてこそ、当面はごく限定的にしかその機会は訪れそうにありません。

6 結語

クロアチアを含む南東欧諸国における共通教材作成の試みは、歴史教科書に自民族中心主義的な歴史観が反映されやすいこれらの国々で、なお払拭されたとはいいがたい住民どうしの不信感や敵対心を多少なりとも和らげる効果があるように思われます。むろん、バルカン諸国の歴史教科書研究に取り組んできた柴が「教育省が多大な権限をもつバルカンにおいては、国を超えた国民レベルの和解は、政治的な和解の進展に多大な影響を受けざるを得ない。歴史教育による国民レベルの和解に限界があることは、自覚しなければならない[38]」と指摘しているように、こうした試みによって実現できることは限られているかもしれません。クロアチアの事例からもわかるように、各国の歴史教科書が依然として「国民史」に偏り、その内容が本質的に改善されていないことも事実です。何よりも、各国政府の支援を得て、より多くの教員が効果的にこうした教材を用いないかぎり、和解に向けた信頼醸成という本来の目的を実現するのは難しいでしょう。それでも、こうした試みは大きな意義をもつものであり、たとえば近隣諸国との間で歴史教科書問題を抱える日本にとっても大いに参考になる部分があるのではないでしょうか。

【引用文献】

（1）久保慶一（2003）『引き裂かれた国家――旧ユーゴ地域の民主化と民族問題』有信堂

（2）月村太郎（2006）『ユーゴ内戦――政治リーダーと民族主義』東京大学出版会

（3）Savezni zavod za statistiku（1989）*Jugoslavija 1918–1988*. Beograd: Savezni zavod za statistiku, p.40.

（4）Stiblar, F.（2013）Economies of federal units of ex-Yugoslavia after independence. *SENTENTIA. European Journal of Humanities and Social Sciences*, **1**, p.102
（5）（3）の文献 p.44, 46.
（6）柴宜弘（1996）『ユーゴスラヴィア現代史』岩波書店
（7）Radelić, Z.（2006）*Hrvatska u Jugoslaviji. 1945.-1991. : Od zajedništva do razlaza.* Zagreb: Školska knjiga, pp. 521-522.
（8）Rocha, R. de R.（1991）Inflation and stabilization in Yugoslavia. Policy, Research, and External Affairs working papers, no. WPS 752. Macroeconomic adjustment and growth. Washington, DC: World Bank.
（9）月村太郎（2013）『民族紛争』岩波書店
（10）近藤孝弘（1998）『国際歴史教科書対話――ヨーロッパにおける「過去」の再編』中央公論新社
（11）クリスティナ・クルリ（2008）「分断された地域の共通の過去――バルカンの歴史を教えること」柴宜弘編『バルカン史と歴史教育』明石書店、一〇五-一一九頁
（12）（10）の文献、一三頁
（13）小森宏美（2017）「エストニアとラトヴィアの社会統合――歴史教育による国民化と社会的包摂の行方」橋本伸也編『せめぎあう中東欧・ロシアの歴史認識問題――ナチズムと社会主義の過去をめぐる葛藤』ミネルヴァ書房、二三六-二五五頁、二五五頁
（14）（6）の文献、一三二頁
（15）Petrungaro, S.（2009）*Pisati povijest iznova: Hrvatski udžbenici povijesti 1918.-2004.* godine, *Zagreb*: Srednja Europa.
（16）スニェジャナ・コレン（2008）「教科書の中の地域史――クロアチアの事例」柴宜弘編『バルカン史と歴史教育』明石書店、一二〇-一三九頁、一二三頁
（17）プレドラグ・マルコヴィチ（2008）「セルビアの歴史教科書における地域史――隣人たちの沈黙」柴宜弘編『バルカン史と歴史教育』明石書店、一四〇-一五三頁、一四二-一四三頁
（18）（16）の文献、一二六頁
（19）（16）の文献、一二九頁
（20）Perić, I.（1998）*Povijest za VIII: Razred osnovne škole*. Zagreb: Alfa.
（21）Koulouri, C.（ed）（2002）*Clio in the Balkans: The politics of history education*. Thessaloniki: CDRSEE.
（22）柴宜弘（2002）「バルカン諸国共通の歴史認識をつくる試み」『東欧史研究』二四号、九九-一〇一頁
（23）岡裕人（2012）『忘却に抵抗するドイツ――歴史教育から「記憶の文化」へ』大月書店、一一九頁
（24）（23）の文献

（25） Ristović, M. et al. (eds)（2001）*Childhood in the past. 19th and 20th century: Additional teaching materials for secondary schools*. Beograd: Association for Social History.

（26） Popova, K. et al.（2002）*Women and men in the past. 19th and 20th century: Additional teaching materials for secondary schools*. Blagoevgrad: South-Western University.

（27） 柴宜弘（2016）「歴史教育から見た和解の試み――国民史を超えられるか」柴宜弘編『バルカンを知るための66章（第2版）』明石書店、三四〇-三四四頁、三四四頁

（28） Mladenovski, M. (ed)（2008）*Ordinary people in an extraordinary country: Yugoslavia between east and west every-day life in Bosnia and Herzegovina, Croatia and Serbia 1945–1990*. Den Haag: EUROCLIO.

（29） 柴宜弘（2011）「歴史教育による和解の試み――バルカン諸国の場合」『アメリカ太平洋研究』一一号、七-一七頁、一五頁

（30） Dujkovic-Blagojevic, B. (ed)（2014）*Once upon a time...: We lived together*. Den Haag: EUROCLIO.

（31） Koulouri, C. (ed)（2005）*Teaching modern southeast European history: Alternative educational materials, 4 vols*. Thessaloniki: CDRSEE.（柴宜弘監訳〈2013〉『バルカンの歴史――バルカン近現代史の共通教材』明石書店）

（32） Koulouri, C. (ed)（2016）*Teaching contemporary southeast European history: Source books for history teachers, 2 vols*. Thessaloniki: CDRSEE.

（33）（31）の文献、五四三頁

（34）（31）の文献、四九一頁

（35）（31）の文献、一七頁

（36）（31）の文献、五四四頁

（37） Tomašić, R.（2016）*Relativisation of Croatian history and the Croatian War of Independence (Parliamentary questions, 29 November 2016)*. European Parliament. [http://www.europarl.europa.eu]

（38）（29）の文献、一七頁

第9章 紛争後のルワンダに見る和解の可能性と課題
――ガチャチャを中心に

【武内進一】

紛争後の和解、とくに民族紛争を経験した後の和解には、個人と集団に関わる問題が複雑に絡み合っています。和解とは、すぐれて個人に関わる営為です。紛争関係にあった他者を赦《ゆる》すのも、そうした他者と共生する環境を再び創るのも、基本的に個人の営為です。とはいえ、和解に際して集団が無関係というわけではありません。むしろ、和解がうまく進むかどうかは、集団の政策や行動に大きく左右されます。個人的営為と集団的行動の重なり合うところで、現実の和解が展開するのです。本章では、ルワンダを事例として、紛争後の和解について考えます。

ルワンダは一九九〇年代に内戦と大量虐殺を経験しました。ジェノサイドと呼ばれることもありますが、一九九四年四月六日に起こった大統領搭乗機撃墜事件をきっかけとして、わずか一〇〇日程度の間に、少なくとも五〇万人が虐殺されました。そのほとんどは、ツチ[*1]と呼ばれる少数派のエスニック集団でした。ルワンダで

＊1　ルワンダのエスニック集団について、筆者はこれまでの著作で「トゥチ」(Tutsi)、「フトゥ」(Hutu)と表記してきました。これは、現地の発音に近い表記法を採用したためです。しかし本章では、一般読者を対象とする本書の性格を考慮し、日本のメディアで一般的に用いられる書き方に合わせて「ツチ」「フツ」と表記します。

は、内戦に勝利して政権を樹立した「ルワンダ愛国戦線」（以下、ＲＰＦ）の下で、裁判によって虐殺の加担者を裁き、過去を克服しようとする取り組みが行われてきました。

本章では、そのなかでもガチャチャと呼ばれる裁判に焦点を当てます。ガチャチャとはルワンダ語で「芝生」を意味しますが、そこから転じて、芝生の上に座っての話し合い、日本でいうところの「寄り合い」を指します。もともとは、ローカルな問題を処理するための仕組みとしてあったガチャチャですが、ルワンダはこの仕組みを通じて虐殺の加害者を裁いたのです。紛争後の和解という観点からは、この取り組みをどのように評価できるでしょうか。以下では、まず紛争後の和解について一般的な観点から整理した後で、筆者が行った現地調査の結果も交えて、ルワンダの経験について考えていきます。

1　紛争後の和解

A　移行期正義

そもそも、なぜ紛争後の和解が必要なのでしょうか。意外に思われるかもしれませんが、紛争後の和解が必要だとの認識が一般に広まったのは、それほど前のことではありません。明治維新の際の戊辰戦争は日本が経験した大規模な内戦ですが、終結後に和解の必要性が広く説かれたとはいえません。太平洋戦争の後も、ことさら和解が強調されたわけではありません。アメリカは戦後日本を支援しましたし、日本も戦争で被害を受けたアジア諸国に賠償や経済協力を行いました。しかし、こうした行動は明示的に和解のためとは認識されていませんでした。

国際政治において和解という言葉や実践が広まるのは、一九九〇年代です。冷戦が終結し、国連による紛争解決への取り組みが活発化すると、紛争の再発を防ぐという観点から紛争後の和解に関心が向けられるようになりました。米ソ対立によって冷戦期には麻痺していた国連安保理が紛争解決に積極的に関与するようになり、ユーゴスラヴィア、カンボジア、モザンビークなど、国連の平和維持部隊が世界各地に展開しました。世界の関心が紛争解決に向けられるようになったのです。しかし、国際社会が関与していったん和平協定が結ばれた後にも、多くの紛争が再発しました。ルワンダの内戦もその一つです。紛争の再発を防ぐには、人々の間に根づいた憎悪を除去しなければならない。そんな問題意識から、国際社会に和解の重要性が認識されるようになったのです。

和解に関わる重要な実践がなされたのもこの時期です。チリやアルゼンチンなどラテン・アメリカ諸国では、一九八〇年代に軍事政権が倒れて民主的な政権が誕生すると、軍事政権期の人権侵害を解明し、記録する取り組みがなされました。政治的バックラッシュの恐れなどから軍事政権期の人権侵害の直接の責任者を裁くことはできませんでしたが、何が起こったのか真実を解明するという姿勢は多くの人々の共感と支持を得ました。ラテン・アメリカ諸国の動きは、アパルトヘイト体制が廃絶された後の南アフリカ共和国（以下、南ア）に大きな影響を与えました。南アは、アパルトヘイト体制期に政治的な理由で行われた人権侵害について、通常の司法手続きではなく、真実和解委員会（Truth and Reconciliation Commission：以下、ＴＲＣ）で扱い、真実を明らかにすれば免責するという姿勢をとったのです。こうした取り組みは、移行期正義（transitional justice）と呼ばれます。[*2] 紛争から紛争後へ、非民主的抑圧政権から民主的政権へといった形で体制の移行に

＊2　移行期正義について、大規模な人権侵害を被った社会が、説明責任を確保し、正義を確立し、和解を達成することを目的として、過去の傷に対処しようとする試みを包括的に意味する、と国連は定義しています。[1] 移行期正義については、ヘイナー[2]が包括的に解説しています。

伴って実施される司法／正義（justice）だからです。ガチャチャもまた、移行期正義の一つの形です。

B　移行期正義の効果

移行期正義は、紛争の再発防止に有効だと考えられています。民族紛争のような集団間の紛争では、特定の集団に帰属しているというだけで、いわれのない暴力を受けます。ツチだというだけで殺戮の対象となったルワンダはまさに典型例です。被害を受けた人々は、実際に暴力をふるった個々人を判別しにくいこともあって、相手側の集団全体に憎悪を抱きがちです。政治指導者もまた、自分の支持層を固めるために、相手集団全体に向けて憎悪をあおる傾向があります。紛争時の犯罪行為の責任の所在が明らかになり、責任者が処罰されれば、人々の憎悪が集団全体に向けられる事態は緩和されるでしょう。移行期正義はこうしたメカニズムで紛争再発防止に資すると考えられています。

移行期正義は、通常の司法プロセスとは異なります。体制移行という非常時に行われるため、さまざまな理由で通常の司法プロセスと同じ方法をとりえないのです。南アのＴＲＣが、アパルトヘイト期の政治犯罪について真実を述べれば免責するという原則で運営された背景に、旧体制の犯罪を全て一般の犯罪と同じ基準で処罰すれば、旧体制の支配層であり依然として強い経済力を握る白人との関係が悪化し、新たな国造りのうえで得策ではない、という黒人指導部の意向が働いていたことは間違いありません。白人との和解がポスト・アパルトヘイト期の国家建設にとって必要だとの認識から、ＴＲＣという移行期正義の仕組みが採用されたのです。ＴＲＣの効果についてはさまざまな議論がありますが、南アが曲がりなりにも政治的自由と市民的権利を守り続けていることは評価すべきでしょう。

通常の司法プロセスではないとはいえ、ガチャチャは裁判です。紛争後のルワンダでは、南アとは異なって、前政権下で行われた紛争中の犯罪が徹底的に裁かれたことになります。なぜ移行期正義でこうした形が選択されたのか、それはいかなる効果をもったのか。以下ではその点を考えていきます。

2　ルワンダの紛争と大虐殺

A　紛争と大虐殺の経緯

大統領搭乗機撃墜事件によってツチに対する大虐殺が始まったとき、ルワンダは内戦の最中でした(3)。正確にいうと、一九九〇年にRPFの侵攻によって内戦が始まり、国際社会の仲裁によって一九九三年に和平協定が結ばれたのですが、翌年の大統領機撃墜事件と大虐殺によって和平合意が破棄され、内戦が再燃したのです。

RPFはルワンダの隣国ウガンダで結成された、ツチの難民を中核とする武装組織でした。ルワンダの人口は二〇一七年現在で約一二〇〇万人ですが、その一割強をツチが、八割強をフツが占めています。その他、トゥワ（Twa）という先住民が一%ほど存在します。ツチ、フツ、トゥワは同じ言語を話し、宗教的差異もなく、混じり合って居住しています。三つの集団の区分は植民地化以前から存在しますが、政策的な差別や近代化に伴う社会変容のため、植民地期にツチとフツの緊張が激化しました。植民地期までのルワンダはツチの家系出身の王を抱く王国でしたが、独立を間近に控えた一九五〇年代末期に新興のフツ・エリートが指導する民衆反乱が起こり、伝統的な指導者であるチーフやその家族など多数のツチが国を追われました。RPFの元総司令官で二〇〇〇年以来ルワンダ大統領の職にあるカガメ（Kagame, P.）も、その一人です。難民はルワンダの周辺国に散らばりましたが、カガメのような第二世代を中心にウガンダの難民キャンプで結成されたのが

ＲＰＦだったのです。ＲＰＦはウガンダの支援を受け、祖国に侵攻しました。

独立後のルワンダを支配したのは、植民地時代末期に政治権力を握ったフツ・エリートでした。彼らは公然とツチを差別し、難民の帰還を認めませんでした。一九九〇年に内戦が勃発したときに大統領だったのは、北西部出身のハビャリマナ(Habyarimana, J.)でした。彼は初代大統領カイバンダ(Kayibanda, G.)のもとで国防相を務め、一九七三年にクーデタで政権を握った人物です。ハビャリマナ政権下のルワンダはフランスと親密な関係を結び、ＲＰＦが侵攻するとフランスの軍事支援を仰いで対抗しました。内戦直後にＲＰＦはルワンダの北部国境付近を占領しましたが、それ以上の進軍は阻まれ、戦況は膠着しました。そこに国連など国際社会が仲裁に乗り出し、一九九三年に和平協定が結ばれたのです。

和平協定はハビャリマナ政権とＲＰＦを中心とした挙国一致政権の樹立をめざしました。しかし、その履行は進みませんでした。ハビャリマナ政権内の急進派がＲＰＦとの権力分有に強く反対したからです。彼らは和平協定の履行を妨害すべく、マスメディアを使って「ツチの恐怖」を流布しました。ＲＰＦはツチであり、ツチはかつてのように自分たちが支配する体制の確立をめざしている、というわけです。実際には、ＲＰＦにはハビャリマナ政権に反対するフツも参加していましたし、国内には和平協定の履行に積極的なフツの政治家もいました。しかし、宣伝工作などによって急進派の影響力が強まり、ルワンダ社会はエスニックな緊張を増していきます。そうしたなかで、一九九四年四月六日の大統領搭乗機撃墜事件が起こったのです。

この事件の犯人は、現在まで特定されていません。しかし、事件が起こると、急進派はすぐさま、これはＲＰＦの仕業であるとして、ツチへの報復を呼びかけました。エスニックな緊張がすでに高まっていたこともあり、膨大な数の民間人がこの呼びかけに応じて殺戮に参加しました。四月六日以降の無差別な虐殺の結果、当時ルワンダ国内にいたツチの四分の三が殺されたと推計されています。

虐殺の開始と同時に和平合意が破棄され、戦闘が再開されました。この段階ではＲＰＦが軍事力に勝り、ハビャリマナ政権側の軍を破って進軍を続け、七月四日には首都キガリを占領、一八日には新政権を樹立しました。ルワンダ内戦はＲＰＦの軍事的勝利によって終結し、これによって大虐殺はようやく終わりを告げました。

Ｂ　被害者は誰か

内戦と大虐殺の過程で、誰がどのような被害を受けたのか、整理しておきましょう。一九九四年四月六日以降の大虐殺でツチが無差別に殺戮されたことは、上で述べたとおりです。彼らは、レイプや略奪を含め筆舌に尽くしがたい被害に遭いました。この暴力は大統領機撃墜事件をきっかけとしたものですが、独立後のルワンダで蔓延していたツチに対する差別や迫害の延長線上にあります。とくに一九九〇年一〇月に内戦が勃発して以降は、ツチに対する暴力は政権側エリートによって正当化されていました。その帰結が四月六日以降の大虐殺だといえます。

ルワンダ内戦のなかでツチが甚大な犠牲を受けたことはいくら強調しても足りませんが、被害者は彼らだけではありません。大統領機撃墜事件の直後、ハビャリマナ政権内急進派の指令で和平協定推進派のフツが多数殺されたことは、よく知られています。たとえば、当時首相だったウィリンヂイマナ（Uwilingiyimana, A.）は、野党「共和民主運動」（以下、ＭＤＲ）に所属するフツの女性で和平協定推進を標榜していましたが、大統領機撃墜事件翌日の四月七日、警護のために配備されていた国連平和維持部隊のベルギー兵一〇名とともに殺害されました。大虐殺を主導した急進派が、和平協定推進派を殺害の標的としたことは、彼らの意図がどこにあるかをよく物語っています。彼らは、和平協定で定められた権力分有を実行すれば自分たちが政治権力を失うと考えて、ツチであれフツであれ、それを推進する人々を真っ先に標的にしたのです。この事実は、ルワンダの内戦を「民族紛争」と呼ぶことの危険性を示唆しています。紛争の根本にあったのは、政治権力をめぐる対立です。急進派は自分たちがこれまでのように政治権力を独占することを狙って、あるときはツチを敵だと扇動し、あるときは和平協定推進派のフツ政治家を殺害したわけです。民族の違いではなく、政治的対立が問題だったということです。

これに加えて、内戦のなかでＲＰＦに殺害された民間人が少なからずいます。ＲＰＦの暴力は、フツの民間人にも向けられていました。ＲＰＦの占領下にあった北部地域では民間人に対する暴力が頻繁に報告されており、内戦再発後の進軍の過程で戦争犯罪を行ったケースもありました。[*3] のちに触れるように、ＲＰＦの戦争犯罪は、紛争後ルワンダの和解をめぐる文脈でセンシティブな問題であり続けています。

3　紛争後のルワンダと和解のための諸方策

A　ＲＰＦ政権

一九九四年に政権を樹立したＲＰＦは、今日まで政権与党の座を維持し続けています。内戦後、二〇〇三年に新憲法を発布し、議会制民主主義に基づく政治体制を確立しました。ただし、ルワンダを民主主義と評するには、いくつかの留保が必要です。野党の存在が認められているとはいえ、実際にはＲＰＦの衛星政党しかありません。ＭＤＲのようにＲＰＦにとって真に脅威となりうる政党は、解党を命じられ、消滅してしまいました。カガメは二〇〇三年、二〇一〇年の選挙に勝利したのち、二〇一六年の憲法改正によって、二〇三四年まで大統領の座にとどまれるようになっています。ＲＰＦやカガメを公に批判することは困難で、批判的なマスメディアが何度も取り締まりを受けてきました。要するに、カガメ政権下のルワンダは、議会制民主主義の体裁をとりつつも、抑圧的な政治体制下にあるということです[6]。

紛争後のルワンダでは、和解を進めるために政権主導でさまざまな取り組みがなされてきました。よく知られているのは、エスニックな呼称の禁止です。政権樹立後すぐに、ＲＰＦ政権はそれまで身分証明書に記載されていたエスニックな分類（ツチ、フツ、トゥワ）を削除し、そうした区別を一切しないよう通達を出しました。ルワンダにルワンダ人（Banyarwanda）以外の区別はないという理由です。現在も、エスニックな区別に関わる話は、ルワンダではタブーになっています。

内戦末期に起こった大虐殺を反省し、これを繰り返さないとの強い意志をさまざまな形で表明していることも、紛争後ルワンダの特徴です。ルワンダ政府は、この大虐殺を「ツチに対するジェノサイド」と呼んでいます（以下、ジェノサイドという場合は、内戦末期の主としてツチを対象とする大虐殺を指します）。たとえば、二〇〇三年に新たに制定された憲法の前文では、「ジェノサイド・イデオロギー」と戦い、「あらゆる形の分断を根絶する」決意が述べられています[7]。そして、憲法第三三条では、「エスニックな、地域的な、人種的な差別やあらゆる種類の分断の流布は法律によって処罰可能」だとして、国民の分断を助長する思想や言論が処罰の対象となることが規定されています。

ただし、ルワンダ政府の対応には、疑問や批判も寄せられています。何が「ジェノサイド・イデオロギー」や「分断」にあたるのかが曖昧で、政府にとって脅威になるものがこの名目で取り締まりの対象になってきたからです。二〇一〇年の大統領選挙に出馬するために帰国したフツの女性インガビレ（Ingabire, V.）は、「ジェノサイド・イデオロギー」の容疑で逮捕され、二〇一八年九月になってようやく釈放されました。「ジェノサイドを繰り返さない」という名目で、政府に都合の悪い言論を抑圧している疑いがあるのです。

＊3　ＲＰＦの戦争犯罪については、文献（4）（5）などを参照。

B　虐殺加担者の裁判——ＲＰＦ政権の重要課題

虐殺加担者の裁判は、紛争後のルワンダ政権にとって最優先課題の一つでした。ルワンダ政府は、内戦と虐殺の責任者を裁くための法律を一九九六年八月に制定しました。[*4]このような特別な法律を制定する意義について、法律前文では「ルワンダにおいて和解と正義を達成するためには、不処罰（impunity）の文化[*5]が根絶されることが重要」であり、「この国で生じた例外的な状況が、ルワンダ人民の正義への欲求を満足させるために、特別に制定された諸措置の採択を必要とした」と説明しています。ルワンダ政府は、内戦時の非人道的行為を法に従って裁くこと、正義を貫徹することこそが和解をもたらすという立場をとったのです。

ただし、「和解と正義の達成」というこの公式見解を額面どおりに受け取ってよいかどうかは、議論が分かれるところです。虐殺はＲＰＦの軍事的勝利によって終結しましたし、前政権がそれに深く関与したことは明らかです。つまり、ＲＰＦにとっては、虐殺の責任者である前政権を徹底的に裁くことが可能であり、それが自分たちの政権の正当性を確立するうえで役立ったのです。和解に資するかどうかにかかわらず、ＲＰＦ政権には虐殺加担者の裁判を行う強い動機がありました。

迅速な裁判の実施には、現実の要請もありました。内戦に勝利した直後、ＲＰＦは虐殺への関与を疑われる多数の民間人を逮捕、収監しました。そのため、収容能力を大幅に上回る容疑者が刑務所に拘置されたのです。定員一万二千人といわれる全国の刑務所に、一九九九年段階で一二万人以上が収監され、劣悪な環境に置かれていました。一方で、内戦によってルワンダの司法制度は崩壊していました。裁判官や弁護士の多くは殺害されたり、国外に逃亡したりしており、通常の司法制度に従ってこれら虐殺容疑者を全て処理することは不可能でした。膨大な数の容疑者の処理が、ＲＰＦ政権にとっても深刻な課題となっていたのです。

C　国際社会の関与

虐殺加担者の裁判には、国際社会も熱心に関与しました。この背景には、ルワンダに対する国際社会の「罪悪感」がありました。内戦末期に大虐殺が起こった際、ルワンダには国連平和維持部隊が駐留していましたが、事実上何もできずに殺戮を傍観する結果になりました。[*6] この国連の無策は広く批判を浴び、主要国は内戦後のルワンダに対して、その失敗を埋め合わせる措置を講じようとしました。また、国際社会は、ＲＰＦ政権が裁判を行えば報復となり、和解に役立たず、紛争再発を招く恐れがあると懸念していました。そのため、ルワンダの虐殺加担者は国際法廷で裁かれるべきだと考えていたのです。

こうした要因の結果、虐殺加担者に対する裁判は、複数のレベルで進められることになりました。国際社会の取り組みとしては、ルワンダ国際刑事裁判所（International Criminal Tribunal for Rwanda: 以下、ＩＣＴＲ）が重要です。ＩＣＴＲは、国連安全保障理事会決議九五五により、一九九四年一一月八日に設立されました。その設立は、もともと虐殺が開始された直後の一九九四年四月にＲＰＦが要請したものですが、内戦の帰趨が明らかになりつつあった七月に国連の専門家委員会がルワンダに派遣され、その意見に従って隣国タンザ

＊4　一九九六年八月三〇日付基本法（organic law）No.08/96。

＊5　「不処罰の文化」とは、違法行為を働いても法に従って罰せられないために、それが蔓延する状態を指しています。この文言が用いられた背景には、独立以降のフツ主導政権下で、ツチに対する差別や迫害が日常的に行われ、黙認されていたことが、一九九四年の大虐殺を導いたという認識があります。

＊6　詳細に説明する紙幅はありませんが、国連平和維持部隊は、約五千名の規模であり兵力が不十分であったこと、国連憲章第七章下に組織されておらず限定的な武力行使しかできなかったこと、中核部隊を提供していたベルギーが自国兵士一〇名が殺害されたことを契機として撤退したことなど、いくつかの理由のために、ほとんど活動できないまま撤退することになりました。

ニアに設立されました。安保理決議九五五では、ICTRの役割として、単に責任者の訴追のみならず、ルワンダの「国民和解の過程と平和の再建ならびに維持に寄与する」ことが謳われました。すなわち、国際社会もまたICTRの裁きを通じたルワンダの国民和解をめざしたのです。

国際機関であるICTRの他にも、複数の欧米諸国がそれぞれの国内法を用いてルワンダ人のジェノサイド容疑者の裁判を行っています。これまで、アメリカ、スイス、ベルギー、フランスなどで、ルワンダ人が虐殺に荷担した容疑で起訴されました。

D　RPF政権と国際社会との緊張

ICTRとルワンダ政府とは、長く緊張関係にありました。ICTRの設立に際して、一九九四年一一月の採決の際、国連安保理のメンバーだったルワンダは、唯一の反対票を投じています。[*7] 両者の関係がとくに緊張したのは、RPFによる戦争犯罪の扱いでした。内戦でRPF側が戦争犯罪を行ったことは確実ですし、国民和解の観点から見れば、RPF側の問題を裁くことは大きな意味をもちます。その点を考慮し、一九九九年にICTRの主検察官に就任したデル・ポンテ(Del Ponte, C.)は、RPFの戦争犯罪を取り上げる意向を示していました。ところが、これに対してルワンダ政府は猛反発し、英米など友好国へのロビー活動を通じてデル・ポンテを更迭させたのです。[(9)] 二〇〇三年に任命された後任のジャロウ（Jallow, H. B.）はRPFに対して宥和的な姿勢をとり、結局ICTRでRPFの戦争犯罪が取り上げられることはありませんでした。

以上の議論をまとめれば、RPF政権も、国際社会も、紛争後のルワンダにおいて和解が必要だと考えてきたし、和解のための裁判の役割を重要視してきたということです。内戦や虐殺を繰り返してはならないという点は共通の認識でしたが、RPF政権と国際社会の間で和解という言葉の中身には違いがありました。ICT

Ｒをめぐって ＲＰＦ政権と国際社会の間に緊張が生じたのは、それが原因です。国際社会は、ルワンダで和解を達成するためには、ツチが犠牲になった大虐殺だけでなく、ＲＰＦ側の戦争犯罪も議論の俎上に載せ、加害者を処罰することが必要だと考えましたが、ＲＰＦ政権側は後者を全面的に拒否しました。紛争後ルワンダの和解は、このように国内外の認識がズレるなかで進められたのです。

4　ガチャチャとは何か

Ａ　ガチャチャの重要性

ルワンダの虐殺容疑者の裁判はさまざまなレベルで行われましたが、裁かれた容疑者の数でいえば、ガチャチャの重要性は群を抜いています。ＩＣＴＲで起訴された容疑者は九三人ですし、国外で裁かれた数はそれ以下ですが、ガチャチャが扱った審理件数は約二〇〇万件に上ります。審理件数の差がそのまま重要性の差を意味するわけではありませんが、一般の人々にとってガチャチャのほうが重大な意味をもっていたことは明らかです。ＩＣＴＲでは元首相など「大物」（"big fish"）が起訴され、国際政治においては大きな意味をもちましたが、一般のルワンダ人の多くはその活動をほとんど知りませんでした。一方、大虐殺が起こった一九九四年のルワンダの人口は七五〇万人くらいですから、約二〇〇万件という審理件数が示すのは、その当時に成人だっ

＊7　反対理由の一つは、ＩＣＴＲの設置場所に関するものでした。ルワンダはそれを自国に設置するよう要求しましたが、一九九四年七月の専門家委員会報告は、ルワンダ国内で裁判を実施すれば報復になりやすいとして、国外に法廷を設置するよう勧告していました。その他の争点については、文献（８）を参照。

たフツのかなりの割合がガチャチャに出頭し、審理の対象になったということです。原則として週一度開催されるガチャチャ法廷には、ローカル・コミュニティの全成員が参加を義務づけられました。一般のルワンダ人にとって、ガチャチャはとても身近な存在だったのです。

先に述べたように、ガチャチャが構想された背景の一つとして、虐殺容疑者の収容によって刑務所が飽和状態になったことが挙げられます。容疑者のなかには無実を訴え、早期の審理を要求する人も少なくありませんでした。住民にとってガチャチャは、自分や家族が嫌疑をかけられるかもしれないという意味でも、またその疑いを晴らすためにも非常に重要な制度だったのです。

B　ガチャチャの仕組み

ガチャチャはルワンダの伝統的な司法制度だと説明されることがありますが、伝統的な制度をそのまま使っているのではありません。従来、ガチャチャが扱ったのは相続や土地問題など親族内のもめごとで、殺人のような重罪はチーフなどの上位権力に付託することが普通でした。一九九四年の虐殺加担者を裁くために設置されたガチャチャは、従来のガチャチャを国家が再編したもので、罪の範囲や量刑などが細かく法律によって定められています。

ルワンダ政府は、二〇〇一年一月にガチャチャを利用して虐殺責任者の裁判を行うことを決め、法律を整備していくつかの地域で試験的に実施しました。そのうえで二〇〇四年六月に実態に合わせて法を改正すると[*8]、二〇〇五年から全土で本格的にガチャチャを導入したのです。その後、二〇〇七年、二〇〇八年にも、実態に合わせて法改正を実施しています。法律では、ガチャチャの目的として、和解、正義、不処罰の文化の根絶、社会の再構築といった点が挙げられ、この制度が和解のためのものであることが謳われています。

ガチャチャに関する法律の施行に伴い、最末端の地方行政単位であるセル（cell）とセクター（sector）ごとにガチャチャ法廷が設置されました。[*9] それぞれのセルには、総会、判事団、調整委員会が置かれ、一八歳以上のセル住民全員がセルのガチャチャ法廷の総会に出席します。これは義務であり、特別の事情がないかぎり欠席は許されません。総会構成員から七名が選ばれて判事団を構成しますが、判事は「イニャンガムガヨ」（inyangamugayo：「高潔な人」の意）と呼ばれ、その名のとおり、「ジェノサイドに参加しなかった」「ジェノサイド・イデオロギーに染まっていない」ことなどが就任の条件となります。判事団メンバーから、議長、第一副議長、第二副議長、事務官（二名）の五名が選出されて調整委員会を構成します。法廷審議の議長や証言の記録など、ガチャチャの実質的な進行を行うのは、調整委員会のメンバーです。

他方、セクターには、ガチャチャ法廷および上告審法廷が設置され、それぞれ総会、本部、調整委員会から構成されます。総会は、当該セクターに含まれるセルの判事団構成員（各七名）、セクター内で選出されるセクター判事団構成員（七名）、そしてやはりセクター内で選出される上告審構成員（七名）が出席します。総会構成員は裁判の場である総会に出席し、発言することができますが、判決の決定は本部が行います。また、調整委員会は裁判を主宰し、本部と総会の活動を調整します。

＊8　二〇〇四年六月一九日付基本法 No.16/2004。

＊9　ルワンダの地方行政単位は、現在、四つの州（province）とキガリ市、三〇の県（district）、約四〇〇のセクター、二千余りのセル、約一万五千のウムドゥグドゥ（umudugudu：「村」）から構成されます。二〇〇六年の地方行政改革によってセルやセクターの規模が大幅に拡大しましたが、それ以前の地方行政単位に対応して設置されていたガチャチャ法廷はそのまま維持されました。概ね、以前のセルが現在のウムドゥグドゥに、以前のセクターが現在のセルに対応しています。

C　犯罪類型と減刑制度

ガチャチャが扱うジェノサイドに関する犯罪は、法律上三つのカテゴリーに区別されています。第1カテゴリーは最も重大な犯罪で、ジェノサイド罪や人道に反する罪を首謀、実行した者、国家の重要な役職にありながらこれらの犯罪に関わった者、性犯罪者などが対象となります。第2カテゴリーは殺人を犯した者、第3カテゴリーには窃盗・掠奪を犯した者が含まれます。

ガチャチャの特徴は、自白に伴う大幅な減刑措置が組み込まれていることです。自ら罪を認め、共犯者を特定するなど事件の究明に協力すれば、刑期は大幅に短縮され、さらにその半分の期間が公益労働によって代替されます。公益労働とは、道路の補修など公共の利益のための労働を刑罰として科すことです。公益労働は禁固刑より先に実施され、公益労働をまじめに遂行したと評価されれば禁固刑は猶予されます。つまり、自白すれば、刑務所への収監を免れる可能性が高まるのです。

ジェノサイド罪の刑罰は、一九九六年の基本法で定められて以降、総じていえば軽くする方向で、法律改定の度に見直されました。二〇〇七年三月時点の刑罰は、**表9-1**に示すとおりです。ガチャチャには当初から死刑は適用されませんでしたが、ルワンダは二〇〇七年七月に正式に死刑を廃止しました。表9-1に示すとおり、自白等による刑罰の軽減が細かく定められています。たとえば、ジェノサイドで通常の殺人を犯した場合（第2カテゴリー第4、5パラグラフ）、自白を拒否したか、それが不十分と見なされた場合には、一五～一九年の懲役刑が科されます。しかし、自白をすれば、それが容疑者リストに掲載された前か後かによって差があるものの、刑罰は大幅に減軽され、さらに半分の期間は公益労働に従事することになるのです。

表9-1　ジェノサイド罪の量刑

第1カテゴリーに対する処罰
1. 自白、罪の認知、改悛、容赦請願を拒否した者、また自白、罪の認知、改悛、容赦請願が拒絶されたとき、無期懲役。
2. 被疑者リストに掲載された後で自白、罪の認知、改悛、容赦請願をした者は、25～30年の懲役刑。
3. 被疑者リストに掲載される前に自白、罪の認知、改悛、容赦請願をした者は、20～24年の懲役刑。

第2カテゴリーに対する処罰
2007年3月1日付基本法第11条の第1、2、3パラグラフに該当する第2カテゴリーの被告(注1)で、
1. 自白、罪の認知、改悛、容赦請願を拒否した者、また自白、罪の認知、改悛、容赦請願が拒絶されたとき、懲役30年か無期懲役。
2. 容疑者リストに掲載された後で自白、罪の認知、改悛、容赦請願をし、それが受け入れられた者は、25～29年の懲役刑。ただし、
   a) 刑期の3分の1は刑務所に収監され、
   b) 刑期の6分の1は執行猶予期間とされ、
   c) 刑期の2分の1は公益労働に従事する。
3. 容疑者リストに掲載される前に自白、罪の認知、改悛、容赦請願をした者は、20～24年の懲役刑。ただし、
   a) 刑期の6分の1は刑務所に収監され、
   b) 刑期の3分の1は執行猶予期間とされ、
   c) 刑期の2分の1は公益労働に従事する。

上記基本法第11条の第4、5パラグラフに属する第2カテゴリーの被告（注2）で、
1. 自白、罪の認知、改悛、謝罪を拒否した者、また自白、罪の認知、改悛、謝罪が拒絶されたとき、15～19年の懲役刑。
2. 容疑者リストに掲載された後で自白、罪の認知、改悛、謝罪をし、それが受け入れられた者は、12～14年の懲役刑。ただし、
   a) 刑期の3分の1は刑務所に収監され、
   b) 刑期の6分の1は執行猶予期間とされ、
   c) 刑期の2分の1は公益労働に従事する。
3. 容疑者リストに掲載される前に自白、罪の認知、改悛、謝罪をした者は、8～11年の懲役刑。ただし、
   a) 刑期の6分の1は刑務所に収監され、
   b) 刑期の3分の1は執行猶予期間とされ、
   c) 刑期の2分の1は公益労働に従事する。

上記本基本法第11条の第6パラグラフに属する第2カテゴリーの被告（注3）で、
1. 自白、罪の認知、改悛、謝罪を拒否した者、また自白、罪の認知、改悛、謝罪が拒絶されたとき、5～7年の懲役刑。ただし、
   a) 刑期の3分の1は刑務所に収監され、
   b) 刑期の6分の1は執行猶予期間とされ、
   c) 刑期の2分の1は公益労働に従事する。

注1）具体的には以下のとおり。第1パラグラフ（以下(1)で示す）殺戮や過度に邪悪な行為によって地域社会でよく知られた殺人者。共犯者も含む。(2)拷問を行った者。相手が死に至らない場合も、また共犯者も含む。(3)死体に対して非人間的な行為を行った者。共犯者も含む。
注2）具体的には以下のとおり。(4)意図した殺人、あるいは結果として殺害に至る攻撃を行った者とその共犯者。(5)殺人を意図して攻撃したが、被害者が死亡しなかった場合。
注3）具体的には以下のとおり。(6)殺害する意図なく、他者を攻撃するか、攻撃を助けた者。共犯者も含む。

表9-1　ジェノサイド罪の量刑（続き）

2. 容疑者リストに掲載された後で自白、罪の認知、改悛、謝罪をし、それが受け入れられた者は、3～4年の懲役刑。ただし、 a）刑期の3分の1は刑務所に収監され、 b）刑期の6分の1は執行猶予期間とされ、 c）刑期の2分の1は公益労働に従事する。
3. 容疑者リストに掲載される前に自白、罪の認知、改悛、謝罪をした者は、1～2年の懲役刑。ただし、 a）刑期の6分の1は刑務所に収監され、 b）刑期の3分の1は執行猶予期間とされ、 c）刑期の2分の1は公益労働に従事する。

出典：2007年3月1日付基本法No.10/2007, 2008年5月19日付基本法No.13/2008に基づき筆者作成。

D　小括

ガチャチャのプロセスを簡単にまとめれば、虐殺に関する情報をローカルなレベルで収集し、浮かび上がった容疑者を召喚して尋問し、罪状を確定するというものです。このプロセスを司るのが判事団、とくに調整委員会になります。ガチャチャが全国的に導入される際には、セルごとにマニュアルが配布され、その指示に従って調整委員会が裁判を進めるよう工夫されました。そのマニュアルは情報収集のためのノートを兼ねたもので、一九九四年当時当該セルに誰が住んでいたか、どのような罪が犯されたのか、誰が犯人か、といった情報をガチャチャ総会での聞き取りに基づいて事細かに記載するようになっていました。

ガチャチャはパイロット事業ののち、二〇〇五年に全土で開始されました。当初セルの住民から聞き取りが実施されたのち、二〇〇六年後半から罪状確定が本格的に進められ、二〇〇七年九月までに全国で四〇万人以上が殺人容疑で審理されました。セル・レベルでの審理は二〇〇九年後半から二〇一〇年前半におおよそ終わり、二〇一二年六月には正式にガチャチャの終了宣言が出されました。政府の発表によれば、ガチャチャ法廷の審理総数は一九五万八六三四件で、うち第1カテゴリーが六万五五二件（うち無罪七一二六件）、第2カテゴリーが五七万七五二八件（同一一万五九三八件）、第3カテゴリーが一三二万五五四件（同五万四〇〇二件）でした[10]。

5 ガチャチャの実態

筆者は二〇〇七年一一月に南部の調査地Gセルで、ガチャチャの裁判記録を閲覧する機会に恵まれました。本節では、そのデータやインタビューをもとに、ガチャチャの実態やその意味について考えます。Gセルは南部の主要都市フエに近い農村で、二〇〇六年の人口は約四五〇〇人でした。二〇〇七年一一月時点のGセルには四つのセル・ガチャチャ法廷と一つのセクター・ガチャチャ法廷、そして一つの上告審ガチャチャ法廷が存在しました。

ガチャチャは二〇〇五年から全国で開始され、Gセルでは二〇〇六年半ばから第2カテゴリーに関する判決が出始めました。二〇〇七年一一月に筆者が訪問した際、第2カテゴリーの裁判はかなり進んでおり、責任者に尋ねたところ審理総数は六五〇件と見込まれていました。筆者は、共同研究者の助力を得て、五二〇件の裁判記録を収集しました。その分析から判明した事実を以下に整理します。

まず驚かされるのは、審理数の多さです。人口四五〇〇人の農村で第2カテゴリーの審理総数が六五〇件というのですから、成人のかなりの割合が殺人容疑で審理対象となったことがわかります。また、裁判記録の分析から、無罪判決がかなり多いことも判明しました。四三八件の第一審判決の約四分の一（一〇八件）、八二件の控訴審判決の半分（四一件）が無罪でした。これは、この地域に限ったことではありません。先に示したように、公式発表を見ても、第2カテゴリーの判決総数五七万七五二八件のうち、二一万五九三八件（三七・四％）が無罪なのです。

無罪判決が多い理由の一つは、ガチャチャの審理手続きにあります。警察や検察による証拠固めがあってから起訴される通常の司法プロセスとは違って、ガチャチャでは情報収集の段階で単なるうわさや伝聞もノートに記載され、それを根拠に召喚と審理が行われます。したがって、無罪判決が多いのは、当然の結果ともいえます。逆にいえば、これは有力な証拠もないまま有罪判決が宣告されるといった無茶苦茶な審理が行われていないことの間接的な証拠とも読めるでしょう。ただし、後述するように、虐殺を免れたサバイバー（ジェノサイドの被害者）のなかには、無罪判決の多さに不満を抱く者も少なくありません。

判決の内訳をより詳細に検討すると、量刑のパターンが見えてきます。ガチャチャで裁かれる犯罪は、第1カテゴリー（虐殺首謀者や性暴力など、通常以上の重罪）、第2カテゴリー（通常の殺人罪）、第3カテゴリー（略奪や窃盗など物的損害を与えた罪）に分かれますが、表9-1で示したように、第2カテゴリーは事実上三つに下位分類されています。すなわち、(一)殺戮や邪悪な行為により地域社会でよく知られた殺人者などの重大犯、(二)意図した殺人、(三)殺害の意図なく他者を攻撃した者、の三類型です[*10]。この犯罪類型と、自白が正当と認められたかどうかによって、ほぼ自動的に量刑が算出されます。犯罪類型と、自白の正当性さえ決まれば、判事が裁量を行使する余地はほぼありません。

同じ第2カテゴリーの犯罪であっても、自白の有無によって実質的な量刑は大きく異なります。自白が認められれば刑期の半分は公益労働で代替されますし、刑の執行は公益労働から開始されますから、即座に保釈されます。その一方で、懲役一五年以上の判決を受けると公益労働による代替措置は適用されず、刑期の全てを刑務所で過ごさねばなりません。判決のデータから、懲役一五年以上の判決を受けた被告のうち相当程度（八四件中六六件）が裁判を欠席していることがわかりました。つまり、これらの人々はガチャチャに出席せず、逃亡したのです。ガチャチャの実施に伴って、地域社会から相当数が逃亡したことが窺えます。

6　国家の事業としてのガチャチャ

A　国際社会の懸念

ガチャチャに対する国際社会の評価はさまざまですが、懸念する声が多いことは指摘しなければなりません。国連人権高等弁務官を務めていたアルブール（Arbour, L.）は、二〇〇七年にルワンダを訪問した際、判決のスピードが速すぎることや、判事の多くが十分な訓練を受けていないのに、長期の懲役刑が数多く下されているとして、ガチャチャが通常の司法手続きの基準を満たすべきだと述べました[11]。また、国際的な人権ＮＧＯアムネスティ・インターナショナルは、二〇〇七年の報告書において、「判事の訓練の度合いの低さや、彼らの汚職が、ガチャチャに対する不信に拍車をかけている」と批判しています[12]。

本稿の議論からも、そうした懸念が生じる背景は理解できるでしょう。ガチャチャは和解のための措置だというのがルワンダ現政権の公式見解ですが、その背後に政治的思惑があることは明らかです。先に述べたように、ジェノサイドの責任者を裁くことはＲＰＦ政権の正当性を高めますし、ガチャチャによって受刑者を刑務

＊10　少々変わった言い回しですが、法律の該当箇所の原文は次のとおりです。"the well known murderer who distinguished himself or herself in the area where he or she lived or wherever he or she passed, because of the zeal which characterized him or her in the killings or excessive wickedness with which they were carried out, together with his or her accomplices"（第一一条）。量刑を定める際に住民から提供される情報を重視することが、こうした条文の背景にあると考えられます。

所から出所させれば財政負担を減らせるからです。

加えて、ＲＰＦ政権による国民和解への取り組みに対しても、疑問を抱かせる事実が見受けられます。自分たちが関わった疑いのある戦争犯罪の処理は、その最たるものでしょう。ガチャチャでこの問題を取り上げることは禁じられていますし、ＩＣＴＲがこれを取り上げようとしたとき、ルワンダ政府は強硬に阻止しました。ルワンダ政府はこの問題を軍法裁判で取り上げましたが、数名の下級兵士に限定的な処罰を与えただけでした。ガチャチャにせよ、ＩＣＴＲにせよ、ＲＰＦ政権は移行期正義の取り組みを自らの都合のよい範囲に限定し、そこから逸脱しないよう厳しく監視しているのです。こうした状況下、ガチャチャに対して「勝者の裁き」だとの批判が出ることは当然といえるかもしれません。

Ｂ　社会の認識

ルワンダの一般市民はガチャチャについてどのように考えているのでしょうか。ここでは筆者がインタビュー調査を行った、ルワンダの南部と東部の農村社会の事例から考えてみます。実際に話を聞いてみると、ガチャチャに対して多様な意見が存在することがわかります。最も声高に不満を述べるのはサバイバーです。彼らは、ガチャチャの量刑がジェノサイドの犯罪に比べて軽すぎると主張します。確かに、加害者が死刑にならず、収監もされない状況に対して、ジェノサイドの被害者が不満を募らせるのはよくわかります。ただし、彼らの不満表明には注意が必要です。内戦後のルワンダで、サバイバーはある種の特権的な立場に置かれているからです。ＲＰＦ政権はジェノサイドの被害者に対する厚生の提供を憲法で定めており、サバイバーにさまざまな支援を提供しています。彼らは現政権の重要な支持基盤なのです。サバイバーのガチャチャに対する批判には、現政権の支持者だという前提があります。それはガチャチャを中止せよという主張ではなく、量刑が甘いと文句を言っても、刑務所にいつまでも受刑者を留めておけないからと、最終的には政府の立場に理解を示すことが多いのです。

ジェノサイド罪の受刑者にガチャチャをどう思うか尋ねると、ほとんど例外なく肯定的な回答が返ってきます。彼らは公益労働で刑務所から出所できたことに満足していて、ガチャチャの裁判は公正だったと答えるのです。この人たちはすでに自白して罪を認めていますから、ガチャチャを肯定的に捉えることは当然でしょう。

農村において最も人口的に多いのは、サバイバーでも、受刑者でもないフツの人々です。彼らのガチャチャに対する感情は複雑です。話を聞くと、こうしたフツの人々も、多くの場合、ガチャチャ裁判の正当性を評価し、ガチャチャに対して肯定的な意見を述べます。しかし、彼らの評価は、受刑者ほど手放しの礼賛ではありません。ある男性は、ガチャチャをどう思うか尋ねた筆者に対して、「ガチャチャは政治だからね」と述べました。彼の言葉は意味深長ですが、ガチャチャは政府の思惑で行われているのだから、自分が何を言っても無駄だ、自分は関わりたくないという意味に解釈できます。彼はGセルで最も豊かなフツの農民の一人で、知的にも優れた人物です。彼から見れば、「勝者の裁き」であるガチャチャは茶番だということなのでしょう。

ガチャチャに対する彼らの複雑な感情は、RPF政権に対する評価と重なっているように思えます。内戦に勝利したRPFが政権を樹立してから、すでに四半世紀が経過しました。この間ルワンダでは、政治は安定し、経済面でも教育や保健衛生の面でも、全体的に状況は改善しました。一方で、強権的なRPF主導の政治秩序のなかで、一般のフツの人々は周縁的な位置しか得ていません。Gセルにおいても、セルやセクターの幹部は、RPF政権に近いサバイバーか元難民のツチによって占められていますし、ガチャチャの判事もほとんどがサバイバーでした。RPFとその支持者が主導する統治体制が、ルワンダ全土で確立しているのです。フツの一般人は農村人口の多数を占めますが、彼らの態度には、RPF政権がなしとげたポジティブな成果に対する同意と、その「勝者の裁き」に対する不満や諦念とが混じり合っているように思います。

農村で話を聞くと、農民たちが、もともと伝統的に行われていたガチャチャと虐殺容疑者を裁くためのガチャチャとを別のものとして理解していることがわかります。彼らは、ジェノサイド罪を裁くガチャチャのことを「ガチャチャ・ヤ・レタ」(gacaca ya leta)、かつてのガチャチャを「ガチャチャ・ヤ・ケーラ」(gacaca ya keera) と呼びます。前者は「国のガチャチャ」、後者は「昔のガチャチャ」という意味です。彼らは、ジェノサイド罪を裁くために実施されたガチャチャを、国家の事業と認識しているのです。

7 結語

ガチャチャは過去を克服するための万能薬ではありません。それは、ローカル社会中心の移行期正義の体裁をとっていますが、RPFが主導する政治秩序を維持・強化するためのもので、国家権力と密接に結びついた仕組みです。RPF政権が内戦中に自らが行った犯罪行為に目をつぶり、強権的な政権運営を強めるなかで、ガチャチャもまた「勝者の裁き」の様相を強く帯びました。RPFに都合のよい「正義と和解」を押しつける抑圧的な政治装置という側面をガチャチャがもつことは否定できません。

しかし、筆者は、ガチャチャを全面的に否定するつもりはありません。サバイバーにとっては、過去の過酷な体験に「けじめ」をつける仕組みとしてガチャチャの意味はきわめて大きいものでした。また、無罪判決の割合がかなり高い事実は、サバイバーからは批判されますが、そこでの判決が人々の間に一定の正当性を有する間接的な証拠だといえるでしょう。内戦終了後、RPFの兵士がかなり恣意的に住民をジェノサイド容疑で逮捕、収監したことを考えれば、相当数の無罪判決が出ることが自然だからです。アルブールやアムネスティ・インターナショナルの懸念は正当なものですが、裁判のやり方が国際的な人権基準に達していないというだけでガチャチャを批判するのは、的を射ていないように思えます。

Ｇセルの住民Ｔさんが、こんな話をしてくれたことがあります。彼はサバイバーで、内戦中に家を壊されるなどの被害に遭っています。彼の家を破壊した三〇人に賠償を支払うようガチャチャの判決が下りましたが、誰も支払いにやって来ないとＴさんは言います。わずか六人だけがそっと彼の家を訪れ、「申し訳ないが、お金がなくて賠償金を支払えない」と謝罪したそうです。「その六人には、もういい、と言って赦したんだ」とＴさんは言いました。その後しばらくして、自宅を強盗に襲われる不運に見舞われた彼は、集落から少し離れた場所にあった家を引き払い、村の中心に近い現在の場所へと転居することにしました。引っ越しのとき、その六人が手伝いに来てくれたそうです。彼は、その話を少し嬉しそうに筆者に語りました。

ルワンダのジェノサイドは、我々の想像を絶する事件です。今日、ルワンダの農村部に住んでいるのは、そうした過酷な経験をくぐり抜けてきた人々です。それを考えると、ルワンダ農村の日常が少なくとも表面上は平穏であり、不満や報復の声に満ちていないことが奇跡のように思えます。その理由として、ＲＰＦが強権的な統治によって人々の不満を抑圧していることは否定できません。ただし、それだけではなく、思いやり、共感、妥協といった形で、人々の間で共存に向けた日常的な努力が積み重ねられていることが重要なのではないでしょうか。

長くルワンダで調査した佐々木は、ガチャチャが孕むさまざまな問題に意識的でありつつも、それが和解に役立ったかどうかは、現時点では断定的に評価できないと述べています[13]。筆者も同感です。ルワンダ全土で行われたガチャチャは、社会に多様な影響を与えてきました。その影響は、地域による社会経済的条件やそこに関わる人々の姿勢に応じて変わってくるでしょう。ガチャチャの賠償判決に対しても、まったく非協力的な人がいる一方で、謝罪の意思を示す機会として利用する人もいます。政府の意向がどうであれ、和解と共存のために努力を払う人々も確かに存在するのです。ガチャチャを移行期正義の成功例と見なすことはできないにしても、それをめぐる人々の対応に和解と共存の可能性を見出すことはできるかもしれません。

【引用文献】

（1）United Nations（2004）The rule of law and transitional justice in conflict and post-Conflict Societies.（S/2004/616, 二〇〇四年八月二三日付）

（2）Hayner, P. B.（2002）*Unspeakable truths: Facing the challenge of truth commissions*. New York: Routledge.（阿部利洋訳〈2006〉『語りえぬ真実――真実委員会の挑戦』平凡社）

（3）武内進一（2009）『現代アフリカの紛争と国家――ポストコロニアル家産制国家とルワンダ・ジェノサイド』明石書店

（4）African Rights（1995）*Rwanda: Death, despair and defiance*（revised edition）, London. pp.1075–1087.

（5）Human Rights Watch（1999）*Leave none to tell the story: Genocide in Rwanda*. New York: International Federation of Human Rights, pp. 701–735.

（6）Reyntjens, F.（2013）*Political governance in post-genocide Rwanda*. Cambridge: Cambridge University Press.

（7）Republic of Rwanda（2003）*The Constitution of the Republic of Rwanda*. Kigali: Official Gazette of the Republic of Rwanda.

（8）小長谷和高（1999）『国際刑事裁判序説』尚学社

（9）Peskin, V.（2008）*International justice in Rwanda and the Balkans: Virtual trials and the struggle for state cooperation*. Cambridge: Cambridge University Press.

（10）Republic of Rwanda, National Service of Gacaca Courts（2012）Summary of the report presented at the closing of Gacaca Courts Activities.

（11）United Nations（2007）United Nations High Commissioner for Human Rights ends visit to Rwanda.（Press Release, 25 May 2007）

（12）Amnesty International（2007）Amnesty International Report 2007.

（13）佐々木和之（2016）「〈和解をもたらす正義〉ガチャチャの実験――ルワンダのジェノサイドと移行期正義」遠藤貢編『武力紛争を越える――せめぎ合う制度と戦略のなかで』京都大学学術出版会、二六五–二九四頁

第10章 ルワンダにおける元戦闘員と障害者への技能訓練の和解効果

【大貫真友子・小向絵理】

ルワンダでは、一九九四年にフツ族とツチ族の間で内戦が発生し、後者を標的とした大虐殺などによって多数が負傷したり死亡したりしました。本章で紹介するのは、このような経緯をもつルワンダにおいて実施された、「障害」という困難を共有する元戦闘員と一般市民たちの社会復帰を目的とした、技能訓練および就労支援のプロジェクトです。

これは、日本の独立行政法人国際協力機構（以下、ＪＩＣＡ）とルワンダ動員解除・社会復帰委員会（Rwanda Demobilization and Reintegration Commission：以下、ＲＤＲＣ）が協力して実施したものです。受講生は、約六カ月間、週末以外は毎日技能訓練センターに通い、終日講義や演習を共にしながら技能を取得しましたが、そのなかで互いに触れ合う機会も多くありました。一般的にこのようなプロジェクトにおいては、就労率や所得が向上するだけでなく、受講生間の親睦が深まることが観察されています。

しかし、虐殺の過去を踏まえるとどうでしょうか。受講生には、互いに敵として戦っていた元戦闘員たち、民族が違うがゆえに家族を虐殺された人たち、また生きるために殺害に加担せざるを得なかった人たちが入り交じっているのです。通常であれば、敵対関係にあった人たちとの交流を自ら選んで行おうとする人は少ないでしょう。とすると、受講生たちはプロジェクト中のこのような触れ合いの機会をどのように受けとめ、どのように体験したのでしょうか。

本章では、まず紛争後の国の和平と復興に欠かせない戦闘員の動員解除と社会復帰に向けたルワンダでの取り組み、出自の違う元戦闘員たちの紛争前後の活動や暮らしぶり、そして、ＪＩＣＡプロジェクトの内容とその効果について紹介します。後半では、敵対関係にあった元戦闘員同士の間、彼らと一般市民との間、そして彼らと一般のコミュニティとの間において、このプロジェクトがどのような和解ないし融和の役割を果たしたのか、ないし果たしうるかについて、社会心理学の理論と先行研究を踏まえて解析します。最後に、ルワンダ社会の平和構築におけるそれらの役割を考察します。

1　ルワンダ動員解除・社会復帰プログラム

ルワンダは、アフリカ大陸中央部、大湖地域に位置する、面積二・六三万平方キロメートル（四国の約一・四倍）、人口約一二〇〇万人の小国です。北にウガンダ、東にタンザニア、南にブルンジ、西にはコンゴ民主共和国との間で国境をもつ内陸国です。一五世紀頃に成立したといわれるルワンダ王国は、一八九九年にドイツ領東アフリカの一部となりました。第一次世界大戦終了後、一九一六年にドイツ軍がルワンダと隣国ブルンジから撤退し、代わってベルギー軍がこの地域を占領します。一九六二年にルワンダは共和国として独立しましたが、その前後から断続的に「ツチ」「フツ」という民族を対立軸とした武力紛争が発生していました。一九九四年四月六日、ルワンダのハビャリマナ大統領とブルンジのヌタリャミラ大統領（両者ともにフツ族）が搭乗している航空機が、ルワンダの首都キガリ空港着陸寸前に撃墜されたことに端を発し、歴史的な虐殺から全国規

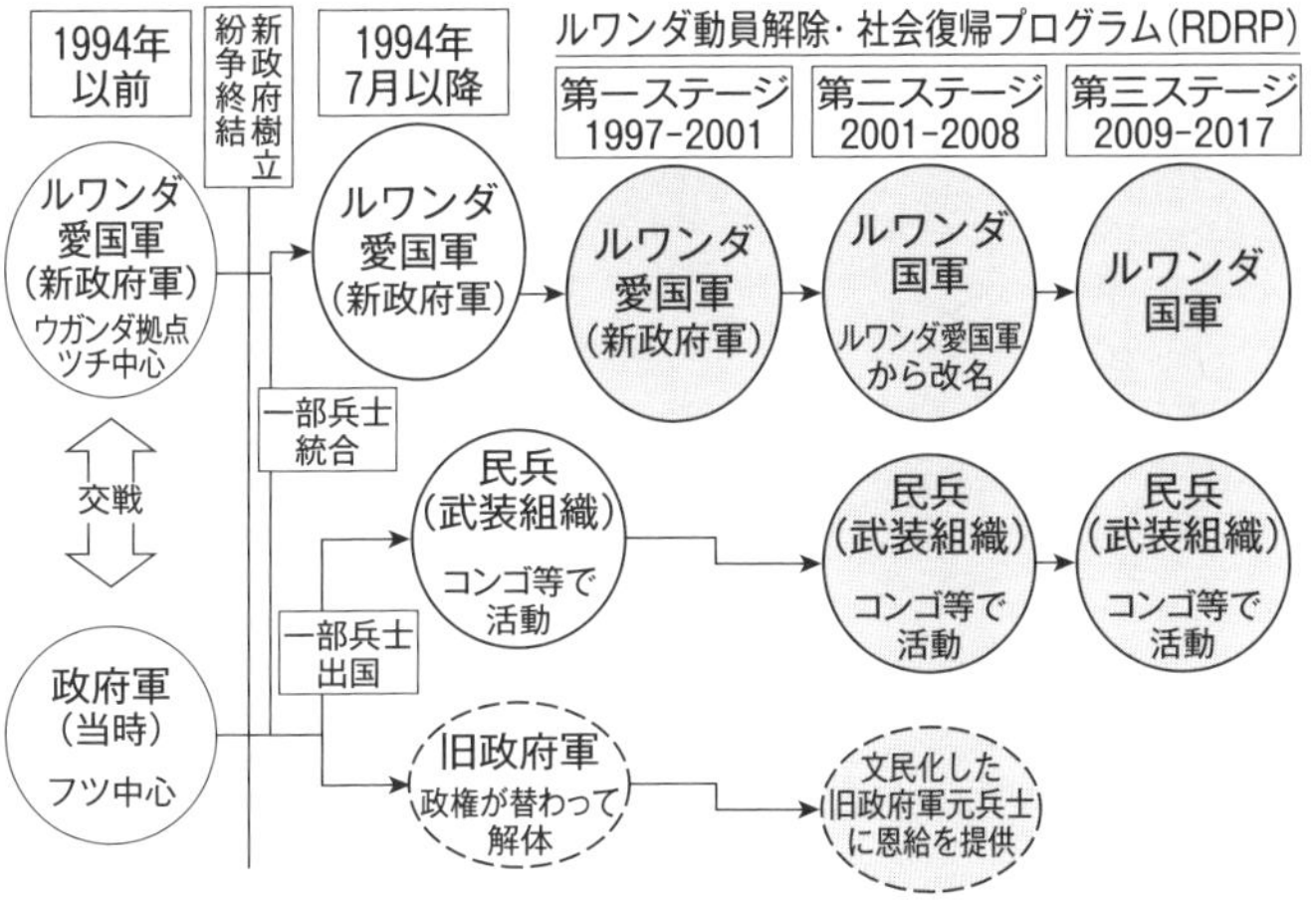

図 10-1　ルワンダ軍の変遷と動員解除・社会復帰プログラム

模の暴力紛争に発展します。この紛争により、八〇万人前後の死者、二〇〇万人以上の難民が発生しました。同年七月に新生ルワンダ政府が発足し、紛争は終結していきます。

新生ルワンダ政府は、近隣国との関係で一定の国防力を維持する必要がある一方で、国民和解を推進するとともに、近隣国で活動しているルワンダ人による武装勢力を縮小し、そこに所属していた元戦闘員をルワンダに帰還させなければいけない状況にありました。一九九五年、旧政府軍兵士一万五千人をルワンダ愛国軍に吸収し、その後も継続的に吸収しました。その一方で、一九九七年には、ルワンダ愛国軍兵士の一部を動員解除し、一般市民として社会復帰させるため、ルワンダ動員解除・社会復帰プログラム（Rwanda Demobilization and Reintegration Programme：以下、ＲＤＲＰ）の第一ステージを開始しました。

二〇〇一年には、ルワンダ国軍の質の向上と規模の縮小、国民和解の促進を目的として、ルワンダ愛国軍兵士のみならず、一九九四年以前の旧政府軍の兵士で一九九四年に一般市民となった人たちと、一九九四年以降コンゴ民主共和国（以下、コンゴ）などの国外に流出し、武装活動していたフツ系元民兵も対象に加える形でＲＤＲＰ第二ステージが開始され、これが二〇〇八年まで継続されました。

二〇〇九年からは元民兵を主たる対象として第三ステージが実施されました。RDRPの第一～三ステージを通じて、約一〇年間で七万人以上の戦闘員が動員解除されました。出自ごとに見てみると、全体の約六五％がルワンダ愛国軍兵士／新ルワンダ国軍兵士、約一九％が旧政府軍兵士、約一七％が民兵です。**図10-1**に各ステージで対象となる戦闘員がわかるプログラム概要を示しました。なお、一九九四年に新政府は民族を示す証明書を廃止し、それ以降「ツチ」「フツ」の民族名称は公式には使用されなくなっています。

2 ルワンダにおける元戦闘員の人々

RDRPの第二ステージでは、図10-1のとおり、三つのグループを対象として、動員解除と社会復帰支援が行われています。①ルワンダ愛国軍兵士／新ルワンダ国軍兵士とは、一九九四年以前のフツ系政府時代、ルワンダから逃れてウガンダ等近隣国に散在し、そこから武装活動を行っていたルワンダ愛国軍のツチの兵士が中心です。ルワンダ愛国軍が紛争に勝利し、一九九四年七月に新政府を樹立してからは国軍の役割を果たしており、二〇〇二年に正式にルワンダ国軍に改称されました。なお、新政府樹立後、一九九四年以前のフツ中心の政府軍の兵士も一部吸収されています。②旧政府軍兵士は、一九九四年以前の政府軍の兵士でフツが主体です。紛争に敗れて政権をツチ主体のルワンダ愛国軍に奪還されたことから、旧政府軍は解体されました。一部の兵士は紛争に勝利したルワンダ愛国軍に入隊し、また一部の兵士は一九九四年以降ルワンダから出てコンゴなどで民兵となり武装活動を継続していますが、多くの兵士は紛争が終結した一九九四年に戦闘員であることをやめて一般市民になっています。③民兵もフツ族主体ですが、一九九四年に現政府が樹立されて以降、コンゴなどにおいてゲリラ活動を継続している人々です。

このように、RDRPの対象者たちは同じ元戦闘員でも戦闘員になったきっかけや戦闘員時代の生活は大きく異なります。現地でのインタビューから、それぞれどういった特徴があるのか見てみましょう。

①ルワンダ愛国軍兵士／新ルワンダ国軍兵士だったAさんは、両親を虐殺で亡くし、本人は虐殺から逃れてブルンジに避難後、ルワンダに戻ってルワンダ愛国軍に入隊しました。兵士になる前には建設業に従事していましたが、両親を虐殺で失ったことがルワンダ愛国軍に入隊するきっかけだったと言います。戦闘で障害を負って除隊しましたが、兵士となった当初の目的（民族差別のない国に変えること）を達成できたので後悔はなく、今後も国の平和が脅かされるような事態が発生すればまた兵士として戦うと話しています。

②旧政府軍兵士のBさんは、虐殺前の一九八〇年に、生活が安定するという動機で兵士になっています。虐殺の後、新政府が立ち上がる時期にコンゴに避難し、情勢が落ち着いてからルワンダに帰還しました。これまでの人生では、紛争前、旧政府の兵士だったときが安定した給与と福利厚生を得ていたので一番よく、コンゴでの生活が一番ひどく、ルワンダ帰還後、農業と裁縫で生計を得ている現在が二番目によいとのことです。

③民兵のCさんは、虐殺の後、ルワンダからコンゴに避難し、難民キャンプで武装勢力に動員されました。コンゴ国内を転戦して武装勢力の一員として戦闘を続け、その過程で左腕、左脚、両目に障害を負います。武装勢力の兵士だった頃は、妻とはほとんど会えず、生活もひどく、戦う目的もわからなくなったのでルワンダへの帰還を決意し、ルワンダでは農業と電気修理で生計を立てています。Cさんは、コンゴでの兵士時代に得たものはなく、生活も大変だったので、ルワンダ帰還後、いまだコンゴなどで武装活動をしている昔の仲間に帰還するよう呼びかけているとのことでした。インタビューに同席したCさんの妻は、帰還前のコンゴでは、自分が生活していた地域には学校すらなかったけど、今は長女と長男を小学校、次女を幼稚園に通わせていると話しました。

①〜③の元戦闘員のうち、①と②は時代と政権が違うものの国軍の兵士ですが、③はそれと異なり民兵です。ルワンダ国内では、一九九四年七月に新政府が設立されてから紛争は徐々に沈静化していきましたが、一〇〇万人以上のルワンダ人がコンゴに流入しました。コンゴ内のキャンプにおいて、虐殺に関与した人々、旧政府軍兵士や旧政府の残存勢力が中心となって武装勢力を構成し、新メンバーのリクルートも行われました。当初、この武装勢力はコンゴ東部からルワンダに越境して攻撃を繰り返し、これに対処するために新生ルワンダ政府は武装勢力が拠点を置くコンゴ東部に対して攻撃を行いました。その結果、大部分はルワンダに帰還しましたが、いまだコンゴに残って、コンゴのコミュニティを襲うなど、武装活動を続けているのが③の民兵です。コンゴ国軍、ルワンダ国軍、国連が民兵の武装活動を停止、縮小しようと作戦を何度か展開したこともあり、ピーク時と比べると戦闘員の数は減少してきているといわれています。

冷戦終結後、多くの紛争後の国において戦闘員の武装解除、動員解除、社会復帰を支援する取り組み、いわゆるDDR(Disarmament, Demobilization and Reintegration)が実施されています。DDRの便益が、一方あるいは一部の武装グループのみに提供されるようなケースも見られるなかで、ルワンダのDDRと位置づけられるRDRPの特色として、まず、紛争中に敵対していた双方の武装グループの兵士が同じプログラムの対象となっていること、そして紛争後国外に出て武装活動をしている民兵までも対象に含まれていることが挙げられます。このため、動員解除と社会復帰プロセスそのものが、国民和解にも深くつながっています。加えて、民兵が隣国コンゴで武器を置き、ルワンダに帰還するかどうかが動員解除と社会復帰の進捗の鍵となっているため、コンゴからの帰還活動とRDRPが連動して実施されています(1)。

ルワンダにおけるDDR、つまりRDRPは、国家レベルではルワンダでの和平の定着と国民結束の強化・和解促進、軍事費の削減、コミュニティ・レベルでは元戦闘員同士や元戦闘員と一般市民の和解促進、コンゴなどからの民兵の帰還、ひいては国を超えた地域レベルで大湖地域の安定に直接的に貢献することを狙った活動ととらえることができます。

3　障害がある元戦闘員に対する技能訓練の提供

ＲＤＲＰは、ルワンダ政府の組織であるＲＤＲＣが実施していました。世界銀行、ドイツ、国連などの支援を受けて、元戦闘員の社会復帰を推進するための技能訓練や、障害がある元戦闘員に対する医療やリハビリ支援を行ってきました。このプログラムで動員解除された元戦闘員の一割弱は障害者でしたが、その第一ステージが開始された一九九七年から約八年間、障害がある元戦闘員を対象とした技能訓練は実施されていませんでした。加えて当時ルワンダでは、一般的にも障害者に対する技能訓練を実施している機関がきわめて限られており、障害がある元戦闘員を社会的、経済的にコミュニティに統合していくうえで大きな制約がありました。

このような状況から、ＪＩＣＡはルワンダ政府からの要請を受け、二〇〇五年から「障害を持つ除隊兵士の社会復帰のための技能訓練プロジェクト」（以下、「プロジェクト１」[2]）を開始しました。障害のない人や元戦闘員ではない人とともに技術を習得することを通じて、障害がある元戦闘員の社会復帰を推進することを目標として、①彼らに対する技能訓練の提供（訓練終了後の協同組合形成のための支援を含む）、②技能訓練センターの講師に対する研修、③技能訓練センターのバリアフリー化などをＲＤＲＣと共同で実施し、このプロジェクト１を通じて千人以上の障害がある元戦闘員が支援を受けました。ＪＩＣＡは日本人の専門家を派遣し、ルワンダ人のローカル・スタッフと共に、ルワンダの政府組織であるＲＤＲＣや技能訓練センターなどと協力しながらプロジェクト１を進めました。技能訓練とは、木工、裁縫、靴製作、農業、ケータリングなど、自身の生計向上に結びつくような技能を身につけるため、座学と実務で構成される数カ月の訓練で、**図10-2**は、そのひとつである溶接技能訓練の様子です。

戦闘を生業としていた人々が動員解除後、一般市民として生活していけるように技能訓練を通じて生計向上の手段を獲得するとともに、一般の技能訓練センターで受講生として規則正しい生活を一定期間継続することで、心理的にも戦闘員から一般市民に移行していくことを狙いとしました。このプロジェクトでは、一般の人々に技能訓練を提供しているセンターを活用することによって、彼らに元戦闘員の人々と接触する機会をもたせ、また、これらセンターの職員を対象とした啓発セミナーを行ったりして、障害がある元戦闘員に対するコミュニティ側の理解を深め、技能訓練の終了後、障害がある元戦闘員がコミュニティで生活しやすくなることをめざしました。

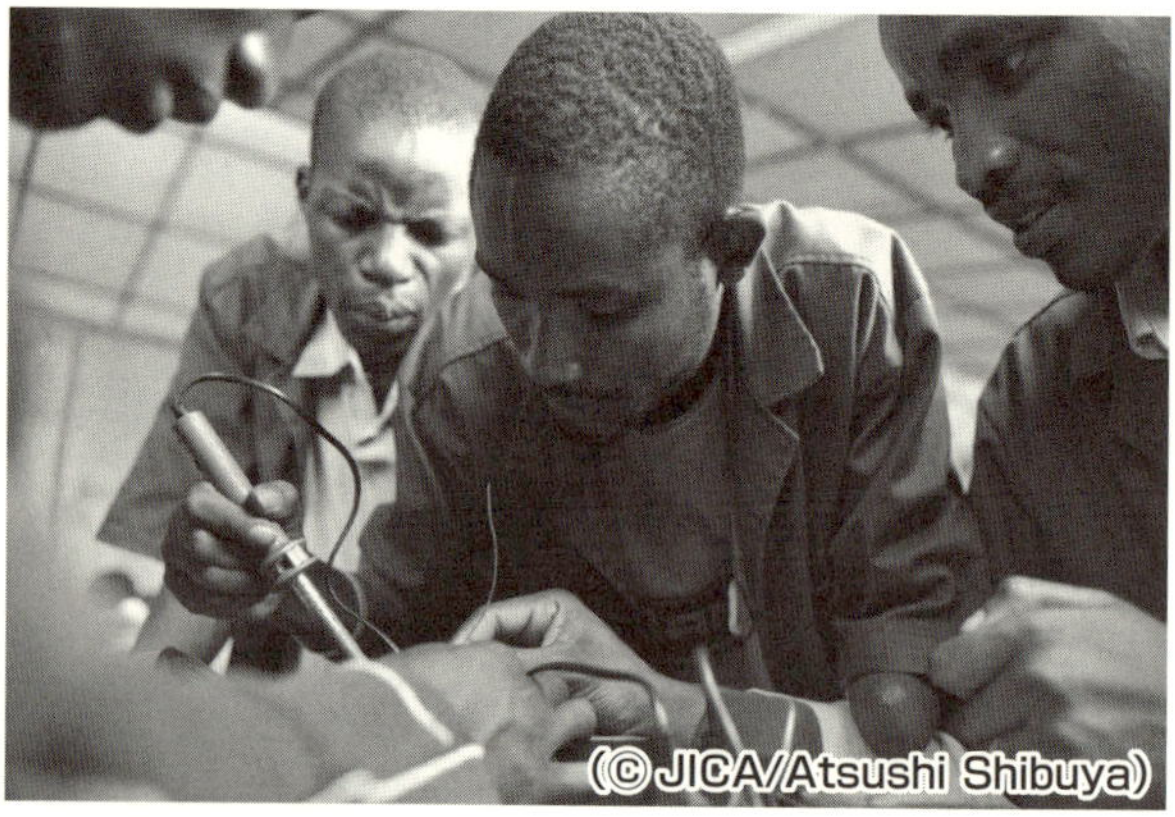

図10-2　プロジェクト1における溶接クラスの情景

当時実施されていたRDRPの第二ステージで対象となっていたどのグループにも障害がある人はいたので、RDRCから定期的に動員解除された元戦闘員の出自を確認し、その出自割合と、プロジェクト1の受益者の出自割合が大きく異ならないように配慮しました。また、出自ごとにコースを分けず、一緒のクラスで技能訓練を受講するスタイルとし、技能訓練を通じて、紛争中は敵対していたツチ系戦闘員とフツ系戦闘員の間で相互理解が促され、憎悪などネガティブな感情が軽減されることを期待しました。さらに、ルワンダ・フツ系の民兵がいまだ活動しているコンゴ東部で、こうした社会復帰支援活動をラジオ広報し、彼らが投降してルワンダに帰還し、社会復帰することをめざしました。

4　一般障害者のニーズへの対応

プロジェクト1は、二〇〇八年七月から八月にかけて実施された終了時評価において、「本プロジェクトの支援を受けた障害を持つ除隊兵士の多くは、習得した技術を活用して所得を創出・向上させており、また技能訓練修了後、家族や近隣コミュニティとの関係を改善させており、上位目標はすでに達成されている」と評価されました。加えて、次節で述べるような、さまざまな効果を残して終了しました。

しかし、ルワンダには元戦闘員だけではなく、紛争やそれ以外の原因による障害者も多くいます。プロジェクト1が終盤に差しかかった頃、元戦闘員ではない障害者から「なぜJICAは障害がある元戦闘員だけを対象としているのか。なぜ、元戦闘員ではない障害者は支援を受けられないのか。JICAが実施しているような技能訓練の支援を一般障害者に提供しているところは、ルワンダにはないのに」という意見が聞かれました。

このような声を受け、ルワンダ政府は、六つの技能訓練センターにおいてバリアフリー工事を完工し、延べ三〇〇名の技能訓練センター職員に対して指導員養成者研修を提供しました。そして、一〇〇〇人以上の障害がある元戦闘員が技能訓練を受けることができたという成果を上げた、先のプロジェクト1の結果を踏まえ、二〇〇九年に、障害がある元戦闘員と元戦闘員ではない一般障害者の両方を対象とした技能訓練プロジェクトを、日本政府に要請しました。これを受けて、JICAは二〇一一年二月より三年間、障害がある元戦闘員と一般障害者がともに技能訓練を行い、就労により社会参加を実現することを目的に、先行プロジェクト1と同様、RDRCと共同で「障害を持つ元戦闘員と障害者の社会復帰のための技能訓練及び就労支援プロジェクト」（以下、「プロジェクト2」[2]）を実施し、元戦闘員約六〇〇人と一般障害者約九〇〇人、合わせて一五〇〇人以上が支援を受けました。このプロジェクト2においても、元戦闘員に関しては引き続き出自のバランスに配慮し、同じコースで異なる出自の元戦闘員と一般障害者が一緒に技能訓練を受講するアプローチをとりました。プロジェクト2終了時に実施した調査において、受益者のうちの約九割が技能訓練終了後に組合を結成し、約七割が就労サービスに満足していると回答しています。

5 二つのプロジェクトの効果

プロジェクト1とプロジェクト2がもたらした効果については、両プロジェクトの評価調査(3・4)、その他のモニタリング調査などを通じて分析されています。

A ルワンダ社会における障害者支援への効果

ルワンダ社会全体への効果として、RDRCの職員は「JICAのプロジェクトで初めて障害がある元戦闘員に技能訓練という『サービスを提供』したことによって、一般障害者への同様のサービスという『潜在的ニーズが表面化』し、これを受けて障害がある元戦闘員に加えて、次のプロジェクト2では一般障害者に対しても『サービスを拡大』していったという、一連のムーブメントがルワンダで誘発された」と解説します。JICAの二つのプロジェクトの実施中に、ルワンダ政府は「障害を持つ元戦闘員保護法」「障害者保護法」を成立させたことに加え、公共施設にバリアフリーを義務づける法律も別途成立させました。これらの法律の策定・発効に対し、JICAの協力はニーズを可視化し、対応策を具体的に提示した点で貢献したとのコメントが、終了時評価調査をはじめとして、これまで実施された各種現地調査におけるＲＤＲＣ関係者に対するインタビューに示されています。

二つのプロジェクトをＪＩＣＡと共同で実施したＲＤＲＣは、重度の障害がある元戦闘員の居住エリアと医療・レクリエーション・就労支援の機能を併せもつ多目的スペースの複合施設を建設するなど（二〇一七年七月の調査時点で、全国に一〇カ所）、両プロジェクトで導入した障害がある元戦闘員の社会復帰支援をさらに発展させています。技能訓練センター講師を複合施設に招聘して、技能訓練センターに通えない重度の障害がある元戦闘員に対し技能訓練を提供する活動や複合施設のバリアフリー工事は、ＪＩＣＡの協力からアイデアや技術を習得して、発展・応用したものです。

プロジェクト2の終了後三年を経た二〇一七年、プロジェクト1や2で障害がある元戦闘員や一般障害者に技能訓練を提供したセンターのうち七カ所を筆者は訪問しました。そのうち六センターにおいて、プロジェクト2の終了後も障害者に対して技能訓練を提供していることが確認されました。また、この訪問調査におけるセンター職員からの聞き取りでは、「以前は障害者への技能訓練のイメージをもてなかったけど、プロジェクトを通じてインクルーシブ・エデュケーション（障害の有無にかかわらず同じ教室で学ぶアプローチ）を自然に実施できるようになった」という声も聞かれました。

ルワンダにおいては障害者が自己負担で技能訓練を受講するのは難しいため、労働省が実施している国家雇用プログラムを活用したり、ＮＧＯなどの支援を受けたりして継続している例が多いようです。この他にも、新たに視覚障害者のための研修カリキュラムを開発したり、増設した校舎に階段のみならずスロープを設置するなど、両プロジェクトで得られた経験を活用しているセンターがいくつかあります。このように、プロジェクトは限られた期間における、限られた対象者への支援でしたが、そこで得られた知見は関係組織に受けつがれ、障害者が社会に受け入れられることを促進していくための取り組みが続いています。

B　受講者・周辺コミュニティへの社会的、経済的、心理的効果

両プロジェクトの受講者にはどのような効果があったのでしょうか。二つのプロジェクトに関わったルワンダ政府の職員は「障害がある元戦闘員や障害者が、支援される対象から社会的・経済的に貢献できる人材へと転換していった」と説明します。彼らは、心理的・社会的に負の側面を抱え生計手段がないという状況から、プロジェクトを通じて技術や仲間を得て、プロジェクト終了後には社会的・経済的な地位の向上という変化を経験しました。その結果、本人だけでなく家族や周辺コミュニティにも、障害があっても経済活動ができるという考え方が浸透したと話します。

旧政府軍兵士で、紛争後には新ルワンダ国軍兵士になり、障害が原因で除隊したDさんは、技能訓練で習得した電気修理技術を生かして仕事をし、また、周囲の若者に教えることがコミュニティとの関係構築に役立ったと話します。技能訓練後に結成された協同組合が持続しなかったり、経済活動がうまくいっていない例もありますが、受講者とその家族へのインタビューでは、プロジェクトに参加したことが生活によい変化をもたらしたと、多くの回答者が述べています。具体的に得られたものとしては技能、収入、友人が挙げられ、障害という共通の困難をもっている仲間と出会えたという回答もありました。

元戦闘員ではなく、ジェノサイド・サバイバーであり障害者でもある女性Eさんは「紛争後の長期間、コミュニティからは無視されてきたが、今は習得した技能を活かしてケータリングの仕事をしており、多くの女性が慕ってくれる」と語っています。二〇一三年に裁縫の技能訓練を受講したFさんは二〇一七年のインタビューで「技能を活かして裁縫教室を開講し、これまで五〇人以上のコミュニティ・メンバーに裁縫を教えており、その授業料と裁縫の組合活動から収入を得ている」と答えています。

C　集団間の接触による効果

元戦闘員と非戦闘員、障害者と非障害者を分けないアプローチをとったことが、元戦闘員がコミュニティで一般市民として生活していくことや障害者の社会参加の促進につながったという指摘もあります。技能訓練センターでは、各プロジェクト期間中、室外活動などで元戦闘員が一般受講者と交流する機会を積極的に設けましたが、非元戦闘員と一緒に過ごすことを通じて彼らの社会復帰が促進されていく様子が観察されます。技能訓練センター関係者へのインタビューで、コンゴから帰還した元民兵には、現地の状況やどうやって生活してきたのかについて他の人たちからの関心が高く、多くの人たちが話を聞きに集まるという回答もありました。障害がある元戦闘員の多くは、プロジェクト2終了後、一般障害者の受講者や非受講者であるコミュニティ・メンバーも含め、経済活動を共にする組合を結成していますが、このことは、彼らにおいてはこれらの社会的カテゴリー間に障壁がないことを示しています。**図10-3**は、そのようにプロジェクトを通して結成された組合のひとつです。

図 10-3　プロジェクト2で結成された洋裁組合

　出自の異なる元戦闘員の間の和解という面ではどうでしょう。前述のとおり、グループの違う元戦闘員たちは、紛争中は敵同士でした。これら元戦闘員たちにインタビューすると、他の出自の元戦闘員たちとの間に障壁は「ない」と回答します。技能訓練センターの関係者からも、元戦闘員同士の間で訓練中に問題を起こす例はみられなかった、と報告されました。修了後に結成された協同組合のなかに異なる出自の元戦闘員が混在している事例も複数見られることから、彼らの間の和解は一定程度進捗しているように見受けられます。

紛争終結後、ルワンダ政府が和解推進、国民結束強化の政策のもとでさまざまな取り組みを進めてきたこともあり、インタビューでも、技能訓練受講前から、異なる出自の元戦闘員間の関係構築は困難ではなかったとの回答が大勢を占めていました。一方で、技能訓練のなかで異なる出自の元戦闘員や非戦闘員が一緒に研修することを肯定的にとらえている回答や、受講時に各人のそれまでの経験について話し合う機会をもったという回答も多くありました。プロジェクトに参加することにより、実際に異なる出自の元戦闘員が約六カ月間も一緒に時間を過ごした結果、同じ組合で経済活動をする選択をしたことは、敵対していた元戦闘員の間に生まれた協力行動の実例であり、和解の実践ととらえられるのではないでしょうか。

D　元戦闘員との接触による一般障害者のエンパワーメント効果

プロジェクト1では元戦闘員だけを対象にしていたのを、プロジェクト2で一般の障害者まで対象を拡大したことが、副次的効果を生んだという指摘もあります。一般障害者は引っ込み思案で社会との関わりが少なくなりがちなのですが、元戦闘員たちは、障害があっても権利を主張し積極的に他者に働きかけるので、それが刺激になり、一般障害者も自分の権利について自覚し、社会と積極的に関わるように姿勢が変化していったとＲＤＲＣの職員が述べています。戦闘で目と脚に障害を負った元民兵のＧさんは、技能訓練で知り合った近くに住んでいる一般障害者の修了者と一緒に裁縫の組合を始めました。その聴覚障害者の女性Ｈさんは、訓練以前は自宅に閉じこもっていたため、近所に住んでいるにもかかわらず面識がまったくなかったそうです。Hさんは、以前は人と話をするのが怖かったけれども訓練の後は話ができるようになり、今は注文も自分でとれるようになったと話してくれました。また、障害がある元戦闘員のほうが一般障害者より政府による支援が手厚いので、一般障害者をプロジェクト2で対象とすることで両者の格差を是正でき、一般障害者の不満を吸収できたというコメントもあります。

E　紛争再発要因の抑制効果

出自によって社会復帰支援の意味は違ってくるのでしょうか。ルワンダ愛国軍の障害がある元戦闘員は、紛争に勝利して新政府を立ち上げたルワンダ愛国軍のために戦って障害を負ったのだから、政府からの支援を当然のものと受けとめています。その反面、ＪＩＣＡの協力以前は、軍病院などでやることもなく無為に過ごす状況に不満をもっていた人も多くいました。彼らは、技能訓練に参加することで毎日することができ、元戦闘員以外の知り合いができて、修了後もさまざまな活動に参加するようになりました。これを通して、政府や社会に対する不満を解消することができました。

長期間ルワンダから離れていた元民兵たちは、帰還してルワンダ国内で生活を始めることに不安を感じていました。ルワンダで一般市民として生活していくためにも、技能を習得し、非戦闘員の人たちと知り合うことは有益だったと考えられます。インタビューした元民兵の複数の者が、帰還後、投獄されたり殺されたりする不安をもっていたが、実際には、動員解除や社会復帰の支援を得てコミュニティで生活できるようになり、元ルワンダ国軍の戦闘員と同等の手当が受けられるようになったことに感謝していると回答しています。

インタビューした全ての障害がある元戦闘員に対し「兵士に戻りたいか」という質問をしたところ、「障害がなくても戻りたくない。一般市民の生活のほうがよい」「障害がなければ戻りたい。自分はプロフェッショナルな兵士である」「平時であれば現在の一般市民の生活を継続するが、国が危機に直面すれば障害を持った身体でも国を守るために何かしたい」という大きく三つの回答に分かれました。元戦闘員の社会復帰の目的が、社会的・経済的・心理的に戦闘員から一般市民に移行していくことと考えれば、いまだ「兵士に戻りたい」と回答する元戦闘員が一定の割合いるということは、目的を完全には達成していないという見方もあるかもしれません。元戦闘員の社会復帰の達成は、ルワンダの治安、国家の安定に依存するといえます。

このように、二つのプロジェクトによる効果は、ルワンダの政策、社会全体、実施に関与した組織、受講者などさまざまなレベルにおいて、多面的に生じていると考えられます。

6 接触仮説を用いたプロジェクト効果の分析

ここで、社会心理学の和解理論として最も実証的なオルポート[5]の接触仮説を用いて、前節で紹介したプロジェクト効果の一つ「さまざまな集団間の接触による効果」を分析します。オルポートは、ある一定の条件下で集団間の接触回数を増やすことで、集団間の偏見や差別が低減すると論じて、接触仮説を提唱しました。ここでいう「ある一定の条件」としては、平等の地位、共通の目標、協力関係、制度的・社会的・慣習的サポートの四つが挙げられます（第2章参照）。この仮説は数多くの研究で実証的支持を得てきました[6]。

一つめの接触条件である「平等の地位」は、接触をもつ集団メンバーの間で、地位の格差や不平等がないことを意味します。紛争経験のある集団間に地位の差がまったくないことは少ないでしょうが、個人が接触をもつ際には、それを不平等だと感じさせない環境が必要であるということです。

前述のとおり、ルワンダの元戦闘員は主に三つの出自に分類され、それぞれが政治的・社会的・経済的に異なる背景を抱え、紛争時は敵対関係にありました。しかし、このプロジェクトにおいては、元ルワンダ国軍兵士だけでなく、元旧政府軍兵士や元民兵も平等に受講の機会を得て、差別のない環境下で一定期間を過ごしました。また、プロジェクト2においては、障害のある元戦闘員と一般障害者が入り交じり、一緒に受講する仕組みになっており、元戦闘員が優遇されることはなかったため、両者に平等の地位が保証されていました。

二つめの接触条件である「共通の目標」においては、目的やビジョンを共有することや、似た境遇にある人たちが共通の課題をもつことを意味します。本プロジェクトにおいては、技術を身につけ就労活動を活発にするといった明示的な共通目標が掲げられ、さらに「障害」という課題を共有していたことが当てはまるでしょう。受講者は、何らかの障害によって日常生活や就労活動における困難を抱え、非障害者とは分かち合うことのできない差別を受けた経験、それにまつわるネガティブな感情を共感しうる同朋でした。これらのことによって、集団間の差異を超えた、さまざまな共通の境遇や目標が彼らの間に存在していたと見なすことができます。

三つめの接触条件は「協力関係」ですが、協力行動の背景には利害の共有、すなわち相互依存関係が存在します。相互依存関係では、報酬を一方的に受けとるだけで、怠けたり、信頼を裏切る人も出てくるため、かえって葛藤が起こる可能性もあります。もともと信頼できない相手と協力関係を結ぶことは少ないかもしれませんが、仮にそうなった場合、さらなる不信感が醸成される可能性もあります。これを避けるには、共通目標のもとで助け合いを重ねるなどして信頼関係を深めることが重要です。

このプロジェクトでは、技能訓練による交流の場を提供しただけでなく、組合設立をサポートすることで、より積極的に協力関係を促しました。結果として、出自の違う元戦闘員、一般市民、さらには非障害者など、さまざまな集団に属する人々が入り交じった組合が自発的に設立されたことは、これらの集団間に一定程度の信頼関係があったことを示しています。

四つめの接触条件にある「制度的・社会的・慣習的サポート」は、たとえ上記の三条件が満たされていたとしても、それらを満たす接触の場が社会的に認められ、主流化されないと、和解の効果が持続・定着しないことを意味します。たとえば、慣習的に抑圧されている他集団との接触の場合、接触した当事者にも社会から排斥されるなどのリスクがあります。このプロジェクトは、ルワンダ政府の要請を受けて、JICAの専門家が現地のカウンター・パートであるRDRCと協議を重ねて設計したものでした。また、ルワンダの和解委員会は、「ルワンダ国民が、持続的開発の基盤を構築するために、双方向の信頼、寛容、敬意、平等、真実、過去の傷を癒すことを通じて、共通のアイデンティティ、文化、平等の権利をもつこと」を和解と定義し[7]、国民統一・和解政策を推進しています。この点から見て、過去に刷り込まれていた分化的民族アイデンティティを超えて集団間接触をもつことに対しては、「制度的・社会的・慣習的サポート」が十分にあったといえるでしょう。

以上の分析を踏まえると、このプロジェクトは、和解を促進する接触仮説が成立する四条件を満たしていたといえるでしょう。一方で、近年のメタ分析では、接触仮説を支持する研究において、効果の因果関係と持続性を示した研究はわずか五パーセント未満であり、さらにそれらの研究では、①対象とする集団、差別や偏見の定義や測定法によって効果にばらつきがある、②接触四条件を個別に検証した研究が少ない、③七割が北米における研究で対象者に偏りがある[*1]、などが指摘されています[8]。こうしたことから、開発現場における接触仮説の有用性については、さらなる実証研究が必要と思われます。

7 接触効果の一般化における集団カテゴリーの役割

オルポートの接触仮説に影響を与えたといわれるウィリアムズ[9]は、所属集団ないし集団アイデンティティの違う人同士が、共通の身分、興味、職業などをもち、個人的に親しくなることが和解につながると論じました。こういった個人的な親睦を深める接触においては、対人関係を築くうえで重要な個人特性に焦点が向けられるため、集団カテゴリーの認識が薄まるといわれています[10]。たとえば、元戦闘員に対して悪いイメージをもっていた一般市民が、技能訓練のなかで元戦闘員のZさんと触れ合う機会があったとします。そこで共通の話題で話がはずんでZさんに親密感を抱いたり、Zさんの能力や知識が自分にとっても有益であるという気持ちが強まると、Zさんが元戦闘員だったことから生じる悪いイメージは弱まります。

この段階で、特定の個人について改善された印象がその他の元戦闘員にも波及する、すなわち接触効果が一般化するためには、一定のカテゴリー意識がはたらく必要があるともいわれています。つまり、「Zさんはよい人だ」だけではなく、「Zさんは元戦闘員なのによい人だ」でもなく、「元戦闘員はZさんのようによい人たちだったんだ」というカテゴリー・レベルの気づきが重要とされています。さらに、このように個人に対する印象が集団レベルの印象に一般化するには、集団を代表するメンバー、ないし集団の特徴を象徴する典型的なメンバー間で、このような接触が生じる必要があることも示されています[11]。

本プロジェクト後の聞き取り調査では、少なくとも元戦闘員たちの間では互いの所属していた武装勢力の出自について意識が明瞭であったように見受けられました。プロジェクトを通して、紛争時に集団としてはさまざまに異なる立場にあった受講生の間で友人を得たという回答も多数みられました。一定の集団カテゴリー（武装勢力の出自）意識をもったまま他カテゴリーの他者と知己になる機会が提供され、そのなかで対人レベルでの親睦が深められたことから、個人レベルでの偏見低減が集団レベルのそれへと移行したことがここでは推

＊1　英語の文献のみがレビューされていることも注意が必要です。

測されます。しかし、果たして実際に、他の隣人やコミュニティの元戦闘員らに対してもこのような効果が一般化されたかどうかについては、さらなる調査研究が必要でしょう。

8　暴力的紛争の経験者を対象とした集団和解研究

ここでは、ルワンダや他の暴力的紛争を経験した国々における集団和解の研究をいくつか紹介し、本プロジェクトが実施された文脈を考慮に入れながら、その和解効果を考察します。

A　ルワンダにおけるトラウマ心理教育の研究

ルワンダの平和構築研究に多大な貢献をしたストゥブ[12]は、紛争後社会において平和を維持するには、被害を受けた人たちの心の傷を癒し、相手集団への態度がポジティブに変容する必要があると述べています。ストゥブらは、臨床心理学や社会心理学の理論をもとに、現地の経験や知見を取り入れながら、トラウマ心理教育プログラムを開発し、ジェノサイド・サバイバーとすでに信頼関係を形成している現地のＮＧＯ職員に対して集中的な訓練を行いました[13]。このプログラムは主に五つの内容、①虐殺の原理、②トラウマの症状と人間の自然な適応反応としての癒しのプロセス、③人間の基本的欲求と集団間紛争との関係性、④つらい経験の反芻と共感、⑤トラウマ・ワーカーへの精神的負担、で構成されています。これらを習得したＮＧＯ職員がジェノサイド・サバイバーに学習内容を伝えて、トラウマ体験の理解と受容を促しました。こういった介入により、彼らのトラウマ症状が軽減され、さらに加害者集団を象徴するフツに対して、より受容的で融和的な態度を示したことが明らかになりました。

ストゥブらの和解モデルにおいては、「安全」「信頼」「尊厳」「自己効力感」「良好な人間関係」などといった人間の基本的心理欲求が満たされることが和解を促進するうえで重要な役割を果たすとされます。逆に、これらが満たされないと、集団間の葛藤につながりやすいとされます。本プロジェクトでは、障害のある受益者が技能を身につけて自己効力感を得、人脈ネットワークを形成して社会活動を活性化するよう支援がなされましたが、これらはストゥブらのモデルから見て、和解達成に必要な条件であることがわかります。このことから、途上国やより困難な境遇に置かれている紛争影響国の人々を対象に和解を促進するためには、和解そのもの以前に、対象者の基本的心理欲求に着目したアプローチをとることが合理的であるといえます。

B　ルワンダにおける和解啓蒙ラジオ番組の実証研究

ルワンダをはじめ、フィールドでの実証研究で活躍するパルック[14]は、差別的行動をなくすには「個人の価値観や態度の変容ではなく、社会規範に働きかけるほうが効果的ではないか」と主張しています。これは、心理学の分野では従来、行動予測において個人の価値観や態度に着目してきたことや、外集団に対する受容や融和の態度が和解には必要だとするストゥブらの主張とは対照的であったため、議論を巻き起こしました[15・16]。この論争の発端となったパルックの研究というのは、上記のトラウマ心理教育プログラムでストゥブらが得た知見をもとに和解啓蒙ラジオ番組を作成し、その効果を検証しようとしたものです。その結果、和解に関する社会規範や民族間の協力行動には効果が見られましたが、個人の価値観や偏見には見られませんでした。

なぜ個人の価値観や偏見は変化しなかったのでしょうか。それは、パルックの和解啓蒙ラジオ番組が、ストーリーを通して疑似的に集団和解について考えるきっかけは与えたものの、個人のトラウマ経験や紛争にまつわる経験を能動的に反芻し、これらに対する洞察を促すものではなかったためかもしれません。また、このラジオ番組は一般市民を対象としたものでしたが、ルワンダの和解推進政策が進んでいることを考慮すると、民族間の差別や偏見をもつ人がすでに少なくなっていたことも背景にあるかもしれません。

一方で、社会規範に働きかけることの重要性は、援助を実施する際に、個人レベルだけでなく、より広範囲な社会を基盤とする重層的アプローチが重要であることを示唆しています。たとえば、本プロジェクトにおいては、一般の（非障害者用の）技能訓練場を使うことで、関係者に対してインクルーシブ教育のモデルを示せたこと、受講者だけでなくコミュニティの人を組合に巻き込むことで、プロジェクト内だけの和解だけでなく、より広範囲に効果が波及するように、さまざまな人の意識に働きかけたことなどがこれに該当すると考えられます。

C　副次的効果としての集団和解効果

上で述べたトラウマ心理教育や和解啓蒙ラジオ番組では、虐殺にまつわる葛藤、偏見、差別などを軽減し、和解促進をめざすことを明示していました。一方で、本プロジェクトによる和解の促進は、受講者の技能向上と社会復帰への効果の副産物としてとらえられ、和解をプロジェクトの目的とすることは、受講者に対して明示的には示されていませんでした。

ウラダら[17]は、中東など国家間情勢が安定しない国々を対象とする場合、和解ではなく共通の社会問題を解決することを目的として各国から参加者を募り、接触仮説などの社会心理学理論をもとにデザインした協働の場を提供することが、効果的であると論じました。和解を前面に掲げた活動では、基本方針に関する政治的な立場の違いなどから、参加者が抵抗感を抱く場合があるからです。むしろ、政治的要素のない集まりや教育現場などのほうが、副次的に和解が促進される例があるのではないでしょうか。

このような副次的に生じる和解効果を、宗教戦争の歴史をもち、暴動の絶えないナイジェリアの都市において実証した研究に、スカッコとウォーレン[18]によるものがあります。宗教の異なる青年たちがＩＴ技能訓練のクラスを共に受講すると、異教徒に対する差別行動が減ることが実証されました。この研究では、本プロジェクトと同様、集団間の和解促進が主目的ではなかったため、対象者の回答が望ましさによって歪められることがなく、より信頼性の高い効果測定が行われたとされます。

このＩＴ技能訓練の対象者は、ナイジェリアにおいて紛争に加担しがちな若者層でした。本プロジェクトでも、戦闘の経験や知識をもっているという意味で、治安を脅かしうる元戦闘員が対象であったことは共通しているといえるでしょう。一方で、対象者が「障害」のある社会的弱者だったことにより、技能習得や他集団の人たちとの交流がもつ意味合いは異なっていたのかもしれません。技能を習得し生産性を高めることで、障害者もコミュニティにおける尊厳を取り戻し、被害者意識を低減させ、自尊心を高めることができます。こうして基本的心理欲求が満たされたことによって、彼らは異なるカテゴリーの他者に対して寛容になり、信頼感を抱く心理的余裕ができて、それが集団和解の効果を誘導したことが推測されます。

9　結語

クロッカー[19]によれば、和解には、①非暴力的共存、②協力、③親睦の三段階があり、それを多段階的にとらえる必要性が論じられています。非暴力的共存は最も「浅い」レベルの和解で、人々が法を遵守して非暴力的に共存することを指します。紛争経験国の四四％は和平合意から五年以内に武力紛争が再発するというデータがあります[20]。紛争が再発すると、また新たに憎悪、対立が発生することを考えれば、まず暴力的紛争の再発を防止することは、人々の和解を進めるうえできわめて重要といえます。

ルワンダでは紛争後、新政権のもと、本章前半で紹介したＤＤＲの取り組みなどによって国家の安定が最優先されてきました。内戦が終結せず再発を繰り返しているような他の国々と比較すれば、暴力紛争の再発防止という観点からは成功と見なすことができます。本プロジェクト中も、元戦闘員同士の間で問題を起こす例は見られなかったことから、ルワンダでは浅いレベルの和解は達成されているといえるでしょう。しかし一方で、「兵士に戻りたいか」という質問に対し「国が危機に直面すれば戻りたい」と答える元戦闘員が一定数いたことを踏まえると、この非暴力共存状態が維持されるかどうかは、最終的にはルワンダ社会の安定に委ねられています。

第二段階の和解は、人々が共通の目標のもとで互いを尊重し合い協力することができる関係を指します。プロジェクト中は、出自の違う元戦闘員や一般障害者の間で協働作業が行われましたし、プロジェクト後は、コミュニティのさまざまな人を巻き込んで組合をつくり、協力的活動をしている事例もありました。以上を踏まえると、ルワンダでは、このレベルでの和解も一定程度達成しているといえるでしょう。

では、第三段階の最も「深い」といわれる和解はどうでしょうか。ここでの親睦とは、（自集団の主張の正当性を放棄してでも）慈悲を重んじ、加害者を赦し、被害者と加害者が共に傷を癒し合える関係を意味します。ルワンダに長年在住し、和解の実践・教育・研究に従事する佐々木は、[21] ルワンダにおける民事裁判「ガチャチャ」（本書第９章参照）の研究を通して、ルワンダの和解の多層性について議論しています。被害者側の赦しは必ずしも法の枠組みとして現れるわけではないし、協力的行動が行われたからといって心から赦しているとは限りません。真の和解は人々の心の深底の問題であり、実態をとらえることが難しいといえます。

民族を対立軸とした武力紛争を経験し、かつては憎しみ恐れ合っていた人同士でも、本プロジェクトを通じて、平穏で実りのある時間と空間を共にし、「障害」という共通の課題をもち、互いに慣れ親しむことで、少しずつ心のわだかまりがなくなり、相互理解が深まりました。本章では、このような人間の自然の摂理と思えるプロセスを、心の和解という観点から分析しました。こうした和解を可能にする文脈としては、まず暴力紛争に戻らないこと、紛争後のその国の政治や隣国の情勢、動員解除・社会復帰などの政策的復興の取り組みが行われること、さらには他国による支援などがあり、それらが重層的に和解のプロセスに影響しているといえるでしょう。

【引用文献】

（1）小向絵理（2010）「ルワンダにおける元戦闘員の社会復帰の試み――ＤＤＲと和解促進の関係」峯陽一・武内進一・笹岡雄一編『アフリカから学ぶ』有斐閣、一八一-二〇二頁
（2）国際協力機構「ＯＤＡ見える化サイト」[https://www.jica.go.jp/oda/project/060426/index.html]
（3）国際協力機構（2008）「ルワンダ共和国 障害を持つ除隊兵士の社会復帰のための技能訓練プロジェクト終了時評価調査報告書」国際協力機構人間開発部
（4）国際協力機構（2013）「ルワンダ共和国 障害を持つ元戦闘員と障害者の社会復帰のための技能訓練及び就労支援プロジェクト終了時評価調査報告書」国際協力機構人間開発部
（5）Allport, G.（1954）*The nature of prejudice*, New York: Basic Books.
（6）Pettigrew, T. F., & Tropp, L. R.（2006）A meta-analytic test of intergroup contact theory. *Journal of Personality and Social Psychology*, **90**(**5**), 751-783.
（7）National Unity and Reconciliation Commission（2015）*Rwanda reconciliation barometer.* Kigali.
（8）Paluck, E., Green, S., & Green, D.（2018）The contact hypothesis re-evaluated. *Behavioral Public Policy,* 1-30. SSRN: http://dx.doi.org/10.2/39/ssrn/2973474
（9）Williams, R. M., Jr.（1947）*The reduction of intergroup tensions.* New York: Social Science Research Council.
（10）Brewer, M. B., & Miller, N.（1984）Beyond the contact hypothesis: Theoretical perspectives on desegregation. In N. Miller & M. B. Brewer（Eds.）, *Groups in contact: The psychology of desegregation*（pp. 281-302）. Orlando, FL: Academic Press.
（11）Miller, N.（2002）Personalization and the promise of contact theory. *Journal of Social Issues,* **58**(**2**), 387-410.
（12）Staub, E., Pearlman, L. A., Gubin, A., & Hagengimana, A.（2005）Healing, reconciliation, forgiving and the prevention of violence after genocide or mass killing: An intervention and its experimental evaluation in Rwanda. *Journal of Social and Clinical*

Psychology, **24**(**3**), 297-334.
(13) Staub, E., & Pearlman, L. A.（2009）Reducing intergroup prejudice and conflict: A commentary. *Journal of Personality and Social Psychology*, **96**(**3**), 588-593.
(14) Paluck, E. L.（2009）Reducing intergroup prejudice and conflict using the media: A field experiment in Rwanda. *Journal of Personality and Social Psychology*, **96**(**3**), 574-587, p.584.
(15) Paluck, E. L.（2009）What's in a norm? Sources and processes of norm change. *Journal of Personality and Social Psychology*, **96**(**3**), 594-600.
(16)（13）の文献
(17) Urada, D. I., Rawson, R. A., & Onuki, M.（2014）Peace building through a substance use conference structured on peace psychology principles. *Peace and Conflict: Journal of Peace Psychology*, **20**(**1**), 84-94.
(18) Scacco, A., & Warren, S.（2018）Can social contact reduce prejudice and discrimination? Evidence from a field experiment in Nigeria. *American Political Science Review*, **112**(**3**), 654-677.
(19) Crocker, D. A.（1999）Reckoning with past wrongs: A normative framework. *Ethics & International Affairs*, **13**, 43-64.
(20) World Bank（2003）*Breaking the conflict trap: Civil war and development policy*. Washington, DC: Oxford University Press.（田村勝省訳〈2004〉『戦乱下の開発政策』シュプリンガー・フェアラーク東京）
(21) 佐々木和之（2016）「〈和解をもたらす正義〉ガチャチャの実験――ルワンダのジェノサイドと移行期正義」遠藤貢編『武力紛争を越える――せめぎ合う制度と戦略のなかで』京都大学学術出版会、二六七-二九三頁

■ヤ行

■ラ行

■ワ行

■タ行

■ナ行

■ハ行

■マ行

索　引

【第７章】

月村太郎（つきむら　たろう）

1983年　東京大学法学部卒業

現　在　同志社大学政策学部教授

【第８章】

石田信一（いしだ　しんいち）

1996年　筑波大学大学院歴史・人類学研究科博士課程中退

現　在　跡見学園女子大学文学部人文学科教授，博士（文学）

【第９章】

武内進一（たけうち　しんいち）

2005年　東京大学大学院総合文化研究科博士課程単位取得退学

現　在　東京外国語大学現代アフリカ地域研究センター教授，日本貿易振興機構アジア経済研究所上席主任調査研究員，博士（学術）

【第10章】

大貫真友子（おおぬき　まゆこ）

2014年　南カルフォルニア大学大学院心理学研究科博士課程修了

現　在　国際協力機構（JICA）研究所研究員，Ph.D.（社会心理学）

小向絵理（こむかい　えり）

2003年　ウプサラ大学大学院平和紛争研究科修士課程修了

現　在　国際協力機構（JICA）国際協力専門員（平和構築）

■著者紹介

【第1章】

釘原直樹（くぎはら　なおき）

1982年　九州大学大学院教育学研究科博士課程単位取得退学

現　在　東筑紫短期大学食物栄養学科教授，大阪大学人間科学研究科名誉教授，博士（教育心理学）

【第2章】

大坪庸介（おおつぼ　ようすけ）

2000年　Northern Illinois University, Department of Psychology 博士課程修了

現　在　神戸大学大学院人文学研究科教授，Ph.D.（心理学）

【第3章】

熊谷智博（くまがい　ともひろ）

2005年　東北大学大学院文学研究科博士課程単位取得退学

現　在　法政大学キャリアデザイン学部准教授，博士（文学）

【第4章】

横田晋大（よこた　くにひろ）

2009年　北海道大学大学院文学研究科博士後期課程修了

現　在　広島修道大学健康科学部教授，博士（文学）

【第5章】

小濱祥子（こはま　しょうこ）

2014年　ヴァージニア大学政治学部修了

現　在　北海道大学大学院公共政策学連携研究部准教授，Ph.D.（国際関係）

稲増一憲（いなます　かずのり）

2010年　東京大学大学院人文社会系研究科博士課程単位取得退学

現　在　関西学院大学社会学部教授，博士（社会心理学）

【第6章】

多湖　淳（たご　あつし）

2007年　東京大学大学院総合文化研究科単位取得退学

現　在　早稲田大学政治経済学術院教授，博士（学術）

■編者紹介

大渕憲一（おおぶち　けんいち）

1977年　東北大学大学院文学研究科心理学専攻博士後期課程中退

現　在　放送大学宮城学習センター所長，東北大学文学研究科名誉教授，博士（文学）

著訳書　『こころを科学する――心理学と統計学のコラボレーション』（共編）共立出版 2019年，『犯罪の一般理論――低自己統制シンドローム』（訳）丸善出版 2018年，『犯罪心理学事典』（共編）丸善出版 2016年，『紛争・暴力・公正の心理学』（監修）北大路書房 2016年，『紛争と葛藤の心理学――人はなぜ争い，どう和解するのか』サイエンス社 2015年，他多数

心理学叢書《しんりがくそうしょ》

紛争《ふんそう》と和解《わかい》を考《かんが》える――集団《しゅうだん》の心理《しんり》と行動《こうどう》

2019年 8 月30日　第 1 刷発行

監修者　日本心理学会

編　者　大渕憲一

発行者　柴田敏樹

発行所　株式会社　誠信書房

〒112-0012 東京都文京区大塚 3-20-6

電話　03-3946-5666

http://www.seishinshobo.co.jp/

印刷／製本　創栄図書印刷㈱

検印省略　落丁・乱丁本はお取り替えいたします

ISBN978-4-414-31122-8 C1311　Printed in Japan